THE NEXT GENERATION

DER BLICK HINTER DIE KULISSEN

Edward Gross
&
Mark A. Altman

HEEL

INHALTSVERZEICHNIS

EINE KURZE VORBEMERKUNG DES ÜBERSETZERS

Star Trek: The Next Generation, die Serie, um die es in diesem Buch geht, lief im deutschen Fernsehen unter dem Namen *Raumschiff Enterprise - Das nächste Jahrhundert*. Da sich der Titel in Fan-Kreisen nicht durchsetzen konnte, wird in dieser Übersetzung immer von *Star Trek: The Next Generation* oder *The Next Generation* die Rede sein. Die Titel der Episoden und der Kinofilme wurden ebenfalls im Original belassen. Am Ende dieses Buches findet sich ein Appendix, der die deutschen Titel sämtlicher Folgen und Filme enthält.

HEEL Verlag GmbH
Wintermühlenhof
53639 Königswinter
Tel.: (0 22 23) 92 30-0
Fax: (0 22 23) 92 30 26

© 1995 by Edward Gross und Mark A. Altman

Englische Originalausgabe zuerst veröffentlicht von:
Boxtree Ltd.
Broadwall House
21 Broadwall, London SE1 9PL, England

Deutsche Ausgabe:
© 1996 by HEEL AG, Schindellegi, Schweiz

Titelfoto: Die Crew von *The Next Generation*,
Foto © Gene Trindle/Shooting Star

Verantwortlich für den Inhalt:
Mark A. Altman und Edward Gross

Übersetzung: Josef Rother, Köln
Druck: Paderborner Druck Centrum

ISBN 3-89365-522-0

THE NEXT GENERATION
DER BLICK HINTER DIE KULISSEN
EINE EINLEITUNG

1995 ging die Fernsehserie Star Trek: The Next Generation nach siebenjähriger Laufzeit zu Ende. Sie hatte sich jedoch als so erfolgreich erwiesen, daß sie zu einem Kinofilm, Star Trek: Generations und zwei Folgeserien inspirierte: Star Trek: Deep Space Nine und Star Trek: Voyager.

Heute mag das banal klingen, doch als im Oktober 1986 The Next Generation zum ersten Mal angekündigt wurde, war sich niemand sicher, ob die neue Serie Erfolg haben würde. Würde das Publikum ein Raumschiff Enterprise ohne Kirk und Spock akzeptieren? Würden es die neuen Abenteuer mit denen der 60er Jahre aufnehmen können? Würde das Phänomen Star Trek zwei unterschiedliche Versionen der gleichen Serie dulden? Natürlich hat die Geschichte gezeigt, das die Antwort auf alle drei Fragen ein überwältigendes „Ja" war.

Der Blick hinter die Kulissen ist ein etwas episodischer Rückblick auf die Entstehung und die erste Staffel der Serie. Zuerst sehen wir uns die frühen Entwicklungen an, von der Ankündigung am 10. Oktober 1986 über die ersten Monate der Entstehung, in denen ein großer Teil der Grundlagen gelegt wurde. Danach geben wir einen Überblick über die Episoden der ersten Staffel mit Kommentaren der Schauspieler und Mitarbeiter. Dann folgt ein Blick auf die ersten Folgen „vom Skript bis zum Bildschirm", in dem detailliert dargestellt wird, welche Wandlungen die Geschichten vom Anfangskonzept bis zur gesendeten Version durchgemacht haben.

Es gibt noch eine andere Seite der frühen Tage von Star Trek: The Next Generation, eine dunkle Geschichte von Politik, Manipulation und Machtkämpfen. Dieses Material würde ein eigenes Buch füllen, und seine Erörterung ist nicht die Absicht von Der Blick hinter die Kulissen. Wer einen Geschmack von dem bekommen möchte, was sich damals zutrug, dem sei Joel Engels Gene Roddenberry Biographie Gene Roddenberry: The Myth and the Man Behind Star Trek empfohlen. Dort wird die dunkle Seite des Großen Vogels der Galaxis betrachtet.

Was Sie in diesem Buch finden, ist ein bisher unerforschtes Kapitel in der Geschichte von Star Trek: eine Erforschung der Geburtsprozesse von The Next Generation.

Edward Gross
Mark A. Altman
Sommer 1995

TEIL I
EINE NEUE SERIE WIRD GESCHAFFEN

Am 10. Oktober 1986 bebte die Erde.

Wenn sie nicht bebte, so muß es doch eine Erschütterung von fast gleichem Ausmaß gegeben haben. Es war ein Tag wie kein anderer für die Trekkies und Trekker der Erdkugel, als Paramount Pictures offiziell ankündigte: Star Trek würde als direktverkaufte Serie wieder auf den Bildschirm zurückkehren, und Gene Roddenberry, „Der Große Vogel der Galaxis" persönlich, würde als ausführender Produzent fungieren.

Gerüchte über die Rückkehr von Star Trek auf den Bildschirm gingen schon eine geraume Zeit um, und der Hollywood Reporter hatte erklärt, die drei großen Sender sowie Fox Broadcasting seien an der geplanten Serie interessiert. Eine Geschichte besagte, man wolle eine vollkommen neue Besetzung verwenden, eine andere, sie würde auf der Sternenflotten-Akademie spielen, während wieder eine andere die Nebendarsteller der Originalserie in die Kommandosessel hievte und die Brücke mit Neulingen füllte. William Shatner und Leonard Nimoy würden gelegentliche Gastauftritte als Captain James T. Kirk und Mr. Spock absolvieren.

Paramount prüfte all diese Möglichkeiten sorgfältig und entschied sich schließlich, die Serie selbst zu produzieren und sie an die lokalen Sender zu verkaufen, die noch immer das Original sendeten. „Schließlich wurde uns klar, daß niemandem Star Trek so sehr am Herzen lag wie uns selber", erklärte Mel Harris, damaliger Präsident von Paramount Television.

Die Erklärung war schon im September 1986 bereit, wurde jedoch zurückgehalten. Man hatte Angst, sie könne dem zwanzigsten Geburtstag der Originalserie etwas von seinem Glanz nehmen.

Unter dem Titel Star Trek: The Next Generation bekam die Serie sechsundzwanzig einstündige Episoden garantiert, mit einem Budget von über einer Million Dollar pro Folge. Hinter den Kulissen würden die Produzenten Eddie Milkis und Bob Justman Roddenberry unterstützen (beide waren bereits an der Originalserie beteiligt). Vor der Kamera sollte eine brandneue Riege von Figuren auftreten, von denen keine irgendeine Beziehung zu den Mitgliedern der ursprünglichen Enterprise-Crew haben würde.

„Ich liege immer noch da, starre an die Decke und probiere diese Idee aus und jene und noch eine", erzählte Roddenberry in dieser Zeit. „Ich glaube nicht, daß wir eine neue Crew mit Leuten brauchen, die die gleiche Art von Rollen spielen. Ich bin mir gar nicht sicher, ob wir einen neuen Vulkanier brauchen. Es gefiele mir nicht, wenn sich unsere Phantasie als so mager erwiese, daß uns keine anderen Möglichkeiten einfielen."

„Vor zwanzig Jahren hat das Genie eines Mannes eine Serie ins Fernsehen gebracht, die die Grenzen des Mediums überschritt", fügte Harris hinzu „Wir sind höchst erfreut, daß dieser Mann, Gene Roddenberry, es jetzt wiederholen wird. Genauso wie das Interesse der Menschen die Originalserie auf Sendung gehalten hat, so ist auch diese neue Serie das Ergebnis einer anhaltenden Begeisterung für Gene und seine Vision."

Kaum bekannt ist, daß Roddenberry in Wirklichkeit nur der dritte auf Paramounts Liste möglicher Produzenten war. Zuerst hatten sie Produzent Sam Strangis angesprochen, und als dieser Versuch nicht fruchtete, gingen sie zu Schauspieler-Regisseur Leonard Nimoy, der als Regisseur des dritten und des vierten Star Trek-Films großen Erfolg gehabt hatte.

„Ich wollte es nicht machen". erzählte Nimoy. „Aber nicht, weil ich es nicht für eine gute Idee hielt oder irgend so etwas. Ich möchte das einfach nicht für die nächsten zwei, drei Jahre meines Lebens machen. Meine Gefühle sind gemischt, was die Serie angeht. Natürlich ist alles möglich. Aber es ist eine große Herausforderung. Man wird immer Vergleiche ziehen."

Reaktionen auf Star Trek: The Next Generation ließen nicht lange auf sich warten. Entweder liebten die Fans die Idee oder sie haßten sie: Sie liebten sie, weil sich so die Gelegenheit ergab, über die Originalserie hinauszugehen, sie haßten sie, weil die Originalschauspieler nicht mitspielen würden, die – so meinten viele – Star Trek erst so erfolgreich gemacht hatten.

„Die Dinge verändern sich, und Star Trek verändert sich auch", erklärte Roddenberry als Antwort auf die Kritik. „Laßt mich sagen, daß ich die Originalfiguren und die intelligenten Menschen, die sie zum Leben gebracht haben, verdammt vermissen werde. Wie könnte ich sie nicht vermissen, da doch all diese Figuren meine Kinder sind? Ich möchte sagen, daß ich mit allen über die neue Serie gesprochen habe, mit George Takei, Nichelle Nichols, Jimmy Doohan und dem ganzen Rest, und sie haben mir gesagt: 'Gene, du mußt jetzt ganz von vorn anfangen. Wir machen die Filme und alles, und Gott sei mit dir. Wir verstehen dich, Gene.' Wir sind eine Familie. Sie unterstützen das, ganz so, als sei ich losgezogen, um mir irgendwo einen neuen Job zu suchen. Ich bin entschlossen, daß das neue *Raumschiff Enterprise* die gleiche Liebe zwischen allen Mitgliedern seiner Besetzung widerspiegeln wird."

Trotz dieser gegensätzlichen Ansichten antworteten die Original-Schauspieler sehr schnell auf *The Next Generation*, und ihre Reaktion war gar nicht so begeistert.

„Es ist mir unbegreiflich, warum die das machen", sagte DeForest Kelley, bekannt als Doktor Leonard „Bones" McCoy, der ironischerweise in der Pilotfolge einen kleinen Gastauftritt absolvieren sollte. „Ich nehme an, Paramount meint, sie könnten das *Star Trek*-Phänomen festhalten. Zweifellos können wir nicht ewig weitermachen; also versuchen die jetzt einen anderen Weg, damit es weiterläuft. Aber es gibt nur ein *Star Trek*, und das ist unseres."

James „Scotty" Doohan, der später ebenfalls als Gaststar auftreten würde, ereiferte sich: „Es tut mir nur leid, daß sie es *Star Trek* nennen, wo wir doch wissen, was das eigentlich ist, nämlich die Figuren. Sie versuchen, die Öffentlichkeit reinzulegen, und das ist schlechtes Geschäftsgebahren."

William Shatner, der schließlich fast zehn Jahre später im ersten Kinofilm von *The Next Generation* eine Hauptrolle spielte, sagte, er „habe kein gutes Gefühl bei der neuen Serie. Ich meine, ohne die Leute, die wir kennen und nicht in der bekannten Zeit, ist es schwer zu verstehen, warum sie es überhaupt *Star Trek* nennen. Außerdem ist da noch die Gefahr, daß man das Publikum übersättigt."

Shatners letzte Sorge schien besonders berechtigt. Normalerweise hatten die Fans zwei Jahre Zeit, sich ihren Appetit auf neue *Star Trek*-Abenteuer anzuhungern, und in dieser Zeit befriedigten sie sich allein mit den Wiederholungen der Originalserie. Wenn sie *jede Woche* kostenlos ein neues Abenteuer im Fernsehen bekamen, wie willig würden sie dann noch sein, für eine Kinoversion zu bezahlen? Man kann aber nicht leugnen, daß der fünfte und der sechste Film auch durch den Erfolg der neuen Serie zu Kassenschlagern wurden.

In der Zeit nach der Ankündigung vom 10. Oktober wartete die Öffentlichkeit auf Einzelheiten über die neue Serie, und diese Einzelheiten ließen auf sich warten. Bekannt war nur, daß die Serie 150 bis 200 Jahre nach dem gegenwärtigen *Star Trek*-Zeitrahmen spielen würde (schließlich wurden es 75 Jahre), und daß die Enterprise, wenn auch in einer modernisierten Form, weiterhin das Transportvehikel der Crew sein würde. Außerdem sollte es *keine* Vulkanier, Klingonen oder Romulaner geben, da die Serie völlig neu sein wollte, und die militärische Atmosphäre der Kinofilme stark heruntergespielt werden sollte.

Autor David Gerrold erinnerte sich an den Tag im Oktober, als *The Next Generation* angekündigt wurde: „Ich hör-

te die Neuigkeit und ließ sie mir von Genes Assistentin, Susan Sackett, bestätigen. Dann schrieb ich ihm ein paar Zeilen:'Herzlichen Glückwunsch, das ist eine tolle Nachricht...' Die Art kurzer Brief, die sagt: Du hast hart gearbeitet und verdienst das Beste. Gene und ich waren seit zwanzig Jahren Freunde, obwohl wir nie wirklich an einer Sache zusammengearbeitet hatten. Irgendwie kam im letzten Moment immer etwas dazwischen. Ich war auf Conventions und folgte der Parteilinie, daß Gene ein toller Kerl sei, weil er in der Öffentlichkeit immer das Richtige sagte und immer auf der richtigen Seite zu stehen schien. Also nahm ich damals an, Gene sei ein toller Kerl. Die Beziehung war gut, und zwanzig Jahre lang gingen wir auf Conventions, und Gene sagte nette Sachen über mich auf den Panels, und ich sagte nette Sachen über ihn. Wenn man nicht zusammen arbeitet, muß man einfach nette Sachen sagen. Ich rief sofort Dorothy Fontana an und sagte:'Sie haben's gerade angekündigt', und wir beide witzelten:'Okay, wenn Gene mich anruft, sag ich ihm, er soll dich einstellen, und wenn er dich anruft, sagst du ihm, er soll mich einstellen.' Und so ist es dann auch tatsächlich gekommen."

„Ich war total aufgeregt, als ich das hörte", schwärmte Fontana. „Ich dachte, es sei eine großartige Gelegenheit, etwas Neues und Wundervolles zu machen. Leonard Nimoy sagte, es sei schwierig einen solchen Erfolg zu wiederholen; das stimmt, aber die Möglichkeit, *Star Trek* mit vollkommen neuen Figuren in die Zukunft zu versetzen, eröffnete neue Wege, einen neuen Spielplatz. Ich fand all diese Möglichkeiten damals sehr aufregend."

Roddenberry hatte sie angerufen und mit ihm und seiner Frau Majel Barret zum Dinner eingeladen. In Yamatos Restaurant diskutierten sie die neue Serie. „In erster Linie redeten wir über Dinge, die Roddenberry vermeiden und über ein paar Sachen, die er beim zweiten Mal unbedingt verwirklichen wollte. Er deutete an, ich würde eine wertvolle Rolle bei der neuen Serie spielen, und wir schlossen das Thema mit dem impliziten Versprechen ab, daß ich dazugehören würde, sobald die Serie begann, Mitarbeiter einzustellen. Bei dieser Gelegenheit schlug ich auch vor, er solle mit David Gerrold sprechen, denn er hatte schon früher bei der Originalserie mitgearbeitet. In der Zwischenzeit hatte er viele Romane und Fernseh-SF geschrieben und besaß hervorragende wissenschaftliche Kenntnisse. Später in diesem Monat erfuhr ich dann, daß Gene ihn engagiert hatte und daß er als Berater diente. Erste Gespräche über die Richtung der neuen Serie fanden statt. Man sagte mir, es gäbe noch keinen Platz für mich, aber man begann, mir Kopien von den Memos zu schicken, die Bob Justman und David Gerrold für Gene Roddenberry geschrieben hatten. Sie baten mich, die Vorschläge zu kommentieren, womit ich dann im frühen November begann."

Zu diesem Zeitpunkt hatte man Gerrold *offiziell* noch keinen Posten angetragen. „Gene und ich gingen essen. Wir saßen zusammen, sprachen miteinander, und er sagte: 'Was würdest du mit *Star Trek* machen?' Er sagte nicht: 'Ich möchte dich einstellen.' Trotzdem skizzierte ich ihm meine Ideen für *Star Trek*: Die Serie sollte sich auf den ersten Offizier konzentrieren, und der Captain sollte auf dem Schiff bleiben. Das erlaubt uns, Geschichten gleichzeitig auf dem Schiff und auf einem Planeten spielen zu lassen. Früher blieb das Zentrum der Geschichte stets dort, wo Kirk war. Wenn wir das aufbrechen und einen Captain nehmen, der immer auf dem Schiff ist, dann können wir bei ihm bleiben, wenn es Gründe gibt, wieder auf das Schiff zu schneiden. Wir müssen ihn nicht auf dem Planeten in Gefahr bringen. Wenn unser Erster Offizier eine starke Figur ist, dann können wir uns auf ihn konzentrieren. Also haben wir zwei Helden anstelle eines Helden und seines Helfers. Ich bemühte mich, das durchzusetzen. es ist eine Idee, die ich schon seit den frühen 70er Jahren hatte.

Ihm gefiel die Idee, und dann schlug ich einen Klingonen als ersten Offizier vor, und er stellte sich quer. So eine Art von Diskussion war das. Zu diesem Zeitpunkt sprach ich es aus und sagte, ich wolle Story Editor werden. Aber er sagte weder ja noch nein."

Roddenberry erzählte Gerrold, Milkis, Justman, Fontana und er selbst würden sich Science Fiction-Filme der letzten zehn Jahre angucken, um ein Gefühl für das Leben in der Zukunft zu bekommen. „Es war in Wirklichkeit ein Versuch, unsere Batterien aufzuladen. Jeden Tag nach den Vorführungen strömten wir in den Executive Dining Room (zu deutsch etwa „Manager-Speisesaal", Anmerkung des Übersetzers), einen großen Sitzungssaal, wo man Service der höchsten Klasse bekommt. Und man muß ihn reservieren. Nun, Gene hatte ihn für drei Wochen hintereinander gebucht, und wenn wir reinmarschierten, konntest du hören, wie die Gespräche verstummten. Die Leute sagten Sachen wie: 'Da laufen dreißig Millionen Dollar.' Als hätten wir einen Blankoscheck. Es war irgendwie ein tolles Gefühl. Wir setzten uns hin, sprachen über den Film, den wir gerade gesehen hatten und ließen die Ideen Funken sprühen. Nach *Aliens* meinte Gene zum Beispiel: 'Jenette Goldstein hat einen bestimmten Stil femininer Schönheit geschaffen. So etwas sollten wir auch in *Star Trek* haben.' Also begannen wir mit einer Figur namens Macha Hernandez, aus der schließlich Tasha Yar wurde, weil 'Macha' im Spanischen ein Wort für Lesbe ist.

Ebenfalls vom ersten Tag an begannen Bob Justman und ich, kiloweise Notizen zu produzieren. Bob's Notizen liefen meist darauf hinaus, 'wie man's macht', und meine sagten,

'was man macht'. Ich machte Notizen zum Aussehen des Schiffes, zu seiner Technologie, der Warpgeschwindigkeit, den Sternendaten, der Besetzung... zu allem, was die Serie später ausmachen sollte. Gene erzählte mir die ganze Zeit, wie begeistert er von meiner Arbeit sei. Die Studiobosse bekamen Kopien meiner Notizen, und sie sprachen mich auf dem Gelände an und sagten mir, wie begeistert *sie* von meiner Arbeit seien. Sie waren sehr enthusiastisch und entzückt, und ich war ganz aufgeregt, denn zu diesem Zeitpunkt befand ich mich in einem interessanten Geisteszustand. Ich war zu der Überzeugung gekommen, daß dies die unglaublichste Gelegenheit in der Geschichte des Fernsehens sei, und daß es nicht mein Job sei, David Gerrold toll aussehen zu lassen oder recht zu behalten. Es war meine Aufgabe, dafür zu sorgen, daß *Star Trek* das Beste wurde, das wir daraus machen konnten.

Bei allem, was ich tat, stellte ich mir die Frage: Ist das gut für *Star Trek*? Eines Tages wurde mir etwas seltsam klar. Ich erzählte Gene davon, aber ich glaube nicht, daß er wirklich verstand, was ich meinte. Ich sagte: 'Für mich war *Star Trek* mehr als nur eine Fernsehserie. Es war eine Vision, die sagte: 'Das Leben heute ist nicht unbedingt so, wie das Leben sein muß.' Es ist ein Erklärung, die besagt, daß wir eine Welt bauen können, in der jeder seinen Platz hat, wo nichts und niemand draußen bleiben muß. Und das ist die Vision der Serie.' So in etwa sagte ich das zu Gene, und er blickte mich an und meinte: 'Manchmal habe ich das Gefühl, du verstehst *Star Trek* besser als ich.' Wir hatten also diese großartige Arbeitsbeziehung in der Planungsphase. Gene sagte mir: 'Du wirst ein großartiger Executive Story Consultant.'"

Der Optimismus war groß in diesen frühen entscheidenden Tagen von *Star Trek: The Next Generation*, und das Niveau der Kreativität war es auch. Es schien tatsächlich, als würde die Serie anders werden als alles, was je auf einem Bildschirm zu sehen gewesen war. Obwohl Gerrold keine offizielle Anstellung hatte, vertraute er darauf, daß es nur eine Frage der Zeit sein konnte und fuhr deshalb fort, Notizen zu verfassen und beim Schöpfungsprozeß mitzuhelfen.

Zwischen dem 17. und dem 20. Oktober entwickelte Robert Justman zahlreiche Konzepte, von denen einige später wichtige Rollen in der Serie spielen sollten. Da war zunächst einmal die „Arche Noah"-Prämisse. Grundsätzlich besagte sie, daß man einen stärkeren Realitätsbezug bekommen könne, wenn man ganze Familien an Bord der Enterprise nähme, so daß die Crewmitglieder nicht jahrelang von ihren Geliebten getrennt leben mußten. Dies, so empfand er, würde aus *Star Trek* einen echten „Wagen-Trek zu den Sternen" machen. Außerdem inspirierte ihn der Film *Soylent Green* [Jahr 2022... Die überleben wollen] dazu, einen

Ort auf der Enterprise einzurichten, der die Heimat eines jeden Crewmitglieds nacherschaffen konnte. Er entwickelte eine Story-Prämisse, in der der Captain und ein paar Schlüsseloffiziere zu einem kritischen Zeitpunkt an diesem Ort eingeschlossen sind und nicht befreit werden können.

Justman glaubte auch, daß eine neue Rasse von Außerirdischen der neuen Serie helfen könnte, ihre eigene, von der Originalserie getrennte Identität zu entwickeln. Was die Hauptfiguren anging, so erklärte er, ein halb-menschlicher klingonischer „Marine" könne eine ähnliche Atmosphäre des Geheimnisvollen schaffen wie sie die Spock-Figur umgab. Und er schlug einen Androiden vor, der die besten Qualitäten von Kirk und Spock in sich vereinen sollte. Und er merkte an, daß der Schauspieler Patrick Stewart für diese Rolle perfekt wäre. Weitere Vorschläge: eine Frau als Fähnrich, die versucht, der Legende ihres Ur-Ur-Großvaters James T. Kirk gerecht zu werden; eine lateinamerikanische Militärpolizistin, die, wie bereits erwähnt, von Jenette Goldstein aus *Aliens* inspiriert wurde; eine Halb-Vulkanierin als Wissenschaftsoffizier.

Interessanterweise wurden viele dieser Vorschläge eingearbeitet. Die neue Enterprise enthielt eine große Anzahl von Familien; das Schiff war mit Holodecks ausgerüstet, die praktisch jede Umgebung nachahmen können, und in Tracy Tormes „The Big Goodbye" sind Schlüsselfiguren der Mannschaft, unter ihnen der Captain, dort eingeschlossen; es gibt die Figur des Androiden Data; Patrick Stewart wurde schließlich als Captain Jean Luc Picard genommen; ein Klingone dient auf der Brücke, eine Frau ist Sicherheitschef, und es gibt eine neue außerirdische Bedrohung, die Allianz der Ferengi. Man muß klar anerkennen, daß Justman sehr viele Vorschläge gemacht hat, die tatsächlich benutzt wurden.

Gerrold traf sich jetzt öfter mit Roddenberry, und Roddenberry informierte ihn, er wolle von ihm eine Rohfassung der Serien-Bibel haben, und genau das hatte der Autor auch vorgehabt. Diese Situation führte am Ende dazu, daß Gerrold eine Beschwerde bei der Writer's Guild einreichte, die schließlich in aller Stille beigelegt wurde. Wenn er heute über das Thema spricht, scheint er sehr nachdenklich angesichts seiner damaligen optimistischen Naivität. „Als wir zum ersten Mal über die Bibel sprachen, fragte mich Gene: 'Wer sind unsere Figuren? Wen siehst du?' Ich sagte: 'Ich sehe unseren ersten Offizier als dies, unseren Captain als das; wir sollten eine Frau auf der Brücke haben, die dem Captain als Beraterin dient.' Er sagte: 'Und unser Navigator, Steuermann und Chefingenieur?' Ich sagte: 'Unsere Technologie ist so fortgeschritten: Warum packen wir all diese Aufgaben nicht in einen Offizier und entwickeln andere Offiziere mit anderen Pflichten?' Irgendwann sagte Gene, er wolle ein behindertes

Crewmitglied haben. Also bereitete ich ein Memo mit einer Liste verschiedener Behinderungen vor. Gene hängte sich an die Blindheit. Ich stellte mir eine Figur vor, deren Augen in irgendeiner Weise behandelt waren; vielleicht einfach ein Paar vergrößerte Linsen, die man auf die Augen des Schauspielers setzt. Statt dessen entschieden sie sich für den Luftfilter-Look, der mir überhaupt nicht gefällt. Wenn man zu viel von den Augen eines Schauspielers verdeckt, hat er nichts, womit er arbeiten kann. Dann schlug ich vor, daß wir ihn nach George La Forge benennen, den Fan im Rollstuhl mit Muskeldystrophie, den Gene zum Admiral ernannt hatte. Gene fand das eine tolle Idee, und da wir verschiedene Minderheiten auf dem Schiff haben wollten und weder der Captain, noch der erste Offizier schwarz waren, schlug ich vor, daß vielleicht Geordi schwarz sein sollte.

Ich machte weiter Vorschläge. Eines Tages beim Mittagessen sprach ich über Beverly Crusher, die Lehrerin auf dem Schiff sein sollte, und mittendrin sagte ich: 'Wir haben noch keinen Doktor an Bord. Warum machen wir Beverly Crusher nicht zum Doktor?' Ich wünschte, ich hätte dieses Gespräch aufgenommen, weil jeder zuerst meinte: 'Ne, das geht nicht', und dann fingen sie an, darüber zu diskutieren. Eddie Milkis sagte: 'Wißt ihr, da sparen wir eine Figur, wenn sie Doktor wird.' Dann sagte Bob Justman: 'Nein, dann ist es schwieriger für den Captain, diese Beziehung zum Doktor zu haben, die er bekommen soll. Andererseits, wenn die Beziehung schwieriger wird, erzeugt das mehr Spannung... Weißt du, Gene, das ist wirklich keine schlechte Idee.' Und dann fing Gene an, darüber zu reden. Nach dem Mittagessen war Beverly Crusher Schiffsdoktor.

Ich war sehr zufrieden damit, diese Art von Vorschlägen zu machen und mich als wertvoll für die Serie zu erweisen. Wir skizzierten drei oder vier Figuren, und Gene sagte: 'Okay, geh nach Hause und schreib mir ein Charakterprofil für jeden. Ich möchte zwei Seiten pro Person.' Und am nächsten Tag setzten wir uns hin und sprachen über zwei weitere Figuren, und er sagte: 'Gib mir ihre Profile', und das tat ich. Ich erstellte ihm eine Rohfassung der Bibel. Dann setzte er sich hin und schrieb die Bibel, die schließlich am 16. November rauskam. Sie kam aus Gene's Computer, aber eine Menge davon war an meinem Computer skizziert worden, und Gene hatte sich hingesetzt und es umgeschrieben. Man kann sehen, daß die Beziehung zwischen dem, was ich tat und dem, was er tat, sehr eng war."

Danach kehrte Gerrold zum Schreiben von Notizen zurück und behandelte Themen wie einen neuen, verbesserten Transporterstrahl, „Seelsorge auf der Enterprise" und die erste Story-Prämisse der Serie, „Mind Swarm" [„Hirnschwarm"]. Er schlug die Möglichkeit vor, einen Computer in ein menschliches Gehirn zu implantieren. Was, wenn es so einem implantierten Menschen möglich ist, mit anderen Menschen Funkverbindung aufzunehmen und somit eine elektronische Telepathie zu schaffen? „Nehmen wir weiterhin an, daß wenn zwei oder mehr Menschen sich in solcher Weise verbinden, sie zu einer Art Massenverstand werden, einer Schwarm-Intelligenz. Genauso wie man sich eine Ameisenkolonie oder einen Bienenstock als ein einzelnes Wesen vorstellen kann, ist ein Hirnschwarm ein einzelnes Wesen, das in vielen menschlichen Körpern lebt. Tatsächlich macht es dem Wesen nichts aus, wenn ein individueller Körper stirbt, denn das Wesen lebt weiter – es ist größer als die Summe seiner Teile."

Während der letzten Oktoberwoche wurden zahlreiche Sitzungen im Executive Dining Room abgehalten, wo eine Reihe von Fragen diskutiert wurden. Dabei ging es darum, einen zweistündigen „Kinofilm" zu produzieren und um die Möglichkeiten, in Stereo zu filmen. Bob Justman schlug vor, daß Mitglieder der Originalbesetzung in der ersten Folge benutzt werden sollten. Es ging um die Notwendigkeit einer Art von Beraterfigur auf dem Schiff und um die Möglichkeit, Autoren und Regisseure der ersten Star Trek-Serie zu benutzen. Methoden, frische, neue Autorentalente aufzutreiben, wurden besprochen, und Gerrold machte den Vorschlag, die Crew solle sich Folgen von Hill Street Blues [Polizeirevier Hill Street], St. Elsewhere und L.A. Law ansehen, um ein Gefühl für die Ensembleserien der 80er Jahre zu bekommen.

Am 29. gab Roddenberry Gerrold ein Memo, worin er Justmans „Arche Noah"-Prämisse zustimmte und der Idee, daß ihr behindertes Crewmitglied blind sein sollte, aber mit Hilfe einer Art von Prothese fähig wäre zu sehen. Was Bewaffnung und Militarismus betraf, so wies er darauf hin, daß sich die neue Serie „gegenüber der Originalserie und den Star Trek-Filmen zurücknehmen sollte. Wir gehen zum Gefühl des ersten Jahres der Originalserie zurück, als das Augenmerk stärker auf 'unbekannten Lebensformen und neuen Zivilisationen' lag als auf Weltraumschurken und Raumschlachten. Es stimmt, unsere neue Enterprise hat immer noch ehrfurchtgebietende Kraft in ihren Phasern und Photonentorpedos, und alles an Bord ist auf prompten Gehorsam und militärisch-hierarchische Entscheidungen hin organisiert, aber das Gefühl des neuen Star Trek stellt nicht militärische Effizienz in den Mittelpunkt, sondern eher die Reife der Menschheit in unserem 24. Jahrhundert, wo die Lebensqualität weit höher bewertet wird als technologische Fortschritte. Also brauchen wir keine preußischen Gardeuniformen und kein Salutieren und all das, es sei denn dort, wo es als Form der Höflichkeit bewahrt wird und als gelegentlichen Farbklecks im Leben der Mannschaft."

Am nächsten Tag schlug Justman eine Story-Idee mit dem Titel „Fanta-Sex" vor. Ein Halluzinogen erlaubt dem Benutzer, mit jeder Person Sex zu haben, die er sich vorstellt, ohne daß es dem anderen jemals bewußt ist. Das Problem ergibt sich durch eine Figur, die von dieser Droge abhängig wird, und deren sexuelle Besessenheit eine Bedrohung für die Enterprise darstellt. Mag dieser Vorschlag auch interessante Elemente enthalten, so wurde er leider zum Vorspiel für die „Sex-Besessenheit", die schließlich viele Episoden der ersten Staffel prägen sollte.

In dieser Woche kam es auch zu einem Ereignis, daß nur David Gerrold betraf. Es sollte sich allerdings als mikrokosmische Vorahnung der Behandlung erweisen, die das Personal hinter den Kulissen in den frühen Tagen der Serie erfahren würde. Dieser Moment erwies sich im Nachhinein als ungutes Vorgefühl auf das, was noch kommen sollte.

„Etwa eine Woche, nachdem Gene mir gesagt hatte, ich würde einen hervorragenden Executive Story Consultant abgeben, sagte er, ich solle mit allem so weitermachen, wie ich es bisher getan hatte", erzählte Gerrold. „Im Grunde hatte ich den Job eines Produzenten gemacht und alles getan, was nötig war, um eine Serie zu entwerfen. Wenn ich ein Problem sah, das ich lösen konnte, dann löste ich es, bevor es zum Problem wurde. Ich habe die ganze Zeit Lösungen für die Serie entwickelt. Gleichzeitig paßte ich auf, daß ich niemandem auf die Füße trat. Ich habe immer mit Bob Justman, Eddie Milkis und Gene gesprochen: 'Was haltet ihr davon? Kann ich das so machen?' Ich habe nie etwas gemacht, das ich nicht hätte tun sollen. Eines Dienstags ruft mich Gene in sein Büro und sagt: 'Mein Anwalt hat mir geraten, dir nicht den Titel Creative Consultant zu geben, weil man dann zuviel mit der Writer's Guild zu tun bekommt. David, ich ziehe mich jetzt nicht von irgend etwas zurück, aber zu diesem Zeitpunkt haben wir nicht das Budget, und wir können nicht...' Ich sagte: 'Gene, es geht mir vor allem um Star Trek, um die Qualität der Serie. Es ist mir nicht so wichtig, ob ich Consultant bin.' Er sagte: 'Schön. Wir sind alte Freunde.' Das wurde bald sein Lied: 'Wir sind alte Freunde' und 'ich wußte, daß ich mich auf dich verlassen kann'. '

„Eine Woche später haben sie mir dann einen Deal angeboten", lachte Gerrold humorlos. „Drei Wochen lang bekam ich kein Gehalt, wurde kein Deal ausgehandelt. Am Ende riefen sie meinen Agenten an und boten 750 Dollar pro Woche; das ist ein schrecklicher Deal. Ich ging zu Gene und sagte ihm, das sei so, als stelle man einen Autor unter Tariflohn an, das sei völlig unangemessen. Er sagte: 'Ich werde mit dem Studio reden. Diese Summe ist das, was das Studio angeboten hat.' Und das Studio erklärte meinem Agenten, Gene habe diese Summe autorisiert. Zu diesem Zeitpunkt wußte ich nicht, daß sein Anwalt die Verhandlungen für Gene regelte. Das kam vom Anwalt, und mehr wollte er nicht autorisieren. Also erhöhten sie das Angebot auf 1000 Dollar pro Woche für zehn Wochen. Gene sagte: 'Im Januar, wenn dieser Deal ausläuft, besorgen wir dir einen richtigen Vertrag als Stabsmitglied, und dann bist du für eine lange Zeit dabei. Es läuft schon alles okay, David.' Und ich dachte: Nun, ich weiß nicht, was los ist. Vielleicht macht das Studio nicht viel an Entwicklungsgeldern locker, bis sie sehen, was Gene hat.

Also nahm ich den Deal wider mein besseres Gefühl an. Es war kein guter Deal, aber ich nahm ihn an, weil ich dachte, ich könnte etwas zu *Star Trek* beitragen. Wir haben immer noch die Möglichkeit, die allerbeste *Star Trek*-Serie zu machen, und ich nehme diese Situation einfach als Gelegenheit zu beweisen, daß ich es wert bin. Ich dachte: 'In Ordnung, ich war seit fünf oder sechs Jahren nicht mehr im Stab einer Serie, und vielleicht bin ich ein bißchen rostig. Kann sein, ich muß mich beweisen.' Ich bin diese Sorte Typ, der alles verinnerlicht. Ich denke: 'Ist es mein Fehler? Was habe ich getan? Was kann ich besser machen?' Ich bin wohl ein Produkt der 70er.''

Etwa zur gleichen Zeit begann der kreative Stab von *Star Trek: The Next Generation* in Büros zu ziehen. Die einzigen Büros jedoch, die zu dieser Zeit auf dem Paramount Gelände verfügbar waren, lagen im Gebäude von *Entertainment Tonight*. Dort gab es einen Bürokomplex, der zuvor von der Recherche-Abteilung verwendet worden war, und man hielt es für eine attraktive Ansammlung von Räumen. Auf einer Seite gab es drei Büros mit Raum für zwei Sekretärinnen. Die andere Seite war fast genauso groß mit zwei Büros und Raum für zwei Sekretärinnen. Justman und Milkis nahmen die Büros auf der „Dreier-Seite", während Roddenberry die Büros auf der „Zweier" nahm.

„Gene sagte mir: 'Ich nehme dieses Büro, weil ich dich nah bei mir haben möchte.'" erzählte Gerrold. „Es war ein sehr gutes Büro, eine sehr gute Position. Eine Menge Leute dachten jetzt, ich würde bald zum Produzenten befördert. Ich dachte: 'In Ordnung', aber ich roch Ärger am Horizont, denn Genes Anwalt hörte nicht auf zu erklären: 'Wir holen noch einen Produzenten rein, und der braucht dann auch ein Büro.' Wie gesagt, die Dinge liefen alles in allem so gut in dieser Anfangsperiode, und wir waren alle enthusiastisch."

Im frühen November schlug Bob Justman einen neuen und verbesserten Ansatz beim Vorspann vor: eine Tour durch das Sonnensystem und darüber hinaus. „Eine neue Serie braucht einen neuen Vorspann", sagte er, „aber trotzdem glaube ich, unser neuer Vorspann sollte dem Publikum vertraut erscheinen. Der alte funktionierte ganz toll, trotz der Tatsache, daß er vor allem aus den paar Fetzen zusammen-

gesetzt war, die wir aus dem ersten und dem zweiten Pilotfilm retten konnten. Diesmal haben wir die Chance, etwas zu tun, was wir vorher nicht tun konnten – wir setzen den Zuschauer in eine Position, wo er die räumlichen Beziehungen zwischen dem Sonnensystem wahrnehmen kann, wo die Enterprise herkommt (und ihre Crew und ihre Zuschauer) und dem Universum, wo wir alle hingehen. Heute haben wir technische Möglichkeiten, von denen wir nur träumen konnten, als wir mit *Star Trek* anfingen."

Und noch einmal begann Gerrold, Memos zu schreiben. Am 2. November – ein sehr fruchtbarer Tag für ihn – bot er ein Memo an mit dem Titel *Wer ist diese Woche dran?* „Vor zwanzig Jahren fiel einem Autor des *TV Guide* etwas Interessantes am *Star Trek*-Format auf. Im Teaser sieht man Kirk, Spock, McCoy und zwei Crewmitglieder, die man nie zuvor gesehen hat, auf die Oberfläche eines seltsamen fremden Planeten hinunterbeamen. Ratet mal, wer in den nächsten drei Minuten getötet wird? Richtig. Ich denke, wir sollten diesen Fehler nicht wiederholen. Unser reguläres Team hat vier ständige Mitglieder. Wir sollten andeuten, daß es im Kontaktteam noch viel mehr Mitglieder gibt, auch wenn sie nicht immer gezeigt werden. Wir haben zwei Möglichkeiten, das anzudeuten: 1. Selbst, wenn bei einer bestimmten Mission niemand ums Leben kommt, sollten wir immer zusätzliche Teammitglieder zeigen, die mit den Hauptfiguren hinunterbeamen. 2. Wir sollten die Personen variieren, die auf die Oberfläche hinunterbeamen, so daß manchmal eins der regulären Teammitglieder an Bord an einer Konsole bleibt und den Job seines/ihres Ersatzes überwacht – genauso wie NASA-Astronauten ihre Missionen gegenseitig überwachen. Das würde uns erlauben, den Schmerz unseres regulären Teammitglieds zu zeigen, wenn ein Crewmitglied auf der Oberfläche getötet wird... Wir sollten diese Möglichkeiten im Auge behalten, um das offensichtliche Spiel von: 'Rate mal, wer diese Woche getötet wird?' zu vermeiden."

Gerrold schlug außerdem vor, die Serie solle die Kirk-Spock-McCoy-Troika des Originals vermeiden und sich statt dessen mehr auf das Ensemble konzentrieren. Sein Hauptargument bestand darin, daß man in einer Ensembleserie leichter Geschichten mit Nebenfiguren erzählen kann, ohne das Gefühl zu erwecken, den Star zu kränken. „Wegen der vertraglichen Notwendigkeit, Kirk und Spock im Zentrum jeder Geschichte der alten Serie zu halten, gab es für unsere anderen Figuren nicht viel Gelegenheit, heroisch zu sein", sagte er. „Das hat sich schließlich als unfair für eine sehr talentierte Gruppe von Schauspielern erwiesen. [Außerdem] ist es in einer Ensembleserie einfacher, eine Figur zu töten (sollte sich dies als notwendig erweisen), ohne daß dem Format der Serie drastisch geschadet wird. Wenn bei *Hill Street*

Blues [Polizeirevier Hill Street] ein Polizist stirbt, trauern wir ein paar Episoden lang. Dann nimmt ein neuer Polizist seinen Platz ein – und die Serie läuft weiter."

Es war eine weitere Sorge von Gerrold, daß *The Next Generation* eine Figurenkonstellation vermied, die diejenige von Kirk und Spock in der Originalserie wiederholen würde. „Die Freundschaft zwischen Nummer Eins und Data, dem Androiden, könnte sich leicht zu einer neuen Kirk-Spock-Beziehung entwickeln. Wollen wir das? Wenn ja, wie stellen wir es dar? Wenn nicht, wie vermeiden wir es? Könnten die beiden eine feindselige Beziehung haben? Es ist aber von absoluter Notwendigkeit, daß wir eine tiefe Freundschaft zwischen unseren Hauptfiguren darstellen, um ein Gefühl von Familie/Ensemble zu schaffen. Wir sollten wahrscheinlich sehr hart daran arbeiten, jedes Echo der Vergangenheit zu vermeiden. Dies ist ein Gebiet, über das man weiter nachdenken sollte."

Am gleichen Tag schlug Gerrold einen weiteren Make-up Effekt für den Androiden vor: eine goldene Hautfarbe vielleicht oder, noch einfacher, spezielle Kontaktlinsen, die ihm eine goldene Augenfarbe geben. Was die Besetzung betraf, so schlug er Kim Miyori (aus *St. Elsewhere, John and Yoko*) und Robert Englund (aus *"V"* und *Nightmare on Elm Street*) vor.

In einem Memo mit dem Titel „Seelsorge auf der Enterprise" informierte er Roddenberry, daß er und Justman über eine Person an Bord des Schiffes gesprochen hatten, die die Funktion eines emotionalen Heilers erfüllen sollte. Kein Kaplan, erklärte er, denn die Menschheit ist inzwischen über das reine Ritual hinausgewachsen, sondern jemand der als „Meister" dient. „Es ist sein Job, die Menschen auf dem Schiff in ihrer Aufgabe zu unterstützen, das Beste aus sich zu machen, was ihnen möglich ist. Er/Sie kann kein Heiler, Therapeut oder irgendeine andere Art von medizinischem Offizier sein, weil das bedeuten würde, daß unsere Leute krank sein müßten, um seine/ihre Hilfe in Anspruch zu nehmen. Aus dem selben Grund kann er auch kein Trainer/Lehrer sein, weil das bedeuten würde, unsere Leute seien nicht vollkommen ausgebildet. Er kann auch kein Barkeeper sein, denn das deutet an, unsere Leute suchten unverantwortlich Trost."

Er schlug einen Erholungs-Chef vor. An der Oberfläche bestünde die Aufgabe dieser Figur darin, immer wieder für die Erholung der Enterprise-Crew nach Strapazen zu sorgen, sie zu erfrischen und zu erneuern, sie neu zu inspirieren und neu zu beleben. „In der Praxis kann ich mir vorstellen, wie dieser Mensch mit einem Crewmitglied, das Probleme hat, Schach spielt, und im Verlauf des Gesprächs gibt er ihm behutsam und unauffällig all die angemessene Unterstützung für sein emotionales Wachstum."

Am 3. November erinnerte Dorothy Fontana Roddenberry an eine unregelmäßig auftauchende Figur, die sie kürzlich beim Abendessen vorgeschlagen hatte. „Ich erwähnte einen Planeten mit einer japanisch anmutenden Kultur und Tradition, besonders dem Samurai-Code. Dieser Planet wurde zerstört. Unsere Figur (die nicht unbedingt orientalisch sein muß) ist eine der wenigen Überlebenden, da sie zu der Zeit nicht auf dem Planeten war. Sie ist also ein *Ronin*, ein herrenloser Samurai. In der Tradition von *Yojimbo* und *Sanjuro* nimmt dieser Ronin für Geld jede Aufgabe an und dient seinem zahlenden Herrn solange der Vertrag gilt – aber er hat seinen eigenen, komplexen moralischen Code. Er nimmt möglicherweise einen Job an, der moralisch nicht so ganz in Ordnung ist – aber vielleicht sieht er eine Möglichkeit, dieser Aufgabe einen moralischen Wert zu geben. So steht die Figur also nicht immer auf der Seite unserer Helden. Die Möglichkeiten für Geschichten nehmen zu, wenn diese Figur eine Frau ist."

Fontana sprach auch die Frage des vulkanischen Nackengriffs an, auch bekannt als der FSNP, was für „Famous Spock Nerve Pinch" steht (zu deutsch in etwa „Spocks berühmter Nackengriff", Anmerkung des Übersetzers). Dies war eine Lösung für eine nicht gewalttätige Figur, wenn sie aus Handlungsgründen jemanden kampfunfähig machen mußte. „Wie auch immer, am Schluß wurde es die ganze Zeit benutzt, und es funktionierte *immer* bei wem (oder was) Spock der Griff auch anwenden mochte. Ich schlage vor, daß der Android Data einen speziellen 'Ton' aussenden kann, der auf die meisten Menschen oder humanoiden Rassen hypnotisch wirkt. (Unsere Crewmitglieder hätten dann ein Implantat oder sie wären konditioniert, nicht darauf zu reagieren.) Dieser hypnotische Ton funktioniert nicht automatisch bei jeder Spezies. Manche Außerirdischen hätten andere 'Frequenzen' – oder vielleicht haben sie gar keine Ohren! So hat Data etwas Interessantes und nicht Gewalttätiges, das er notfalls als Waffe benutzen kann, aber es ist nicht immer eine todsichere Lösung."

Am 4. November traf man sich ein weiteres Mal zum Mittagessen, um eine Reihe von Punkten zu diskutieren, darunter: Die Enterprise sollte die Fähigkeit haben, sich teilen zu können; entweder sollte die Untertassen-Sektion sich abtrennen können oder aber man sollte ein zweigeteiltes Schiff haben. In einer Story-Idee, die sich darauf bezieht, sind „unsere Leute" in einer Sektion unterwegs, und als sie zurückkommen, sind ihre Familien und die anderen entführt oder werden als Geiseln gehalten oder sind vollkommen verschwunden. Beim gleichen Treffen wurde angemerkt, daß Patrick Stewart für die männliche Hauptrolle in Betracht gezogen wurde und daß man John Lone aus *Iceman* für Data im Kopf behielt.

Ebenfalls an diesem Tag schlug Fontana eine neue Figur vor, den Missionsspezialisten Kerry. „Michael Alan Kerry sieht aus, als kaue er Nägel und spucke Nieten. Um Jim Croce zu zitieren: 'Badder than Ol' King Kong, meaner than a junkyard dog' (zu deutsch etwa: 'Übler als der alter King Kong, bösartiger als der Wachhund eines Schrottplatzes', Anmerkung des Übersetzers). In seinem Inneren ist Mike ein Teddybär – nachdenklich, sensibel und liebenswürdig. Er würde lieber allein gelassen werden und seinen Forschungen nachgehen, aber sein Wissen auf seinem Gebiet schließt ihn automatisch für eine Reihe von Kontaktteams ein... Mike ist Anthropologe und hatte Geschichte als Nebenfach. Sein Gefühl für Völker, ihre Kultur, gesellschaftliche Entwicklungen und Geschichte ist tief und sensibel, manchmal intuitiv brillant. Privat ist Mike ein Familienvater mit Frau und einer jungen Tochter. Er ist ein talentierter Koch, und seine Dinner und Parties sind legendär. Wenn Mike dich zum Essen einlädt, laß alles stehen und liegen und geh – die Küche in seinem Quartier ist ausgezeichnet, und er kocht immer selbst. Seine Frau Susan arbeitet auf der Brücke. Sie ist von ganzem Herzen Offizierin, aber auch Frau und Mutter. Manchmal fehlt ihr die Zeit, weil sie in all ihren Bemühungen gut sein will, und das führt zu Streit zwischen ihr und Mike – aber meist sind sie ein glückliches Paar, das versucht, ein normales Leben an Bord des Schiffes zu führen und eine gute familiäre Atmosphäre für ihre Tochter zu schaffen."

In dieser Novemberwoche wurde eine erste Rohfassung der Serien-Bibel im Stab verteilt. Fontana meldete am 4., sie habe Probleme mit dem Dokument in seiner jetzigen Form. „Ich finde, daß den vorgeschlagenen Figuren etwas fehlt; vor allem deshalb, weil ich keine Bemerkungen zu Freundschaften und Beziehungen finde. Jede der Figuren scheint nur begrenzte Verbindung zu den anderen Figuren zu haben, und jede und jeder scheint eine Menge Gedanken zu haben, die sich nur in ihrem oder seinem Kopf abspielen. Der Captain behält seine Gefühle für sich, geht in seine Kabine und befaßt sich mit seinen Büchern. Die Beraterin spricht mit dem Capitain, ist aber immer anderer Meinung. Sie behält *ihre* Gefühle für sich. Ops spricht mit dem Schiff. Nummer Eins hat Meinungsverschiedenheiten mit den anderen höheren Offizieren und führt die Kontaktteams an. Mit wem spricht er, außer mit 'den Frauen, die ihn gut genug kennen, um ihn mit seinem richtigen Namen anzusprechen?' Die Anmerkungen zu Datas Beziehungen scheinen nur sexueller Natur zu sein; Macha behält ihre Gefühle für sich und drückt Wut und Mißfallen laut aus, wenn sie mit Dummheit und Intoleranz umgehen muß. Mit *wem* spricht sie? Jordy ist scheinbar der einzige, der fähig ist, Beziehungen aufzubauen.

Das Rückgrat von *Star Trek* waren immer Beziehungen und menschliche Geschichten. Es ist mir klar, daß ihr nicht das Kumpelsystem von früher haben wollt, aber Menschen entwickeln Freundschaften und Gemeinschaften, lieben und hassen in ihrem Arbeits- und in ihrem persönlichen Leben. Beide Felder liegen auf diesem Schiff gleich nebeneinander, und das muß man in den Figuren sehen können. Eine Basis dafür gibt es beim Captain und der Beraterin. Für die anderen ist noch nichts da; und ich meine, daß ein Hintergrund aufgebaut werden sollte, sowohl für die Autoren als auch für die Schauspieler. Ich glaube der beste Ort dafür ist das Kontaktteam, das anscheinend immer (oder fast immer) Nummer Eins, Macha und Data einschließen wird. Ich wiederhole, ich habe nicht vor, ein Triumvirat wie früher vorzuschlagen. Wie auch immer, das Kontaktteam ist ein Team. Einige Mitglieder werden die ganze Zeit zusammenarbeiten. Wenn sie keine Beziehung zueinander haben – eine, in der jeder einzelne den anderen kennt, ihm vertraut und sich auf ihn verläßt -, dann ist dieses 'Team' kein Team. Dann hat es Probleme."

Am 6. November brachte Gerrold das Thema Brückendesign ein. Aufgrund der Tatsache, das die vordere Hälfte der Brücke in der Originalserie verschwendeter Raum war, schlug er vor, das die Steuerungselemente – vielleicht sollte man sie Operationskonsolen nennen – sich auf einer erhobenen Fläche hinten auf der Brücke befinden sollten. Diese gäben dem Operationsoffizier (und vielleicht ein oder zwei Assistenten) Gewalt über alle Gebiete der Brücke, ohne daß er sich die ganze Zeit im Zentrum aller Aktivität befinden müßte. „In die zentrale Fläche setzen wir drei oder vier Sessel. Aber nicht solche Möbel wie der jetzige Captainssessel, sondern eher so etwas wie die großen Sessel, wie man sie auf der Brücke von Flugzeugträgern findet. Bequem, aber mit Sicherheit keine Salonsessel. Die sind für unsere höheren Offiziere: den Captain, den Wissenschaftsoffizier, Nummer Eins – wen sonst? – und zwei oder drei Spezialisten, wie sie vielleicht für eine bestimmte Mission gebraucht werden... Wir stellen die Sessel alle in einem gewissen Winkel zueinander und geben jedem Sessel Zugang zu einer Mini-Konsole oder einem Terminal. Jetzt ist es ganz klar eine Kommandozentrale, aber ohne daß ein ganzer Haufen Elektronik im Weg ist. Die Sessel können nach vorne gedreht werden zum Hauptbildschirm. Auf die erhobene Fläche der Brücke setzen wir verschiedene Arbeitsstationen: eine Wissenschaftsstation, eine Waffenstation. (Was noch?) Wir sollten das Brückendesign ansprechend gestalten, damit es dem Auge etwas bietet, aber nicht so viel wie früher, weil das die Aufmerksamkeit vom menschlichen Element in unseren Geschichten ablenkt. All diese Griffe und Knöpfe, Schalter und Hebel sind tolle Spielzeuge, aber letztlich beginnt man sich zu fragen, was unsere Leute da machen und warum sie es machen müssen. Auf unserem neuen Schiff sollte der Computer das meiste automatisch regeln, so daß sich unsere Leute darauf konzentrieren können, die eigentlichen Probleme zu lösen."

Am 9. November schlug Bob Justman vor, die erste Folge der Serie solle sich um ein soziologisches Experiment drehen, das das Sternenflotten-Kommando unternommen habe, um festzustellen, ob es Menschen möglich ist, im Weltraum ein normales Leben zu führen. „Können unsere Leute familiäre und/oder persönliche Beziehungen während einer so langen Reise aufrechterhalten? Dies wäre Prämisse 'A', die innere Prämisse dieser Folge. Prämisse 'B' hätte mit einer äußeren Bedrohung der Mission zu tun. Hoffentlich wäre dann die Lösung der Bedrohung von Prämisse 'B' eine direkte Folge der Lösung der Probleme aus Prämisse 'A'. Während dieser Episode ergeben sich alle möglichen Arten von Konflikten, die mit Männern und Frauen zu tun haben – Liebe/Haß, Heirat/Scheidung, Freundschaft/Feindschaft, Ehebruch, gesellschaftliche und berufliche Kämpfe – mit anderen Worten, all die Elemente menschlichen Dramas, denen die Menschheit schon seit dem Anfang der Zeit ausgeliefert ist. Am Ende dieser ersten Folge entscheidet sich Picard, dieses „Narrenschiff"-Experiment fortzusetzen. Schließlich haben sich die Menschen niemals perfekt verhalten – aber wir haben uns immer darum bemüht, besser zu werden als wir sind. Picard denkt sich: 'Welches Recht habe ich oder irgendeine andere Person, meinen Mitmenschen die Chance zu verweigern, zu etwas Besserem, Schöneren zu werden, zu etwas, das dem Zustand der Gnade näherkommt?'"

Am nächsten Tag schnitt Dorothy Fontana das Thema der Romulaner an und stellte die Frage, ob die neutrale Zone noch immer existiert. „Haben die Sternenflotte und die Klingonen das Romulanische Imperium umzingelt und isoliert? Ist die Föderation technisch immer noch im Krieg (oder im 'feindlichen Frieden') mit den Romulanern? Sind sie (bitte!) immer noch so mysteriös, unnahbar und irgendwie romantisch, wie wir sie zum letzten Mal gesehen haben? Auf welche Art – falls überhaupt – sind sie an dem Kampf gegen eine ganz neue außerirdische Bedrohung beteiligt? Es wäre schön, die Romulaner mit ihren römischen Kriegs- und Moralvorstellungen als Fragezeichen zu bewahren: ein noch immer nicht versöhnter Feind, wie sehr man ihn auch respektieren mag, ein immer noch kaum bekanntes Volk, trotz der fragmentarischen Information, die die Allianz der Föderation und der Klingonen gebracht haben mag. Die Romulaner wurden nie zu häufig verwendet, und das ist Teil ihres Charmes und ein guter Grund, sie am Leben zu erhalten. Was ist in den letzten 150 Jahren mit ih-

nen passiert? Weil sie in der alten Serie so selten verwendet wurden, haben die Romulaner ihr Geheimnis und ihre Faszination erhalten. Außerdem haben sie *Ohren*. Wenn ihr vorhabt, die Vulkanier herunterzuspielen, erinnert euch daran, daß ihr eine romulanische Reserve habt."

Die Klingonen erregten ebenfalls ihre Neugierde, und die Autorin meinte, daß man auf die eine oder andere Art mit ihnen umgehen müßte. Es war ihr Vorschlag, sie so zu lassen, wie sie waren – klassische Schurken mit schwarzen Hüten; oder man konnte sie ignorieren oder ausschalten oder Frieden schaffen zwischen dem Imperium und der Föderation. „Lösung 4 schafft mehrere Situationen, aus denen man Stories entwickeln könnte. Je nachdem, wann es zu der Allianz gekommen ist, muß es in der Sternenflotte Veteranen geben oder Kinder von Veteranen, die gegen die Klingonen gekämpft haben und die der Allianz immer noch stark mißtrauen und/oder jedem Klingonen, egal unter welchen Umständen. Vielleicht wollt ihr kein reguläres klingonisches Crewmitglied an Bord; aber Story-Situationen können sich aus dem Zusammentreffen mit Botschaftern entwickeln oder Handelsschiffen, anderen Schiffen der 'Allianz' mit klingonischem Personal, wichtigen klingonischen Passagieren, klingonischem Personal auf Raumstationen oder planetaren Zentren, mit denen die Enterprise umgehen muß Halb-Klingonen in allen möglichen Positionen, usw."

Patrick Stewart sollte möglicherweise Captain Picard spielen. Auch dieses Thema schnitt Fontana an. „Das ist gut, aber ich schlage vor, daß ihr außerdem noch einige Schauspieler im Alter von Mitte bis Ende Vierzig in Betracht zieht. Gepflegt-jugendliche Fünfziger sind in Ordnung für eine kurzlebige Serie – aber falls euch etwas längeres vorschwebt (und ich weiß, ihr seit der Hoffnung, viel länger dabei zu sein), dann muß man den Fett-und-Haarausfall-Faktor in Betracht ziehen. Erinnert ihr euch? Das Fett nimmt zu, und die Haare gehen aus. Ich glaube, ihr könnt problemlos einen Mann von Mitte Vierzig nehmen und immer noch das älter-und-erfahren-Image bewahren."

Am 19. November widmete sich David Gerrold der Idee einer abtrennbaren Untertassensektion. Wenn man Familien mit Kindern an Bord der Enterprise hat, gibt es ein Problem bei Geschichten, in denen das Raumschiff in direkter Gefahr ist, argumentierte er. Was würde mit den Familien und Kindern geschehen, wenn das Schiff angegriffen wird? „Mögliche Lösung: Etabliert, daß der Untertassenteil des Schiffes vom Hauptelement getrennt werden kann. Wenn wir wissen, daß wir uns auf einen gefährlichen Sektor zubewegen, trennt sich die Untertasse (die die Haupt-Wohnquartiere enthält) und zieht sich auf eine sichere Entfernung zurück, um auf ein späteres Treffen zu warten. Das

Hauptelement wird eine grimmig aussehende Kampfeinheit. Ein Großteil der stärksten Waffen könnte im Verbindungspfeiler stecken. Im Einklang mit der demilitarisierten Mission der Sternenflotte allerdings sollten wir etablieren, daß unser Captain vor so einem Schritt stark zurückschreckt; denn man gibt bereits zu, daß die diplomatischen Bemühungen mißlungen sind, wenn man sich in eine Situation militärischer Bereitschaft begibt."

Am selben Tag machte Gerrold Roddenberry auf einen jungen Schauspieler aufmerksam, der in *St. Elsewhere* mitgespielt hatte. „Er ist ein vierzehnjähriger Doktor; männlich. Ziemlich genau der Wesley Crusher, wie wir ihn beschrieben und besprochen haben. Wird von dem Jungen aus *Stand by Me* gespielt, der als Erwachsener von Richard Dreyfuss dargestellt wurde. Hat einen sehr guten Job hingelegt. Falls der Charakter keine der Hauptfiguren wird, sollten wir uns den Jungen einmal ansehen." Der Junge stellte sich als Wil Wheaton heraus, der tatsächlich die Rolle des Wesley Crusher bekommen sollte.

Am 9. Dezember sprach Dorothy Fontana Roddenberry offenbar zum zweiten Mal auf ihre Idee an, daß man eine neue außerirdische Bedrohung brauche, und ihrer Vorstellung nach, sollten diese Außerirdischen Gestaltwandler sein. „Wir wissen vielleicht nicht, was sie wirklich vorhaben, zumindest nicht zu Anfang. Wir hätten keine Möglichkeit, sicher zu sagen, wie sie wirklich aussehen. Wir wären nie sicher, ob jemand, dem wir trauen, nicht in Wirklichkeit ein Gestaltwandler ist. Die Idee ist schon oft in anderen SF-Stories verwendet worden; sie ist nicht neu – aber ich bin sicher, man kann interessante Variationen des Themas finden, wenn ihr meint, daß die Idee realisierbar ist." Interessanterweise tauchte genau dieses Konzept in der 1994-95er Fernsehstaffel wieder auf, als die Serie *Star Trek: Deep Space Nine* ein Volk von Gestaltwandlern als neueste Bedrohung der Föderation etablierte.

Fontana brachte auch die Idee der Schwesternschaft auf der Enterprise ein. Sie meinte, es sei wichtig, Freundschaften zwischen den Frauenfiguren zu haben. „Diese Frauen sagen mehr als nur ‘Grußfrequenzen geöffnet’ und ‘Ja, Doktor’. Sie müssen als Figuren genauso klar entwickelt sein wie die Männer. Wenn sie wichtig sein sollen – und ihr habt klar gemacht, daß sie das sein werden – , dann müssen sie Gefühle, Einstellungen und Beziehungen zueinander haben, genauso wie die Männer der Mannschaft und Fremde, die sie treffen werden."

Als sich die Story-Ideen in diesen frühen Tagen zu sammeln begannen, bemerkte Fontana einen erschreckenden Trend, sich auf die Figur von Leslie Crusher zu konzentrieren (aus der später Wesley Crusher wurde), ein Problem, das sich während der ganzen ersten Staffel von *The Next Generation* ergeben würde. „Denken wir nicht ein bißchen zu viel über dieses Mädchen nach und nicht genug über die anderen Leute? Ich habe ein Gefühl im Bauch, daß zu viele Leslie-Geschichten die Zuschauer vertreiben werden, weil sie uns für eine Kinderserie halten (das werden wir natürlich nicht sein, aber es braucht nur so ein Gefühl, und schon sind wir die Leute los). Vielleicht bin ich da etwas voreilig, aber ich hoffe, daß die nächsten Story-Konzepte, die ich sehe/höre, sich auf die anderen Hauptfiguren konzentrieren."

Am 18. Dezember schlug Fontana das Thema Data an und die Tatsache, daß sie und Gerrold die Idee entwickelt hatten, daß Data *nicht* der einzige seiner Art sei. Sie schlugen die Idee eines weiblichen Androiden vor. „Sie wurde von dem Planeten fortgeschickt, um sicherzustellen, daß jemand überlebte, um die Geschichte zu erzählen. (Ich habe mal wieder Melville gelesen.) Und wenn Data diese Frau trifft, haben wir eine Geschichte. Wie fühlt er sich, wenn er feststellt, daß er nicht der einzige seiner Art im Universum ist? Wie fühlt sie sich? Wie sieht ihre Beziehung aus? Wie fühlen sich die beiden angesichts der Verantwortung, die ihnen auferlegt wurde? Was für ein Leben führt diese ‘Frau’, und wie sieht ihre Zukunft aus? Wir haben uns auch mit der Vorstellung herumgeschlagen, daß Data (und die Frau, wenn sie euch gefällt) das Beste sind, was diese Außerirdischen je geschaffen haben. Was ist mit den anderen, die nicht so gut waren? Könnte einer von ihnen überlebt haben oder entkommen sein? Könnte dieser Android ein Feind für Data sein, eine Folie für ihn, ein Rival? Wir dachten, hier gibt es Story-Möglichkeiten, die entwickelt werden können." Und besonders die Idee eines Rivalen wurde in der Folge „DataLore" ausgeschöpft, in der Datas böser Bruder Lore eingeführt wird, der zu einer ständigen Bedrohung der Enterprise wurde.

Als *Star Trek: The Next Generation* die ersten paar Monate seines Lebens beendete und das Jahr 1986 sich dem Ende zuneigte, wurde die Bibel der Serie verfeinert, Geschichten wurden Autoren zugewiesen, Skripts wurden geschrieben; und der Stab der Serie fing an, durch die Aufnahme des Produzenten-Veteranen Robert Lewin und einer neuen Generation von Autoren, wie sie durch Herb Wright und Maurice Hurley repräsentiert wurden, die von *Miami Vice* und *The Equalizer* [*Der Schutzengel von New York*] kamen, zu wachsen. Jeder dieser Autoren hoffte, seine eigenen Talente in die Serie einbringen zu können, indem er versuchte, sie mit denen von Gerrold, Fontana, Justman und natürlich Roddenberry zu vereinen. Ein weiterer Neuzugang – und das einzige Mitglied das über die zweite Staffel hinaus bei der Serie blieb – war Rick Berman, der von einer Position als leitender Angestellter von Paramount zu der Serie wechselte und der in den kommenden Jahren Roddenberry als Großen Vogel der Galaxis ablösen sollte, als der Schöpfer verstarb.

Leider würde es während der ersten Staffel klar werden, daß Star Trek: The Next Generation noch lange Zeit damit verbringen würde, verzweifelt eine Richtung zu suchen.

TEIL II

STAR TREK: THE NEXT GENERATION – EIN BESUCH BEI DEN DREHARBEITEN DER ERSTEN STAFFEL

Dieser Besuch auf dem Set von Star Trek: The Next Generation fand kurz nach der Ausstrahlung des Pilotfilms „Encounter at Farpoint" statt. Der folgende Artikel wurde von Mark A. Altman geschrieben und basiert auf der Arbeit von Altman, Steven Simak und Mitchell Rubinstein. Er wird hier mit der Erlaubnis des Galactic Journal nachgedruckt, das die Urheberrechte an diesem Artikel besitzt.

„Sie können sich nicht vorstellen, wie schwer es ist, auf die Rückseite einer Packung Cheerios zu kommen", erklärt mir der Presseagent, der Star Trek: The Next Generation vertritt und zeigt mir eine Packung Frühstücksflocken. Ich sehe das Bild eines kleinen Jungen, der von Jonathan Frakes und Marina Sirtis flankiert wird. In einem Sternenfeld über ihnen steht, man könne die Chance gewinnen, in einer Folge von Star Trek mitzuspielen, und zumindest könne man in der Packung einen Sticker seines Lieblingsstars aus The Next Generation finden. Ich nicke. So etwas hätte sich 1964 wohl kaum jemand vorstellen können, als die Kameras zum ersten Mal liefen, um den Pilotfilm von Star Trek aufzunehmen; aber jetzt, mehr als zwanzig Jahre später, wurde wieder Geschichte gemacht, nicht nur auf den Bildschirmen, sondern auch in den Küchenschränken Amerikas.

Ich stelle die Packung wieder zurück auf den Tisch neben den Wasserspender. Auf der anderen Seite der Sperrholzwand befindet sich die Brücke der neuen Enterprise, wo die Proben für eine weitere Szene der hochgelobten neuen Fernseh-Space-Opera beginnen. „Sie werden auf Warp Acht springen, und ich werde das Landeteam persönlich leiten", erklärt einer der Gaststars der Folge und schreitet die Brücker herunter. Patrick Stewart steht aus dem Captainssessel auf, geht nach vorne und dreht sich um. Rob Bowman, der Regisseur, schüttelt mißbilligend den Kopf. Er geht auf Stewart zu, sie tauschen leise Worte aus, und alles ist wieder in Ordnung. Stewart und LeVar Burton machen ein paar kleine Witze und bereiten sich darauf vor, die Szene noch einmal zu proben. Denise Crosby, die Darstellerin der Sicherheitschefin Tasha Yar, sieht etwas fehl am Platz aus; sie steht hinter der Waffen-Konsole und schminkt sich. Die Schauspieler warten geduldig darauf, daß die Szene noch einmal geprobt wird.

Hier auf Bühne 10 befindet sich die Brücke der Enterprise, zusammen mit dem Bereitschaftsraum des Captains und einigen Quartieren des Hauptpersonals. Ein paar Sound-

stages weiter finden wir Bühne 9, wo die meisten permanenten Sets der Serie untergebracht sind. Es sind zum größten Teil redekorierte Versionen der Film-Bühnenbilder. Die zerstörten Überreste der Kampf-Brücke aus „Encounter at Farpoint" müssen jetzt für die U.S.S. Stargazer herhalten, das vorherige Kommando von Captain Picard. Ursprünglich dienten sie als Brücke von Star Trek: The Motion Picture. In der Nähe befinden sich die Krankenstation, der Mehrzweckraum für Einsatzbesprechungen, der Transporterraum und der Maschinenraum. Alle Geräte, die diese Sets schmücken, sind überdacht und so konstruiert, daß sie auf eine bestimmte Weise funktionieren. „Die Requisite hat all diese Sachen programmiert", erzählt Denise Crosby. „Die wissen genau, wie das alles funktioniert. Du mußt sie nur noch fragen: 'Wie läuft das Ding da?' oder 'Wie feuere ich ein Photonentorpedo ab?' Die haben sich alles überlegt."

Neben dem Maschinenraum, durch einen der Myriaden von Schiffskorridoren mit ihm verbunden, befindet sich ein Allzweckraum, der schließlich als Shuttle-Rampe dienen wird, wenn das nötig werden sollte. Im Augenblick wird er als Lagerhalle verwendet und wurde für die Holodeck-Sequenz in „Code of Honor" benutzt.

Das Holodeck, eine aufregende Neuerung in der Technologie der Enterprise, stellte man zum ersten Mal in der Zeichentrickserie vor, doch für die neue Serie wurde es live verwirklicht. In den folgenden Star Trek-Episoden wird es eine wichtige Rolle spielen. Das enthüllt Jonathan Frakes, der den Ersten Offizier der neuen Enterprise und Leiter der Außenteams spielt: „Brent und ich haben für das Holodeck Außenaufnahmen in der Gegend von Ferndale gedreht." Die Aufnahmen wurden in „Encounter at Farpoint" verwendet. In dieser Szene trifft er Data in der Wildnis eines terranischen Waldes. Es war eine der wenigen Außenaufnahmen der Serie bis zu der Episode „Justice". Rob Legato, der für die visuellen Effekte der Serie verantwortlich ist, empfindet die Holodeck-Sequenzen als eine seiner größten Herausforderungen. „Alles ist eine Collage aus Blue Screen-Aufnahmen. Er [Frakes] geht auf einem Blue Screen-Boden. Wir versuchen alle Schatten so zu erhalten, wie sie tatsächlich auf dem Boden auftauchen, so daß sie auch in den Außenaufnahmen da sind. So sieht es aus, als gehörte er wirklich dahin. Es ist eine ziemlich komplexe Montage."

Das Holodeck ist der Katalysator für eine chandlereske Episode, die Frakes und Gates McFadden als eins ihrer Lieblingsabenteuer bezeichnen. In „The Big Goodbye", geschrieben von Tracy Torme, ist das Holodeck defekt und hält unsere Helden in einer Phantasiewelt gefangen.

In der Nähe, auf Bühne 16, steht ein Bulldozer untätig herum, während die Arbeiter über die riesige Soundstage huschen, wo sich Styropor-Felsen bis zum Horizont zu erstrecken scheinen. Das Set wird verwendet, um außerirdische Landschaften zu schaffen. Dort gibt es außerdem einen unterirdischer Bereich, der notfalls geflutet werden kann.

„Wir haben es genauso gemacht wie vor 20 Jahren", erklärt Supervising Producer Robert Justman, einer der Veteranen der Original-*Enterprise*. „Unsere Bühne ist diesmal etwas größer, aber eigentlich ist es die gleiche Idee." Er fügt hinzu, daß das Verhältnis von „Planeten-Folgen" und „Schiff-Folgen" etwa fünfzig zu fünfzig sein wird.

Der Mann mit der undankbaren Aufgabe, die außerirdischen Welten von *Star Trek* zu kreieren, ist Production Designer Herman Zimmerman. Er hat nicht nur die korrekte Komposition von Farbtönen und Beleuchtung zu beachten, sondern muß die Bühne 16 auch jede Woche in einen vollkommen neuen Planeten verwandeln. „Production Design und Bühnenbau heißt Problemlösen", stellt Zimmerman fest. „Problemlösen mit einer bestimmten Absicht. Ich sage gerne, daß der Bühnenbaumeister/Produktions Designer in der unbeneidenswerten Position ist, sich unsichtbar machen zu müssen. Denn wenn er oder sie ihre Aufgabe richtig macht, unterstützt es die Geschichte; es wird zur natürlichen Umgebung. Wenn seine Arbeit sichtbar wird, hat er etwas falsch gemacht. Man kann die Technik des Matte-Gemäldes erkennen, das eine außerirdische Landschaft darstellen soll, aber man sieht keine außerirdische Landschaft."

Auf Bühne 10 hat inzwischen der Dreh begonnen. Captain Picard versucht, die Frau eines *Sternenflotten*-Botschafters zu trösten, deren Mann von Terroristen als Geisel genommen wurde. Auf dem Set ist alles still, als die Kameras zu laufen beginnen.

Außerhalb dieses überfüllten Bühnenbildes befindet sich ein kleiner Hof für die Wohnwagen, in denen die Hauptdarsteller wohnen. Statisten hängen vor der Tür der Soundstage herum, während Marina Sirtis geschminkt wird und die Beatles laut aus einem Radio plärren. Jonathan Frakes springt im rosaroten Bademantel aus seinem Wohnwagen, um nachzusehen, wann er wieder auf der Bühne und im Kostüm gebraucht wird. Dann zieht er sich wieder in seinen Wohnwagen zurück, um der heißen kalifornischen Sonne zu entgehen. Wil Wheaton springt auf dem Set herum, obwohl er heute in keiner Szene auftauchen wird. LeVar Burton ist in seinem Wohnwagen und scheint ein sehr ernsthaftes Gespräch mit seinem Agenten zu führen, während sich Michael Dorn in seinen Gartenstuhl vor seinem bescheidenen *Star Trek*-Anwesen zurücklehnt.

Alt ist tatsächlich wieder neu, auch wenn die nächste Generation der *Enterprise*-Crew Teil eines völlig neuen *Star Trek* ist, wo sich mehr geändert hat als nur die Gesichter auf der Brücke. „Wir drehen die Serie technisch vollkommen anders", erklärt Robert Justman. „Anders als in der alten *Star Trek*-Serie, wird *The Next Generation* zwar auf Film aufgenommen, dann aber für den Schnitt auf Video kopiert. Wir haben bisher nicht einen Zentimeter an Positiv-Film gesehen." Die einzigen Aufnahmen, bei denen normales Filmmaterial verwendet wird, sind bestimmte Spezialaufnahmen. Diese neuen Methoden erlauben nicht nur eine höhere Auflösung der Bildqualität, sondern vermeiden auch die Bildverschlechterung, die mehrere Generationen von Filmmaterial vor der Sendung mit sich bringen.

Die Spezialeffekte der Serie werden ebenfalls digital montiert, so daß mehrere Elemente einer Aufnahme einfacher miteinander verbunden werden können, als es mit traditionellen Methoden möglich gewesen wäre. „Wir bringen VistaVision-Film von ILM und 35mm-Film irgendwo anders hin und verbinden sie digital", fügt Justman hinzu. Sobald sie geschnitten sind, werden die Folgen dann per Satellit an Privatsender im ganzen Land geschickt, die die Serie ausstrahlen."

Während sich die Produktionsmethoden seit den Zeiten des Originals dramatisch verändert haben, waren andere Hindernisse in der Neuerschaffung des *Trek*-Universums weniger leicht aus dem Weg zu räumen. Ein Dilemma, mit dem Herman Zimmerman zu kämpfen hatte, war das Problem, den originalen *Star Trek*-Konzepten, die in der Serie und den Filmen etabliert wurden, treu zu bleiben und sie gleichzeitig zu verbessern. „Wir haben immer noch einen doppelten Warpantrieb, wir haben immer noch Impulsgeschwindigkeit, wir benutzen den Transporterraum, und wir haben eine Brücke mit dem Captain im Zentrum", sagt Zimmermann. „All diese Dinge gehören einfach zu dem, was *Star Trek* unserer Meinung nach ausmacht. Obwohl wir Details verändern und kosmetisch auffrischen, bleiben wir uns eigentlich treu, und das ist gar nicht so schwer. Falls wir das Rad neu erfinden müßten, wäre das hart. Aber warum soll man ein Erfolgsrezept verändern?

Es gab den Wunsch, auf ganz spektakuläre Art mit der neuen Enterprise daherzukommen. [Diese] Enterprise ist zweimal so groß wie die letzte Enterprise, die erheblich größer ist als die erste Fernseh-Enterprise. Es war Mr. Roddenberry's Konzept, sich im wesentlichen nicht von der Philosophie des Originals zu entfernen.

Das neue Brückendesign und das äußere Schiffsdesign entwickeln sich aus zwei Grundideen. Zum einen ist es unnötig, Aerodynamik zu haben, denn der Weltraum ist ein Vakuum. Im 24. Jahrhundert ist es nach Meinung von Mr. Roddenberry durchaus möglich, daß die Technologie einen solchen Leistungsstandard erreicht hat, daß sie zu einer Kunstform geworden ist. Punkt zwei ist, daß wir anstelle einer Fünf-Jahres-Mission eine Zwanzig-Jahres-Mission mit Frauen, Kindern und Familien an Bord haben. Wir möchten den ganzen Wohnbereich des Schiffes bequemer machen. Es war nie ein Schlachtschiff. In Wirklichkeit ist es eine hochmoderne, bequeme Maschine, die wir stolz sind, unser Zuhause nennen zu dürfen."

Eine der wichtigsten Facetten des Designs der neuen Enterprise war die Brücke, die von der Originalfernsehserie über die Filme zur neuen Serie eine dramatische Entwicklung mitgemacht hat. „Die Brücke ist groß", merkt Zimmerman an, „vielleicht größer als sie sein müßte. Das kommt zum Teil daher, daß Gene den Bildschirm so groß haben wollte. Er sieht wirklich viel fortgeschrittener aus als der ursprüngliche Enterprise-Bildschirm, und es erhöht die Dramatik der Serie gewaltig, wenn das Gesicht von z.B. Q drei Meter hoch vor Picard steht, der dort nur etwas mehr als halb so groß ist."

Die Konstruktion eines so riesigen Bildschirms erforderte es, daß der Rest der Brücke in einem Maßstab gebaut wurde, der ihm entsprach. Die Brücke ist tatsächlich genauso breit wie die ursprüngliche Enterprise-Brücke – etwa 12 Meter -, aber sie ist knapp 60 Zentimeter länger. Die Decke, die man im Original nie sehen konnte, ist ca. 4 Meter hoch. Die abfallenden Rampen, die vom hinteren Ende der Brücke zu den eigentlichen Steuereinheiten führen, erhöhen die Illusion größerer Höhe.

Damit man auf den Sets drehen kann – auch auf der Brücke, wo sich ein Großteil der Handlung abspielt – sind die Wände „wild" gebaut. „Wilde Wände" kann man bewegen, damit die Kamera besser plaziert werden kann. „Um die Kamera an den richtigen Standort zu bekommen, baut man die Sets so, daß man sie in Stücken auseinandernehmen kann", fügt Zimmerman hinzu. „Man stellt die Kamera auf eine Seite für die Hauptaufnahme, dann stellt man die Wand wieder zurück. Man bewegt die Kamera, entfernt eine andere Wand und dreht den Rest. Bei solchen Sachen macht man Versu-

che – entweder weiß man, wie man das macht oder man lernt es sehr schnell."

Die Dinge werden dadurch noch weiter kompliziert, daß zwischen dem Design und der Realisierung aller Aspekte der Star Trek-Produktion nur wenig Zeit zur Verfügung steht; das reicht von Spezialeffekten über Make-up bis natürlich zum Bühnendesign. „Im Normalfall bekommt man das Skript zwei Wochen bevor die Hauptaufnahmen beginnen und hat zwei Produktionstreffen", erklärt Zimmerman. „Eins ist ein vorbereitendes Treffen, in dem die Konzepte besprochen werden und eins – wenn alles gut geht – eine Woche oder drei oder vier Tage vor der Produktion. Im Produktionstreffen kommen wir zusammen und besprechen die Probleme, entwickeln neue Ideen, reichen Budgets ein und ändern Konzepte und Ideen, um [diese] Budgets einzuhalten. Wir arbeiten so schnell wir können, und manchmal drehen wir eine Folge und haben die Elemente für eine bestimmte Szene erst in der Nacht zuvor aufbauen können."

„Es ist eine sehr intensive Arbeit", pflichtet ihm Rob Legato bei. „Manchmal habe ich fünf Wochen, meist weniger. Im Idealfall möchte man das Skript bekommen, es lesen, absorbieren und sich überlegen, wie man die Sequenzen ausspielt; aber im Fernsehen kommen die Skripts oft erst ein paar Tage vor dem Dreh. Man muß sehr schnell ein Konzept entwickeln und es sofort aufbauen. Es ist eigentlich unerhört, wieviel Arbeit wir in kurzer Zeit haben."

Laut Legato bringt die uneingeschränkte Phantasie der Autoren einen Schwarm an Ideen hervor, die man nicht unbedingt so einfach in die Realität umsetzen kann. „Die schreiben das, ohne ihrem Verstand irgendwelche Grenzen zu setzen. Es ist natürlich viel interessanter, wenn jemand etwas erfindet, das einfach unglaublich ist. Die Schauspieler reagieren auf etwas, das wirklich phänomenal ist, im Unterschied zu einer Dialogszene, wo alles ausgespielt werden muß. Statt dessen blickt man auf den Bildschirm der Brücke und sieht dort etwas Großartiges. Nun, danke, sehr nett von euch."

Eins der größten Probleme von The Next Generation bestand darin, den Look der viel teureren Kinofilme in den wöchentlichen Fernsehfolgen zu bewahren. Selbst bei einem Budget von fast 1,5 Millionen Dollar pro Folge ist es schwierig, den Look eines 20 Millionen Dollar Films wiederzugeben. „Wir müssen es einfach versuchen", sagt Justman, der durch das ermutigt ist, was die Serie bisher erreicht hat. Wil Wheaton, der in einer Reihe von Kinofilmen mitgespielt hat, darunter Stand by Me, sagt: „Wir sind keine Sitcom mit nur drei Kameras. Wir drehen auf Film und werden am gleichen Ort wie ein Kinofilm auf Video kopiert. Es ist auf jeden Fall ein Gefühl wie bei einem Kinofilm."

Zu den Regisseuren, die Trek-Episoden geleitet haben,

gehören Corey Allen, der den Pilotfilm gedreht hat, Richard Colla, der auch bei der dreistündigen ersten Folge von *Battlestar Galactica* [*Kampfstern Galactica*] und für Gene Roddenberrys *The Questor Tapes* Regie geführt hat und Rob Bowman, der produktivste Regisseur von *Star Trek*, zu dessen Arbeiten „Where No One Has Gone Before" und „Too Short a Season" gehören. Die Schauspieler sind fast einmütig in ihrem Lob für die Leute hinter der Kamera. „Wir hatten einige gute Regisseure, die sehr aufmerksam waren", merkt Michael Dorn an und reibt sich die knöcherne Gesichtsmaske, die aus dem höflichen Schauspieler einen klingonischen Krieger macht. „Sie wissen mehr über Regie als ich, und ich weiß mehr über Schauspielen. Wenn mir jemand sagt, in dieser Szene mußt du wegrennen, zusammenbrechen und weinen, dann sage ich, so etwas tut Worf nicht. Der Regisseur gibt einem Maßstäbe und Grenzen, und du als Schauspieler nimmst sie und füllst sie mit so viel Farbe wie du kannst."

„Ich glaube, Roddenberry muß sehr sauer gewesen sein, daß er die Sender ablehnte", sagt Jonathan Frakes. „Er hatte beim ersten Mal ziemlich viel Ärger mit ihnen." Der Direktverkauf einer Serie war bisher berüchtigt als Medium für trashige Zwei-Kamera-Sitcoms und seltsame Revivals erfolgloser Serien wie *We Got It Made* und *What's Happening*, so war es eine große Überraschung, als Paramount verkündete, sie würden die traditionellen Deals mit Fernsehstationen und eine lukrative Vereinbarung mit Fox Network umgehen und die Serie selbst direkt verkaufen. Zu den Vorteilen des Direktverkaufs für die Serie gehört die Freiheit von Sendervorgaben, ein Problem, das Gene Roddenberry noch zu gut aus den Tagen kannte, als er *Star Trek* für NBC produzierte.

„Vor ein paar Tagen habe ich Q in einer Szene einen Hurensohn genannt", erzählt Frakes, „und niemand hat auch nur vorgeschlagen, ich solle etwas anderes sagen."

Produzent Robert Justman gibt zu, daß die Einschaltquoten zwar unter der besonderen Vertriebsmethode von *Star Trek* leiden könnten, doch das sei ein lohnenswertes Opfer. „Ich habe das Gefühl, daß die Einmischung der Sender übler geworden ist. Unsere Einschaltquoten wären wahrscheinlich phänomenal, aber wir hatten eine Menge Sorgen."

Brent Spiner stimmt ihm zu und ist begeistert von den kreativen Möglichkeiten, die ihnen der Direktverkauf erlaubt: „Ich ziehe das auf jeden Fall vor. Ich habe bisher keinen Zensor getroffen, und ich glaube auch nicht, daß ich das möchte. Ich denke, daß Gene selber irgendwie unser Zensor ist. Er hat eine gewisse Verantwortung den vielen *Star Trek*-Fans gegenüber, und ich glaube, daß er in dieser Hinsicht sehr sensibel ist. Aber es ist nicht das gleiche, als bestimmte plötzlich ein Geschmacks-Zar darüber, was geschmackvoll ist."

Fast alle sind der Meinung, daß man auf ABC die Edo aus „Justice" nicht halbnackt hätte herumtollen lassen sollen. „Wir haben schon Folgen mit Situationen gemacht, die man mit keinem Sender hätte machen können", meint Michael Dorn. „Im AIDS-Zeitalter haben die Sender eine gewisse Verantwortung. Sie sind wie über eine Nabelschnur mit ihren Sponsoren verbunden, aber wir befinden uns nicht unter so einem Druck, und das ist schön... *wirklich schön.*"

„Ich glaube, sie werden versuchen, etwas weiter zu gehen als üblich", meint Frakes aufgeregt. „Das ist interessant, weil Roddenberrys Geschichten immer kleine Morality Plays enthalten. Wenn man das in die tatsächliche Produktion einer Serie einbringt, ist es sehr schwierig, eine Linie zwischen dem zu ziehen, was angemessen ist und dem, was nicht angemessen ist. Ich bin neugierig, wo diese Linie gezogen wird. Doch daß diese Aufgabe in die Hände der Kreativen gelegt ist, gibt ihnen eine sehr mächtige Position, und das gefällt mir. Ich glaube, [Gene] mag das, und ich hoffe, er geht damit richtig um. Man kann sich schon fragen, ob man jemand um 6 Uhr am Sonntag abend einen Hurensohn nennen darf."

Obwohl die Schauspieler zugeben, daß die Freiheit eine größere Beweglichkeit im Umgang mit Themen der Gegenwart erlaubt, bedeutet das nicht, daß die neue *Star Trek*-Serie sich stärker mit ihnen befassen wird als ihre Vorgängerin. „Die alte Serie hat es nie richtig gemacht", sagt Robert Justman. „Aber sie hat es so gut gemacht wie sie konnte. Es ist die Botschaft der Serie, daß die Menschheit niemals perfekt sein wird. Aber es macht uns Menschen erst zu Menschen, daß wir immer wieder versuchen, die Vollkommenheit zu erreichen. Wir werden sie nie erreichen, aber wir versuchen es weiter, und mit der Serie ist es genauso. Wir versuchen es weiter, aber wir werden es nie so gut machen, wie wir es gerne hätten."

„Ich glaube, wenn wir diese Elemente adäquat ausleuchten wollten, dann würden wir keine Fernsehserie machen, sondern Dokumentarfilme", denkt Patrick Stewart. „Es ist aber immer präsent. Es hat keine Episode gegeben, in der nicht ein zentraler Streit vorkam, der sich um ein moralisches, psychologisches oder gesellschaftliches Problem drehte. Ich denke, Gene Roddenberry nimmt es sehr ernst – wenn auch nicht religiös ernst -, was mit dieser Serie gemacht wird und daß jede Geschichte eine bestimmte Lebensauffassung und einen bestimmten Blickpunkt hat."

„In vielen Folgen geht es darum, daß man einen Impfstoff für eine Krankheit benötigt, die einen ganzen Planeten betrifft", fügt Frakes hinzu, „und das ist heutzutage ganz offensichtlich ein wichtiges Thema. Genauso wie Terrorismus und die Bedrohung, vor negativen Kräften übernommen zu werden."

Trotz der manchmal recht vehementen Versuche der Schauspieler, die Unterschiede zwischen der Originalserie und der neuen Formel herauszustreichen, können sie den Vergleich einfach nicht loswerden. So war es eine besondere Freude, als William Shatner dem Unternehmen offenbar seinen stillschweigenden Segen erteilte: „Einmal saßen wir Schauspieler auf dem Set beim Essen, und Mr. Shatner kam herein, und es war eine ganz gespannte Atmosphäre", erzählt Wil Wheaton. „Er sagte, er möge die Serie. Und wenn Captain Kirk die Serie mag, dann will das was heißen."

„Wie ein Freund von mir meinte, als ich diesen Job annahm: 'Wie glaubst du ist das, eine amerikanische Ikone zu spielen?'", erinnert sich Patrick Stewart. „Da bekam ich ein unangenehmes Gefühl. Und so bin ich wirklich froh, daß die Leute es scheinbar akzeptiert haben, daß der Captain ein Nicht-Amerikaner ist. Die andere Sache, die mich glücklich macht, sind Leute, die uns geschrieben haben: 'Ihr seid die Crew der Enterprise, und wir glauben an diese Crew.' Sie betrachten den sichtbaren Kontrast zwischen dem früheren Captain und mir nicht als eine Art von Wettbewerb. Sie meinen, die Unterschiede seien so groß, daß man nicht das Gefühl habe, da trete einer gegen den anderen an."

„Manche Menschen hatten Angst vor der neuen Serie, weil die alten Leute nicht mehr dabei sind", stellt Justman fest. „Sie empfanden das als Bedrohung. Aber ich glaube nicht, daß das lange gedauert hat. Man geht sein ganzes Leben lang neue Beziehungen ein. Manchmal sind die alten Beziehungen die Besten, manchmal nicht. Aber es gibt einfach Raum für Vielfalt. Die Leute widersetzen sich Veränderungen aus verschiedenen Gründen. Es ist eine ganz normale Reaktion, eine neue Serie oder ein neues Unternehmen einfach abzulehnen, aber das hat nicht viel mit Science Fiction zu tun. Es ist toll an Leuten, die Science Fiction mögen, daß sie sehr offen sind. Sie sind neugierig auf neue Ideen. Warum sollte man sonst irgend etwas anders machen? Machen wir *Space Patrol*. Das lief einmal, und die Leute mochten es."

Zimmerman ist der gleichen Ansicht. Auch er hat zwar glückliche Erinnerungen an die alte Serie, doch davon läßt er sich jetzt und in Zukunft nicht in seinem Design-Ansatz beeinflußen. „Wir sollten die Vergangenheit nicht als Bürde empfinden, sondern nur von ihr lernen. Wir blicken zurück mit Respekt, aber wir suchen dort keine Inspiration." In ähnlicher Weise beziehen sich Rob Legatos Spezialeffekte nicht auf die Originalserie. „Die Leute beurteilen die alte Serie nicht als Fernsehserie oder ihrer Spezialeffekte wegen. Sie haben wärmere Erinnerungen daran, so als betrachteten sie Heimvideos. Man sieht sich das nicht wegen der großen Filmkunst an. Es bringt einfach angenehme Erinnerungen zurück."

„Wir möchten nicht, daß die Leute die alte Serie vergessen", beteuert LeVar Burton, der in *The Next Generation* den blinden Navigator Geordi LaForge spielt. „Wir möchten bei niemandem die Liebe ersetzen, die sie gegenüber den alten Figuren fühlen, wir möchten nicht deren Raum einnehmen. Wir möchten nur, daß die Zuschauer uns die Möglichkeit geben, wir selbst zu sein, und daß sie uns danach beurteilen, wer wir sind und uns nicht mit etwas vergleichen, das vor uns kam."

Brent Spiner führt aus: „Es ist der einfachste Weg, die Sache anzugehen, indem man sie ablehnt. Ich denke, daß wird vergehen, und am Ende gehören wir alle zur gleichen Geschichte."

Fast alle Schauspieler und Mitglieder des Stabs erkennen Gene Roddenberry klar als den Autor von *Star Trek* an, den Mann, der der Serie Leben eingehaucht hatte und ihre Wiedergeburt einleitete. „Es ist Gene's Vision", sagt Stewart mit fester Stimme. „Wir werden mitgerissen, nehmen diese Vision an und erweitern sie, aber sie gehört Gene. Ich spüre seine Hand überall, und ich respektiere sie."

„Diese Serie hat einen Stil, den meiner Meinung nach keine andere Serie hat", spekuliert Frakes. „Diesen Stil kann man nicht definieren, aber er existiert und kommt aus Roddenberrys Skripts. Gott sei Dank, daß er an Bord ist. Er nannte sich einmal den höchstbezahlten Umschreiber Hollywoods. Er sieht sich jede Seite von jedem Skript an. Es ist seine Serie, seine Vision, und wir sind seine Spieler."

Roddenberrys Beteiligung hat mit dazu beigetragen, daß LeVar Burton die Rolle des Geordi übernahm. Burton erklärt: „Ich mochte die alte Serie sehr, und als ich hörte, daß Gene Roddenberry auch diese hier produziert, da sagte ich mir, daß auch diese Serie richtig gemacht würde, mit Geschmack, Würde und als ein einheitliches Ganzes."

Rob Legato setzt dieses unverfälschte Lob in eine größere Dimension: „Es ist sehr interessant. Er hat ein paar großartige Ideen. Sie sind unmöglich, aber sie sind großartig. Die Autoren schreiben das einfach, und ich mach mir in die Hosen, wenn ich es lese."

Roddenberry konzentriert sich darauf, die Stories und Skripts für die Serie zu überarbeiten, während er die riesige logistische Aufgabe, die Termine und das Budget der Serie einzuhalten, den fähigen Händen der Produzenten Robert Justman und Rick Berman überläßt. Sie leiten die täglichen Arbeiten, die von der Terminplanung bis zur Farbkorrektur reichen. Justman gibt zu, daß er Roddenberrys emotionale Gründe teilt, fast zwanzig Jahre nach ihrer Einstellung zu der Serie zurückzukehren. „Als ich 1968 *Star Trek* verließ, war es eine Katastrophe. So weit es den Sender und die Industrie betraf, war es ein Fehlschlag. Die einzige Sache, die *Star Trek* zwei Jahre lang gerettet hat, waren die Leute, die die Serie liebten. Doch als die dritte Staffel anlief, konnte man schon die Vorzeichen sehen. Gene und ich wußten das beide. Ich mußte einfach zurückkehren, um zu beweisen, daß die Serie Wert hatte und erfolgreich war und daß sie wieder erfolgreich sein konnte. Du kannst wieder nach Hause gehen und den Leuten, die an dir gezweifelt haben, beweisen, daß es immer schon Wert hatte, daß es ein wertvolles Unternehmen war."

Es überrascht nicht, daß die Schauspieler mit ihren Rollen sehr zufrieden sind, und obwohl ich versuchte, Uneinigkeit hinter der Maske der glücklichen Familie zu entdecken – es wollte mir einfach nicht gelingen.

„Einer der Gründe, daß diese Serie im Vergleich zu der alten Serie nicht untergegangen ist – obwohl wir alle das im Hinterstübchen befürchtet hatten – sind die Figuren, die von Anfang an so wohl durchdacht waren", sagt Frakes.

Patrick Stewart stimmt Frakes' Einschätzung zu: „Die Serie ist auch deshalb so erfolgreich, weil wir glauben, hier eine sehr klare Gruppe von Individuen zu haben, die an einem zusammenhängenden Ganzen arbeitet."

Dorn lacht zustimmend: „Dieses Set hat wirklich Glück. Ich glaube, Brent und Jonathan gehören zu den komischsten Typen, mit denen ich je zusammengearbeitet habe, und Patrick Stewart ist ein absoluter Profi mit viel Sinn für Humor."

„Wir haben eins der besten Ensembles im Geschäft", erklärt Burton. „Wir alle respektieren und bewundern einander."

„Wir haben immer Spaß gehabt. Alle Regisseure sagen, sie hätten noch nie auf einem Set gearbeitet, wo es so viel Spaß gab", sagt Marina Sirtis in der ihr eigenen, einnehmenden Art. „Es ist unglaublich, wenn man Schauspieler hat, die so gut miteinander klarkommen. Es ist ein solches Klischee, aber wir sind alle froh, daß wir dabei sein dürfen."

„Ich weiß nicht, wie die das geschafft haben, die Serie so gut zu besetzen", meint Frakes nachdenklich. „Wir gehen nach einem 14-Stunden-Tag miteinander Essen. Die haben Schauspieler eingestellt, die gerne spielen und nicht Filmstars oder Fotomodelle. Für fast jeden von uns ist das der größte Job seiner Karriere, und wir sind so froh darüber. Es ist ein Ensemble, und es ist ein verdammt gutes Ensemble."

„Eine Gemeinschaft nimmt die Persönlichkeit des Führers an", sagt Justman. „Es gibt ein altes Sprichwort, und es ist eigentlich schrecklich derb, daß ein Fisch vom Kopf her stinkt. Nur daß es hier nicht stinkt, sondern wunderbar riecht. Bei der alten Serie hatte man das gleiche Gefühl. Wir waren eine Familie. Es ist immer noch die gleiche Serie, und es sind die gleichen Leute, die sie machen, mit den gleichen Persönlichkeiten und den gleichen Vorstellungen. Gene ist der Große Vogel der Galaxis, und alles kommt von ihm. So war es immer, und so wird es auch bleiben."

Denise Crosby blickt für einen Augenblick in sich selbst hinein und verrät, was sie daran fasziniert hat, Star Trek zu machen: „Es gibt eine Menge persönlicher Gründe, warum man so einen Job annimmt, für mich und für meine Karriere, aber ich fand das auch sehr faszinierend. Für mich ist das Pop Art, und es ist Folklore. Das finde ich großartig."

Ein anderer Aspekt, der die Schauspieler angezogen hat, war ihre Möglichkeit, Vorschläge bei den Skript-Konferenzen einzubringen, die vor jeder Folge stattfinden. „Wir haben ein Skript-Treffen, und dabei gehen wir alles durch", verrät Michael Dorn. „Zum Beispiel gibt es da eine Szene, wo Worf, der erfahrene Krieger, diese Soldaten verfolgt, und als es zum Kampf kommt, weiche ich einem Bajonett aus und stolpere. Ich sagte, wenn dieser Typ so ein erfahrener Krieger ist, dann stolpert er nicht über einen Felsen. Sie sagen, du hast recht und ändern das."

„Sie denken darüber nach, was ein Schauspieler bei dem Skript fühlt, und das ist wundervoll", sagt Wil Wheaton. „Unsere Figuren sind unser Alter ego, und deshalb möchte ich keine Folge sehen, wo Wesley ein Rüpel wird, denn das würde einfach nicht zu seinem Charakter passen."

„Wir sprechen über unsere Gefühle und darüber, wo wir Probleme haben", fügt Spiner hinzu. „Ich glaube mehr als alles andere spart man damit Zeit."

Patrick Stewart offenbart, er hätte das Angebot nicht angenommen, wenn man ihm nicht Einfluß auf die Entwicklung der Figur zugestanden hätte. „Jahrelang habe ich entweder mit klassischen Texten gearbeitet oder mit einigen der besten Autoren der Gegenwart, und ich habe nie etwas anderes erfahren als eine vollkommene Offenheit gegenüber dem kreativen Prozeß. Wenn man mir den Einfluß auf meinen Text verweigert hätte, wäre ich gegangen. Ich habe kein Interesse daran, die Vision eines anderen zu sein und in eine Rolle gesperrt zu werden, die ich wie ein Fremder betrachte."

Obwohl man versucht, den Vergleich mit dem Original herunterzuspielen, gibt es doch subtile Hinweise, was die Inspiration betrifft. „Die McCoy-Szene zu drehen, war etwas sehr Sentimentales", gibt Michael Dorn in bezug auf die Pilotfolge zu. „Ich glaube, sie versuchen da ganz cool zu sein, und irgendwie ist das ein bißchen verdreht, wenn wir sagen, wir wollen uns weit von den alten Figuren entfernen .. aber da hast du's. Man merkt, daß wir sagen wollen: Wir wissen, wo wir herkommen, wir wissen, warum wir hier sind, und wir möchten auch, daß ihr merkt, daß wir es wissen; aber gebt uns die Chance, es mit unseren eigenen Qualitäten zu schaffen."

„Es war schön", räumt Brent Spiner ein. „Es war wirklich großzügig von DeForest Kelley, am Anfang bei uns zu sein." Frakes pflichtet bei: „Es gibt Referenzpunkte, wo wir alte

Logbücher durchgehen und James Kirk finden. Das machen wir aus Respekt für die alte Serie, und wir machen es mit sehr gutem Geschmack. Ich glaube, wir können die Erinnerung an die Vergangenheit nicht ausschalten, und wir sollten es auch gar nicht versuchen."

Was die Homage an die ursprüngliche Inspiration angeht, so macht Wil Wheaton seinen eigenen Skript-Vorschlag: „Ich würde gerne 'Mirror, Mirror' noch einmal machen. Aber wer bin ich schon, so etwas zu sagen? Ich bin nur ein Schauspieler und kein Autor, verdammt noch mal." Er wischt die Vergleiche mit dem Original als grundlos beiseite, wenn sie nicht im richtigen Kontext gemacht werden. „Wenn man einen Film fortsetzt, vergleicht man ihn sofort mit dem Original. Bei *Alien und Aliens* waren die einzigen Konstanten das Alien und Sigourney Weaver, und natürlich gab es Bezüge auf die erste Mission. Das war ein Fall, wo die Fortsetzung genauso gut oder sogar besser war als das Original. Ich glaube, so etwas machen wir hier auch. Wir versuchen nicht, das Original verschwinden zu lassen, wir setzen die Saga fort und fliegen weiter."

„Wir hängen hier auf diesem Planeten Erde fest", sagt Herman Zimmerman. „Wahrscheinlich können nur sehr wenige von uns nachvollziehen, was es bedeutet, sich im Weltraum zu bewegen; vielleicht ein paar Wissenschaftler. Ich glaube jedenfalls, daß es philosophisch um unsere Alltagsprobleme geht. Wir mögen Geschichten über uns selbst und unsere Probleme. Dafür interessieren wir uns. Mag man die Geschichten auch in Kostüme der Zukunft stecken, so haben wir es doch immer noch mit Gut und Böse, Liebe und Haß und all den grundlegenden Gefühlen und Problemen zu tun, mit denen die Menschen täglich umgehen müssen.

Das ist eine der Sachen, die Roddenberrys Bild von der Zukunft so glaubhaft machen. Es ist eine republikanische Sichtweise der Zukunft, wo das Leben einfach sein kann. Du mußt nicht an etwas arbeiten, das du nicht magst. Du kannst die Sache finden, zu der du etwas beisteuern kannst, und davon kannst du auch leben."

Produzent Robert Justman sieht darin den Grund, daß so viele Science Fiction-Serien im Fernsehen versagt haben, und weist auf den Willen von *Star Trek* hin, sich mit den fundamentalen Fragen der Existenz auf diesem Planeten und außerhalb von ihm auseinanderzusetzen. „In den meisten Science Fiction-Serien ging es nicht um Menschen, sondern um Spezialeffekte. Es ging nicht um Moral oder [wenn doch] dann nur in sehr minimaler Weise. Ihre Menschen waren zweidimensionale Figuren. Die erfolgreichen Serien beschäftigen sich mit der menschlichen Situation: der Menschlichkeit, dem Unterschied zwischen falsch und richtig. Sie behandeln die Dinge, die die Menschheit schon seit dem Anfang der Zeit

beschäftigt haben. Warum, glauben Sie wohl, wurden die zehn Gebote geschrieben? Oder Aesops Fabeln? Der Mensch ist ein moralisches Geschöpf, das versucht, einen Zustand der Gnade zu erreichen."

Schließlich bestätigt sich aber doch der alter Spruch: „Je mehr sich die Dinge verändern, desto mehr bleiben sie die gleichen." Bei allem neuen Glamour und aller Reife der 80er Jahre, kommt *Star Trek* doch auf die wesentlichen Elemente zurück, die die Serie in den 60er Jahren geprägt haben, und sie setzt sich immer noch mit den gleichen Fragen auseinander, die das Publikum seit zwanzig Jahren faszinieren. „Ich glaube, der Inhalt ist der gleiche wie immer schon", sagt Justman. „Mag unsere Technik vielleicht etwas glatter sein [und] die Serie vielleicht besser aussehen, der Inhalt ist meiner Meinung nach gleich geblieben. Mögen auch Jahrtausende vergangen sein, so haben wir die zehn Gebote nicht aufgegeben. Sie funktionieren immer noch.

Ich kann nicht sagen, daß ich je zufrieden wäre. Ich freue mich. Aber ich bin nie zufrieden. Die Serie könnte besser sein, aber sie könnte auch sehr viel schlechter sein. Man kann nicht jede Woche einen Picasso raushauen. Aber anscheinend haben wir es mit einer Art von Kunst zu tun. Bei so einem kollaborativen Unternehmen ist es nicht möglich, jede Woche etwas Geniales zu produzieren. Wir können nur versuchen, die einen zu gewinnen, und wir werden andere verlieren. Ich glaube, egal wie schlecht unsere Folgen sind – und manche werden sehr schlecht sein –, wir versuchen es. Man macht keine Fehler, wenn man es nicht versucht."

Eine Klappe schlägt laut zusammen. Eine Stimme schallt von der Brücke herüber: „Wir drehen!" Es wird schwerer, die Stimme von Captain Picard zu verstehen, als ich die Soundstage verlasse. Draußen hängen immer noch einige Statisten herum. Ich bleibe stehen und blicke zurück. Ich denke über die ganze Subkultur nach, die die originale *Star Trek*-Serie hervorgebracht hat. Tausende von Conventions, Fan Clubs, Büchern, Stickern, eine Zeichentrickserie, Comics, Fanzines und so weiter. Ein paar Meter entfernt versucht jetzt das gleiche Team, das dies alles schuf, noch einmal die Magie einzufangen, die den Verstand einer Generation gefesselt und herausgefordert hat. Ich muß an die Fans denken, die ein Vermögen dafür ausgeben würden, um ein einziges Mal für einen Augenblick im Sessel des Captains zu sitzen. Es ist ein großartiger Anblick; es sind großartige Schauspieler, ein großartiger Stab. Im Unterschied zu jedem anderen Set von Paramount, geht auf Bühne 10 etwas ganz besonderes vor sich.

Aber ich schüttle den Kopf und kann die listige Erinnerung nicht loswerden, die während meines ganzen Besuches auf mir lag – die tiefgehende Bemerkung, die William Shatner in *Saturday Night Live* gemacht hat, die wahrscheinlich so viel sagt wie keine andere: „Um Gottes Willen, es ist nur eine Fernsehserie!"

PATRICK STEWART
DER MANN, DER CAPTAIN SEIN WOLLTE

„Ich glaube, es wird langsam Zeit, daß ich ein bißchen mehr Action bekomme", lacht Parick Stewart. Gerade ist Drehpause bei der neuesten Folge von *Star Trek: The Next Generation*, und er ruht sich vor seinem Wohnwagen aus. „Ich bin eine Figur, die ihren Job im Sitzen erledigt, und da Riker die Außenteams leitet, bekommt er den ganzen Spaß."

Stewart, einer der höchstgeachteten Theaterschauspieler Großbritanniens, hat die Figur des Captains Jean-Luc Picard in nur wenigen Wochen im Kopf von Fernsehfans im ganzen Land unsterblich gemacht. Zu seinen anderen Arbeiten der letzten Jahre gehören *Smileys Leute* und *Dame, König, As, Spion* für die BBC sowie die Rolle des Gurney Halleck in *Dune [Der Wüstenplanet]* und die des Leondegrance in John Boormans *Excalibur*. Vor kurzem noch spielte er eine Hauptrolle in einer Londoner Produktion von *Who's afraid of Virginia Woolf?* [Wer hat Angst vor Virginia Woolf?], für die er den begehrten London Fringe Award als bester Schauspieler erhielt.

„Es ist mein Schicksal, eine ganze Liste von nationalen Führerfiguren, Diktatoren, Königen, Prinzen und Parteibossen zu spielen, und ich bin dessen nie müde geworden", bestätigt er. „Zum einen kann man als König viel sitzen, während die anderen Leute stehen müssen. In dieser Serie scheint es aber nicht so zu funktionieren. Ich neige dazu, die ganze Zeit auf den Beinen zu sein."

Beim Nachdenken über den Hintergrund von Picard, gibt Stewart zu, daß ihn der Gebrauch von Macht fasziniert, der so einen wesentlichen Anteil am Erfolg der Figur hat. „Als Mensch und als Schauspieler interessiert mich der Gebrauch von Macht sehr stark; wie man ihn erwirbt und wie er funktioniert. Ich war schon immer ein sehr politischer Mensch, und die Ausübung von Macht in der Politik hat mich stets fasziniert.

Es war mir immer wichtig, Picards stille, doch absolute Autorität auf dem Schiff zu etablieren und zu unterstreichen, und ich scheine damit Erfolg zu haben. Die Briefe, die ich bekommen habe, sprechen von der Autorität des Captains, davon, daß er wirklich ein Kommandeur ist. Das ist wichtig, denn wenn ein Schauspieler nicht seine Rolle spielt, dann scheitert er vom ersten Tag an."

Mögen die Figuren, die Stewart in der Vergangenheit gespielt hat, Macht auch unterschiedlich ausgeübt und zu vollkommen verschiedenen Zwecken benutzt haben, so hat dieser Persönlichkeitsaspekt doch einen Großteil seiner Arbeit charakterisiert. Außerdem, so merkt Stewart gerne an, fühlt er sich in der Struktur von *Star Trek* zu Hause. „Jede *Star Trek*-Story hat eine echte klassische Form. Sie haben alle eine Form, die exakt der Tradition des klassischen Theaters entspricht. Diese Art und die leicht epische Natur der Figuren waren mir also sehr vertraut. Aber gleichzeitig muß ich aufpassen, nicht in irgendeiner Weise zweidimensional zu werden."

Stewart verwirft die Haltung, Fernsehen sei ein minderwertiges Medium und weist auf den gewaltigen gesellschaftlichen Einfluß hin, über den man ernsthaft nachdenken muß: „Es ist ein Medium, daß man heute sehr, sehr ernst nehmen muß. Fernsehen ist wahrscheinlich in jedem Lebensbereich das stärkste Medium. Und wieviele Leute erreicht das Theater? Man hat mir gesagt, daß uns letzten Sonntag mehr als zwei Millionen Mensch in der größeren Umgebung von Los Angeles gesehen haben. In meinem ganzen Leben auf der Bühne haben mich nicht so viele Menschen gesehen."

JONATHAN FRAKES
ER IST DIE NUMMER EINS

„Ich finde, die Kostüme sehen großartig aus, aber ich bin nicht gerade verrückt darauf, die ganze Zeit diese dicken, hautengen Spandex-Klamotten zu tragen", gibt Jonathan Frakes zu und läuft in einem leuchtend pink-farbenen Bademantel vor seinem Wohnwagen herum. „Ich mag Riker.. Ich mag ihn sehr. Ich habe eine ziemliche Menge schleimiger Arschlöcher gespielt, und es ist schön, einmal einen Helden darzustellen."

Frakes gibt zu, er ist etwas nervös, den Umhang einer legendären Fernsehserie zu erben, aber er geht diese Herausforderung mit viel Enthusiasmus an. „Man war zu Anfang sehr skeptisch, und ein Mißerfolg war auch nicht unwahrscheinlich. Es gab immer eine Menge Vergleiche mit Shatner. Ich sehe mir seine Karriere an; er ist ziemlich gut. Die Unterschiede zwischen den Serien sind offensichtlich, aber die Qualität ist die gleiche geblieben."

In den 60er war es oft schwierig, eine Grenze zwischen Shatners Bildschirmpersönlichkeit und dem Schauspieler selbst zu ziehen. Man kann das gleiche über Frakes und sein Alter ego Riker sagen. Obwohl Frakes weit gelassener und humorvoller ist, teilt er viele Züge mit seiner Zelluloidschöpfung; und aus diesem Grund ist er auch daran interessiert, daß Riker in einer Weise entwickelt wird, die seinen eigenen Idealen entspricht. „Ich hätte es gerne, wenn die Figur etwas mehr Spaß bekäme. Er ist eigentlich der stabilste und steifste von allen. Ich würde gerne zurück gehen zu der Zeit von Dixieland, New Orleans. Ich würde diese Sachen angehen und mal sehen, wie sie im 24. Jahrhundert aussehen; Sachen wie Sport und Kunst. Mit dem Holodeck können wir überall hingehen, überall sein."

„Ich freue mich darauf, die Romanze mit Troi zu vertiefen", fügt er hinzu und weist auf zukünftige romantische Verstrickungen mit der attraktiven Beraterin von Betazed hin. „Das ist im Augenblick etwas zurückgestellt worden, aber es ist ein Element, das ausgespielt werden muß. Ich halte es für eine gute Idee, diese Geschichte mit dem Annähern und Zurückweichen beizubehalten. Es ist ein angenehmer Kitzel für die Zuschauer. Bei *Cheers* und *Moonlightning* [*Das Model und der Schnüffler*] hat es jedenfalls funktioniert. Ich mag so was. Es macht Spaß."

Zu seinen Lieblingsfolgen zählt Frakes „The Big Goodbye", wo sich Captain Picard, Data und Dr. Crusher in einer chandleresken Detektivgeschichte wiederfinden, während sie auf dem Holodeck gefangen sind. „Ich mochte das, wenn sie in der alten Serie in Anzügen runtergebeamt sind. Man hat mal was anderes zu sehen bekommen als immer die gleichen Kostüme."

Frakes zählt das Posaunespielen zu einem seiner leidenschaftlichsten Interessen neben dem Schauspielen, und er fragt sich, ob dieses Hobby in die Serie eingebracht werden kann. „Ich hoffe, irgendwann Posaune spielen zu dürfen... irgendwo. Ich könnte Mitglied einer Dixieland-Band sein... Roddenberrys Vision der Zukunft ist so positiv, da ist alles möglich."

BRENT SPINER
DIE MASCHINE IST EIN MENSCH

„Nehmen wir an, die Serie läuft sechs Jahre, dann denke ich, daß meine Figur auf dem Weg zum Menschsein ist", sagt Brent Spiner, der Pinocchio der neuen *Star Trek*-Serie. „Er wächst als Figur, weil er sich unter Menschen befindet. Ich stelle ihn mir sehr jung vor; er existiert noch nicht lange und hat deshalb etwas Kindliches an sich; er ist sehr naiv und nimmt alles mit großen Augen an."

Spiner, der mit vielen Broadway-Credits angeben könnte (es aber nicht tut), akzeptiert den Vergleich mit seinem illustren Vorgänger als Wissenschaftsoffizier der Enterprise, weist aber auf ein paar wichtige Unterschiede hin: „Die Ähnlichkeit mit Spock bezieht sich auf das Gebiet der Fakten: Information, Logik usw. Auf jedem anderen Gebiet sind die beiden vollkommen verschieden. Ich sehne mich danach, ein Mensch zu sein, während er nicht das geringste Interesse daran hatte, seine Menschlichkeit zu erkennen."

Wenn er sich vorstellt, eine Nachbildung seiner selbst in den Händen aufgeregter kleiner Kinder am Weihnachtstag zu sehen, hat Spiner gemischte Gefühle. „Ich bin eigentlich keine besonders auffällige Person, aber das Ganze gehört natürlich irgendwie dazu. Sollte ich dabei je ein komisches Gefühl bekommen, denke ich daran, daß auch Harrison Ford und Alec Guinness Actionfiguren hatten. Und wenn es für die gut genug war, dann ist es auch für mich in Ordnung."

Einen Androiden zu spielen, ist keine beneidenswerte Aufgabe für einen Schauspieler, der den Fußstapfen von Myriaden spektakulärer Androidendarstellungen auf der Leinwand folgen muß. Spiner ging die Rolle aus einer anderen Perspektive an: „Ich mußte irgendwie mit dem anfangen, was im Skript war und was ich in mir selbst zur Verfügung hatte. Ich habe mir *Making Mr. Right* nicht angesehen, weil ich Angst hatte, mir würde John Malkovichs Ansatz gefallen, und ich würde in diese Richtung gehen wollen. Meine Interpretation ist genauso viel wert, wie die von jedem anderen, soweit es einen Androiden aus dem 24. Jahrhundert betrifft."

Zu Spiners Plänen für die Drehpause gehört eine Aufführung seines Ein-Mann-Stücks *The Greenes*, bei dem Lorne Greene Auszüge aus dem Werk von Graham Greene vorliest. „Vielleicht lasse ich Graham Greene Auszüge aus *Bonanza* spielen, und im zweiten Akt, wenn die Musik kommt, singt Shecki Greene Verdi."

Erwarten Sie nicht, Spiner in der nahen Zukunft auf Conventions anzutreffen. Wie der eher schüchterne Schauspieler sofort zugibt, ist das nicht seine Sache: „Ich bin nicht so einer, der an die Öffentlichkeit geht und sagt:'So bin ich wirklich' und die Illusion zerstört, an der er das ganze Jahr lang gearbeitet hat."

LEVAR BURTON
GEORDI LAFORGE KRIEGT WAS ZU SEHEN

LeVar Burton mag im Kreis seiner Kollegen viel Spaß haben und sehr liebenswürdig sein, aber wenn es darum geht, über seine Arbeit zu sprechen, kommt die Zeit, ernst zu werden. Burton hat hart dafür gearbeitet, dorthin zu kommen, wo er jetzt ist; er weiß es, und er möchte, daß Sie es auch wissen. Zu seinen früheren Arbeiten kann er die erfolgreiche Mini-Serie *Roots* zählen, den experimentellen Fernsehfilm *Emergency Room* und die hochgeschätzte Kindersendung *Reading Rainbow*.

Jetzt spielt er Geordi LaForge, den blinden Navigator der

Enterprise, und er ist verdammt stolz darauf. „Ich finde, es paßt sehr gut in meine Pläne und meine Karriere", meint Burton, der mit leiser aber bestimmter Stimme spricht. „Mehr als alles andere, wollte ich immer gute Arbeit abliefern, und *Star Trek* ist ganz bestimmt gute Arbeit."

Seine Affinität für die Figur ist offensichtlich, aber er weist klar darauf hin, daß er auch an jeder anderen Figur, die er zu spielen hätte, Dinge finden würde, die ihm gefallen: „Ich mag Geordi aus vielen Gründen. Zunächst einmal ist seine energetische Haltung viel lockerer als bei den meisten anderen Figuren. Er ist frei heraus und sagt seine Meinung. Er hat einen etwas zynischen Humor, und das gefällt mir. Ich mag es, eine Figur darzustellen, die behindert ist; aber diese Behinderung hat sich als Plus für ihn erwiesen. Und all diese emotionalen Fragen sind damit verbunden."

Was die zukünftige Entwicklung der Figur betrifft, so ist Burton zurückhaltender als seine Kollegen und weniger willig, sich in die Schuhe der Autoren zu begeben: „Ich hatte mehrere Gespräche mit den Produzenten und mit Gene. Und jetzt, wo ich hier bin, wollen sie wirklich was aus mir machen. Ich bin ruhig, lasse sie ihre Arbeit tun und vertraue darauf, daß sie ihr Wort halten. So eine Serie ist ein kreativer Prozeß, der mehr einschließt, als meine Person und das, was ich für die Figur möchte. Es gibt noch viele andere Leute, die ein Wörtchen mitzureden haben bei den Entscheidungen, die diese Figur betreffen. Ich freue mich sehr, daß sie meine Meinung respektieren und danach fragen; doch was die zukünftige Entwicklung von Geordi angeht, so ist das, als würfe man einen Kieselstein in einen Teich: er zieht Kreise und hat Auswirkungen. Es ist meine Aufgabe, hier zu sein, meine Arbeit zu machen und Geduld zu haben."

Im Unterschied zu den anderen Schauspielern ist *Star Trek* für Burton nur eine weitere Facette in einer Karriere mit viel Prestige, die sich über die letzten zehn Jahre ständig entwickelt hat. Trotzdem nimmt er den Job ernst, und er verlangt Respekt für ihn: „Ich liebe diese Arbeit. Ich liebe die Möglichkeit, diese Geschichten mit diesen Schauspielern, diesen Produzenten und Autoren zu machen. Wir machen Unterhaltung, die einen dann und wann auch mal zum Denken bringt. Auf solchen Grundsätzen habe ich meine Karriere aufgebaut, und ich bin wirklich froh, das im Rahmen dieser Serie machen zu können."

DENISE CROSBY
DIE FREUDEN DER TASHA YAR

Denise Crosby ist weit gekommen seit jenem klassisch-komischen Augenblick in „Encounter at Farpoint", wo sie Q

vom Boden seines Gerichtssaals aus ermahnt: „Sie sollten vor der Sternenflotte auf die Knie fallen." Seitdem ist die gute alte Tasha von den Ligoniern entführt worden, hat eine ganze Menge Photonentorpedos abgeschossen und von den Vergewaltigungsbanden erzählt, die ihren wilden Planeten heimsuchten. Nun, es ist jedenfalls schön zu wissen, daß im 24. Jahrhundert nicht alles „Friede, Freude, Eierkuchen" ist.

Wenn sie Tasha beschreibt, gibt Crosby als erstes zu, daß an der Figur mehr ist als man im ersten Augenblick sieht: „Die emotionale Seite von Tasha zieht mich ebensosehr an, wie ihre weiblichen Konflikte und ihre Fähigkeit, mit Menschen Beziehungen einzugehen, die auf Vertrauen basieren. So etwas hatte sie nie gehabt. In ihrem Leben hatte es so etwas nie gegeben. Es gab keine Familie, keine Liebe."

Zu den Geschichten, die Crosby gerne sehen würde, gehören solche, die Aspekte menschlichen Verhaltens einbeziehen: „Ich sähe Tasha gerne in einer Romanze, wo sie diesen Konflikt zwischen Liebe und Karriere austragen muß. Im Grunde kann uns allen so etwas passieren. Das sind Geschichten mit menschlichen Inhalten und nicht einfach Stories von plappernden Außerirdischen."

Crosby hat vor, eine einzigartige Figur mit Tiefe zu schaffen, die die Fans interessant finden können. Sie will mehr als nur eine Figur, die Gene Roddenberrys Vision einer verwässerten Jenette Goldstein erfüllt. „Ursprünglich wollte man Tasha etwas machohafter haben. Ich glaube, daß sie die Rolle der Frauen wiederspiegelt, das, was sie im Augenblick zu erreichen versuchen. In den 60er Jahren gab es nicht viele solcher Rollen. Es gab so Serien wie *Julia*, wo Dianne Carroll eine alleinerziehende Mutter spielt, die arbeiten geht und ganz auf sich gestellt ist. Ich finde, das war revolutionär. Wenn man jetzt zurückblickt, war es unglaublich. Es war wunderbar, weil Frauen damals darum kämpften, trotz Schwangerschaft ihre Jobs zu behalten, ihre Kinder großzuziehen. Und sie kämpfen immer noch."

Sie bestätigt die vielen Seiten von Tasha Yar, die von der praktischen Sicherheitschefin bis zur verführerischen Sirene in „The Naked Now" reichen (das war wahrscheinlich genau das, was sich viele Fans von einer Serie im Direktverkauf erwartet hatten). Sie sagt: „Ich mag an der Figur, daß sie körperlich stark ist, daß sie direkt ist und sich mag wie sie ist. Ich stelle mir Tasha so vor, wie ich sie dargestellt habe. Ich mag diese Art an ihr, daß sie attraktiv und sexy und gleichzeitig fähig ist, jemanden zusammenzuschlagen."

MICHAEL DORN
WENN ES UM KAMPF GEHT, WENDEN SIE SICH AN IHN

„Bei diesem Typ geht es um Kraft und Stärke", offenbart Michael Dorn, der Mann hinter der Maske, über den ersten klingonischen Abgänger der Sternenflotten-Akademie. „Alle anderen Figuren haben etwas Weiches an sich, bis auf Tasha; so ergänzt er sich also sehr gut mit der Gruppe. Der Charakter ist stolz auf seine Herkunft und auf seine Leistungen. Er ist ein Verrückter, aber er ist seinem Schiff und seiner Crew gegenüber extrem loyal. Ich benutze meine Stimme sehr oft; sie ist viel tiefer als normal, und seit die Serie läuft, ist sie noch tiefer geworden."

Wenn er über das klingonische Erbe nachdenkt, findet Dorn die neugefundene Allianz mit der Föderation gar nicht so unakzeptabel: „Die Klingonen waren nicht so sehr böse, eher vollkommen aggressiv. Mit dieser Haltung bin ich an meine Aufgabe als Schauspieler gegangen. Die Produzenten vergleichen die Situation gerne mit dem Ende des zweiten Weltkriegs, als Amerikaner und Japaner so eng zusammenarbeiteten. Bittere Feinde arbeiteten miteinander und schickten ihre Bürger in beide Länder. Wir nehmen das also direkt aus der Geschichte. Und wir und die Russen: Man muß wirklich seinen Kopf im Sand versteckt lassen, um nicht zu glauben, daß wir früher oder später Freunde werden... oder zumindest Bündnispartner."

Dorn weist darauf hin, daß er bei seiner Vorbereitung auf die Rolle von keiner der klassischen Klingonen-Interpretationen beeinflußt wurde. „Sie wissen, wen ich meine. Man sieht Kruge und denkt: 'Das ist Christopher Lloyd auch', Michael Ansara spielte nur sich selbst – man muß uns nicht erst dazu antreiben, Menschen zu hassen. Das ist ihr Ding. Aber weil ich nicht bekannt bin, kann ich meine Figur von Grund auf neu entwickeln. Ich kann meine Figur ganz unterschiedlich anlegen und sie stärker vertiefen."

„Ich sähe gerne eine Geschichte, wo Worf jemanden aus seiner Vergangenheit trifft", sagt Dorn, wenn er über zukünftige Abenteuer des Klingonen nachdenkt. „Entweder ein Familienmitglied oder eine Frau, die er liebt – so etwas ist immer interessant." Von den bisher gedrehten Folgen gefällt ihm „Justice" am besten: „Wir waren auf einem Planeten der freien Liebe, und es gab ein paar großartige Zeilen über mich und Sexualität. Ich mag die Folgen, die etwas Komödiantisches an sich haben. Die lustigen Sachen gefallen mir sehr gut, obwohl die Action immer Spaß macht. Er ist immer mittendrin in den Schlachten und Kampfszenen."

Bis auf Wil Wheaton ist Dorn wahrscheinlich der größte *Star Trek*-Fan unter den Schauspielern, so daß die Gelegenheit, bei der Saga mitzuwirken, besonders aufregend für ihn war: „Ich sagte meinem Agenten, ich möchte irgendwie in diese Serie hineinkommen. Aber wenn man dann den Anruf bekommt, übernimmt der Schauspieler, und man muß das einfach angehen wie einen neuen Job. Als ich die Rolle schließlich bekam, war ich total aufgeregt. Hätte ich sie nicht gekriegt, so hätte ich mir gedacht: Ich kann ja immer noch Gastrollen spielen."

GATES MCFADDEN
DOKTOR AN BORD

Gates McFadden hatte nie vorgehabt, sich für das vorbereitende Medizinstudium einzuschreiben, als sie in den frühen 70ern auf die Brandeis Universität im aufregenden Waltham, Massachusetts, ging. „Da schlüpfe ich lieber gleich in eine Stelle im Krankenhaus ohne darauf vorbereitet zu sein", scherzt sie. Sie hatte wohl kaum erwartet, sich an Bord der Enterprise wiederzufinden, wo sie sich um gefrorene Mannschaftsmitglieder, kranke Weltraumfahrer und ähnliche Wesen kümmern muß. Aber natürlich ist das genau ihre Rolle als Dr. Beverly Crusher, Schiffsärztin der Enterprise und Mutter des brillanten Wesley Crusher.

„Ich glaube, es wäre interessant, wenn die Frauen mehr Beziehungen entwickeln", offenbart McFadden ihre Hoffnungen für die spätere Entwicklung der Serie. Das ist ein Gebiet, das man erforschen kann. Mich fasziniert auch der Stand der Medizin im 24. Jahrhundert. Gibt es Laserchirurgie? Was für eine Behandlung bekommt man? Das ist vor allem heutzutage interessant, wo davon gesprochen wird, wie unpersönlich die medizinische Versorgung geworden ist und wie schwierig Krankenhausaufenthalte sind. Krankheiten verändern sich, und Menschen können heute jahrelang mit einer Krankheit leben, die sie stark schwächt. Es interessiert mich, solche Fragen in der Serie auszuloten, weil ich so etwas faszinierend finde."

Nachdem sie jahrelang im experimentellen Theater gelehrt und gearbeitet hat, scheint die Rolle einer Pop-Ikone nicht so recht zu McFadden zu passen, aber sie füllt sie bewundernswert aus. „Es ist eine Ensembleserie, und ich mag die anderen Schauspieler. Ich hatte das Gefühl, die Produzenten wollten mich wirklich dabei haben, und es ist schön, wenn man gebraucht wird. Gene Roddenberry hat mich außerdem sehr beeindruckt."

„Viele Leute haben mir gesagt, wir sollen stärker klarmachen, daß wir nicht einfach eine weitere abendliche Seifenoper sind", stellt sie mit Vehemenz fest. „Es werden philosophische Standpunkte vertreten, und das wird immer dazugehören."

Zu McFaddens beeindruckendsten Leistungen gehören ihre Beiträge hinter der Kamera von zwei der beeindruckendsten und ehrgeizigsten Projekten Jim Hensons: *Labyrinth* und die Phantasie-Sequenzen von *Dreamchild* [*Das wahre Leben der Alice im Wunderland*]. Ein gemeinsamer Freund hatte McFadden als Choreographin bei Henson vorgeschlagen, der sie bereits in einer kleinen Rolle in *The Muppets Take Manhattan* [*Die Muppets erobern Manhattan*] eingesetzt hatte. „Ich arbeitete gerade in Woodstock, als er anrief und sagte: 'Ich mache diesen Film, *Dreamchild*. Kannst du rüberfliegen und mitmachen?' Ich hatte vorher schon mit ihm gearbeitet, also flog ich rüber, er führte mich eine Stunde lang ein und war weg. Er ist auf jeden Fall ein Feuertaufen-Typ. Ich tat etwas, das ich noch nie in meinem Leben gemacht hatte: Ich probte eine Woche, drehte eine Woche, und es war vorbei."

WIL WHEATON
DAS GENIE IST LOS

„Es ist für mich was ganz Neues, einen sehr schlauen Jungen zu spielen", sagt Wil Wheaton, im wörtlichen Sinne New-Kid-on-the-Star-Trek-Block. „Ich hab immer nette, bodenständige Jungs gespielt. Wesley ist also eine große Veränderung für mich."

Wheaton weiß allerdings, daß das Kindliches-Genie-Syndrom die Zuschauer befremden kann und bemüht sich, eine Interpretation zu vermeiden wie die von Robbie Rist als Dr. Z in *Galactica 1980*. „Er ist vorlaut, ohne daß es sein will. Unsere Figuren sind unser Alter ego, deshalb möchte ich keine Folge sehen, wo Wesley ein Rüpel wird, denn das würde nicht zu seiner Figur passen. Ich möchte nicht, daß er das ultimative Gehirn wird oder das dumme, kleine Kind. Wes ist ein Teenager mit dem Intellekt eines Erwachsenen. Es ist nicht sein Fehler, aber es gefällt ihm, und er versucht auch nicht, seinen Intellekt zu verbergen. Er kommt ziemlich oft wie ein Klugscheißer rüber, aber er meint es gar nicht so."

Der gefeierte Schauspieler gibt zu, ein großer *Star Trek*-Fan zu sein und ist sich wohl bewußt, daß er den Traum eines jeden *Trek*-Fans auslebt: „Das ist eine große Sache für mich, denn ich bin ein Trekkie. Ich liebe die Serie. Das ist so wie das Kind, das immer Präsident sein wollte und jetzt in's Weiße Haus eingeladen wird und den Präsidenten trifft. Als Kind wäre ich nie auf den Gedanken kommen, eines Tages bei *Star Trek* mitzumachen."

Als Fan, der sich bemüht, mit allen *Trek*-Souvenirs mitzuhalten, verschlingt Wheaton stets die neuesten Bücher, Comics und alle technischen Handbücher. „Ich versteuere die *Star Trek*-Sachen, die ich kaufe, als Geschäftskosten. Ich recherchiere meine Figur, vielen Dank... Schreiben Sie das ab."

Wheaton schmeckt vor allem der Gedanke, daß *Star Trek V* zur gleichen Zeit gedreht werden könnte wie *Star Trek: The Next Generation*, falls die Serie in eine zweite Staffel geht. „Dann treffe ich Captain Kirk, Spock, McCoy, Chekov und Uhura." Im Augenblick könnte Wil Wheaton allerdings nicht glücklicher sein. „Meine beiden Leidenschaften sind Surfen und Schauspielen. Surfen kann ich nur am Strand, wenn die Wellen in Ordnung sind. Schauspielen kann ich jeden Morgen. Und ich arbeite mit diesen wundervollen Leuten. Es ist eine Erfahrung, aus der ich viel lernen kann. Es gibt keinen Schauspieler, der alles weiß, denn jeden Tag lernt man etwas neues dazu. Ich spiele, weil es das ist, was ich will. Das ist auch bei fast allen großen Schauspielern so. Alle Leute in dieser Serie sind hier, weil sie es wollen – sie lieben es zu spielen."

MARINA SIRTIS
WENN ICH DEINE GEDANKEN LESEN KÖNNTE...

„Jemand hat mich auf dem Parkplatz erkannt... Obwohl ich eine Sonnenbrille trug!" Marina Sirtis ist ganz aufgeregt. Im Gegensatz zu ihrem Bildschirmgegenstück Counselor Troi ist Sirtis eine übersprudelnde Britin, deren Persönlichkeit mehr Ähnlichkeit mit Tracy Ullman hat als mit der schnell errötenden Betazoidin.

Sirtis, die ihre Figur nach dem Filotfilm radikal verändert hat, machte die dramatischste Charakterverwandlung in den bisherigen Folgen durch. „Wir hatten das Gefühl, die Figur sei etwas zu ernst. Troi hatte nicht genug Bandbreite. Sie schien nur eine Menge Qual zu fühlen, und für eine Schauspielerin wäre das nach zwei Folgen langweilig geworden. Den Pilotfilm habe ich mit den Händen vor'm Gesicht gesehen; ich hatte nicht das Gefühl, daß er besonders gut funktionierte.

Als Telepathin und superintelligente Psychologin hat Deanna so viel Verständnis, ist so lieb, überhaupt nicht nachtragend und vollkommen relaxt, daß sie schnell die Linda Evans von *Star Trek* werden könnte. Wir möchten aber ein bißchen mehr Alexis", versichert Sirtis und bezieht sich auf die ABC-Seifenoper *Dynasty* [*Denver Clan*]. „Ich habe daran gearbeitet, ihre menschliche Seite stärker herauszuarbeiten. So ist das viel interessanter zu spielen, weil sie ja auch halb menschlich ist. Menschen sind interessant und schrullig. Die wirklich faszinierenden alten *Star Trek*-Folgen waren die, in denen Spock die Maske fallen ließ oder er etwas fühlte, nicht so absolut vulkanisch war."

Sirtis ist immer noch ganz aufgeregt bei dem Gedanken, Teil des *Star Trek*-Phänomens zu sein. Doch sie gibt zu, sie habe am Anfang große Angst gehabt zu versagen. „Wenn man im Wörterbuch unter 'Schauspielerin' nachschlägt, steht dort 'Unsicherheit'. Aber das hier war mein Hollywood-Traum. Es gibt Druck, doch du fühlst dich sehr gut dabei. Die schlechte Seite ist, wenn man unter diesem Druck zusammenbricht. Hätte es nicht geklappt, wären wir am Boden zerstört gewesen. Aber wir sind gute Schauspieler, und es ist eine gute Serie."

Eine von Sirtis' Lieblingsfolgen ist „Haven", die sie als ironisches Echo auf ein tatsächliches Ereignis in ihrer eigenen Familie empfindet. „Da geht es um eine arrangierte Hochzeit, und weil ich Griechin bin, haben meine Eltern das auch mal mit mir versucht. Die Beziehung zwischen mir und meiner Mutter in der Serie (Majel Barrett) hatte eine solche Ähnlichkeit mit den tatsächlichen Gefühlen zwischen mir und meiner Mutter. An dieser Folge habe ich härter gearbeitet, als je an irgendeiner anderen Sache in meinem Leben."

Die beiden größten schauspielerischen Herausforderungen waren der Umgang mit den Science Fiction-Requisiten und die gefürchtete Schüttel-Aktion, wenn das Schiff von Phaser-Feuer oder einer geheimnisvollen Kraft getroffen wird. „Wir richten unsere Phaser auf etwas, und nichts passiert. Wenn man es auf dem Bildschirm sieht, kommt dieses magische blaue Licht heraus. Aber ich habe nie Requisiten. Die wollten mir solche Sachen geben, aber ich sagte, ich bin eine mentale Figur, ich benutze das ganze Zeug nicht. Ich gehe nicht gern damit um, denn wenn man etwas fallen lassen und kaputt machen kann, dann lasse ich es fallen, und es geht kaputt.

Und was die Schüttel-Aktionen angeht, bin ich auch nicht besonders gut", lacht sie. „Ich dachte, jeder andere schüttelt besser als ich. Aber ich kann es einfach nicht ernst nehmen. Vielleicht, weil ich Britin bin. Die Amerikaner schütteln und machen es wirklich gut, aber ich lieg' am Boden und krieg' mich nicht mehr ein vor Lachen. Wenn meine Theaterlehrer mich jetzt sehen könnten, würden sie sterben."

Sirtis, deren amerikanisches Visum kurz davor stand auszulaufen, als sie die Rolle bekam, gibt zu, daß sie ihren Beruf und ihre Rolle in der Besetzung von *Star Trek* liebt. Trotz der 17-Stunden-Tage und trotz der hektischen Drehpläne. „Ich habe immer gesagt, ich würde kostenlos spielen, und jetzt werde ich sogar dafür bezahlt, wenn ich warte."

DIE FERENGI
JEDEN TAG EIN GUTES GESCHÄFT

Mit den Klingonen als Verbündeten der Föderation und den Romulanern in der Verbannung im Nimmer-Nimmer-Land des Fernsehens, brauchte *Star Trek* neue Schurken. Die Schöpfer wollten aber nicht, daß diese neuen Gegner der Sternenflotte einfache Wiederholungen der bösen Jungs werden sollten, mit denen die alte Enterprise zu tun hatte. Die Ferengi betreten die Bühne.

Die Ferengi sind widerliche, winzige Kreaturen, in den Worten von Jonathan Frakes die ultimativen Kapitalisten. „Ich finde das faszinierend", sagt er. „Ich weiß nicht, ob es klar genug herausgespielt wird. Sie machen nichts, wenn dabei kein Profit für sie herausspringt. Körperlich sind sie nicht bedrohlich."

„Die bösen Jungs sind diesmal nicht vollkommen böse", sagt Produktionsdesigner Herman Zimmerman. „Ich glaube, Gene meint die Ferengi durchaus witzig, denn er macht aus ihnen die Kaufleute des Universums, die Geldverleiher und Profit-Geier."

Es war eine schwierige Aufgabe für Zimmerman und seine Crew, die Ferengitechnologie zu entwickeln. „Als Menschen unterliegen wir unserer eingeschränkten Phantasie. Wir können nur etwas Neues schaffen aus den Sachen, mit denen wir vertraut sind. Das Ferengischiff wurde in den Beschreibungen der Autoren mit einem Krebs verglichen. Wir versuchten eine Maschinenversion so eines Schiffes herzustellen und gingen davon aus, daß die Ferengi den Körper des Tieres aus irgendeinem Grund schön finden."

„Außen hatte die Farbe einen Rostton", fügt er hinzu, „und innen einen grünen Schimmer. Ich denke, wir haben eine Menge Graphiken im Ferengischiff. Die Ferengi halten ihre Brücke sehr hell, weil sie so schlechte Augen haben. Einer der Gründe für ihre großen Ohren ist, daß sich ihr Gehör weiterentwickelt hat, um ihre schlechten Augen zu kompensieren."

Die größte Miniatur des Ferengischiffs ist etwa 70 Zentimeter lang. Es gibt noch drei weitere Ferengi-Modelle, die für andere Aspekte von Trickaufnahmen verwendet werden. Eins davon ist besonders detailliert für den Gebrauch in Nahaufnahmen. „Es ist flinker als die Enterprise", erklärt Spezialeffekt-Koordinator Rob Legato. „Es ist kleiner. Das ist ein Unterschied wie zwischen einer Corvette und einem Lincoln Continental. Es sieht bizarr aus und soll ominös erscheinen. Die Ferengi sind listige kleine Wiesel, die keiner mag.

Die Enterprise ist hell und weiß, fröhlich und heiter", fügt Legato hinzu. „Dieses Schiff ist wie seine Leute: grimmig, klein und widerlich. Gewisse Teile stehen hervor. Die Nase sticht heraus, und die Waffen kommen runter und entfalten sich aus dem unteren Teil. Es ist glatt und vogelhaft. Es ist kein klingonisches Bird of Prey, aber es gehört zu dieser Familie.

Es wirkt organischer als die Schiffe bei *Battlestar Galcctica* [*Kampfstern Galactica*] oder *Star Wars* [*Krieg der Sterne*], wo man die verschiedensten Modelle zusammengeklebt hat."

TEIL III

WAS MIT „THE NEXT GENERATION" NICHT STIMMT

von Mark A. Altman

Mark A. Altman, derzeit Chefredakteur von Sci-Fi Universe, schrieb 1987 einen kenntnisreichen Kommentar zu den frühen Tagen von Star Trek: The Next Generation. Diese Besprechung ist hier mit Genehmigung des Autors nachgedruckt.

Es ist vielleicht die härteste und unfairste Art der Kritik, wenn man die Zukunft nach der Vergangenheit beurteilt; doch im Fall von Star Trek: The Next Generation ist es wahrscheinlich die einzig mögliche Herangehensweise. Nach ihren eigenen Verdiensten beurteilt, ist die Nachfolgerin der von 1966 bis 1969 laufenden Star Trek-Reihe eine professionell produzierte, intelligente Science Fiction-Serie. Trotzdem muß man Star Trek als ein zusammenhängendes Ganzes betrachten, das eine sichtbare Entwicklung durchgemacht hat, mögen die Darsteller von The Next Generation auch für das Gegenteil plädieren. Die Gegenwart darf nicht allein aus nostalgischen Gründen mit der Vergangenheit verglichen werden, sondern sie fordert diesen rückwärtsgewandten Weg, um das Wachstum einzuschätzen, das die Prämisse der Serie durchgemacht hat. Die neueste Inkarnation von Star Trek imitiert die Struktur des Originals – Teaser, Konflikt, Schlußteil-, und hat es versäumt, irgendeine der Veränderungen des Mediums einzuarbeiten, zu denen es in den letzten zwanzig Jahren gekommen ist. Das ist am auffälligsten, wenn man an Ensembledramen mit vielen Storylines denkt.

Als Gene Roddenberry ein Ensemble von neuen Figuren schuf, hat er zweifellos nicht nur versucht, seine neueste Arbeit vom Original zu unterscheiden, sondern er wollte auch den Ensembledramen nacheifern, die zu einem der Grundartikel des modernen Fernsehens geworden sind. Doch die Besatzung der neuen Enterprise besteht aus einer Reihe von Strichmännchen, die immer wieder die kurzen Beschreibungen nachspielen, die im Autorenhandbuch niederlegt wurden. Diesen Fehler sollte man nicht den hervorragenden Schauspielern anlasten, denn die Serie ist zum größten Teil tadellos besetzt, doch das Problem liegt bei den Autoren, die es versäumt haben, den eindimensionalen Figuren Farbe zu geben. Man findet keine Zwischentöne, nur Schwarz und Weiß. Im Unterschied zu Dennis Franz aus Hill Street Blues [Polizeirevier Hill Street], der dort den Norman Buntz darstellte, und Douglas Brackman aus L.A. Law, gibt es bei Star Trek keine Figur, die moralisch zweideutig wäre. Ohne größere dramatische Konflikte innerhalb der Figuren oder zwi-

schen ihnen, wirken die äußeren, unpersönlichen Konflikte der Marke „die Enterprise gegen das Universum" weniger dringend. Im Grunde hat Star Trek einen Schritt zurück getan und keinen nach vorn. Die Star Trek-Serie kann nicht das sein, was sie früher war, und sie sollte es auch gar nicht sein (und erst recht sollte sie sich nicht von den Kinofilmen inspirieren lassen). Sie muß versuchen, ihre Konzepte neu zu definieren und auszuweiten. Roddenberrys Universum eignet sich ideal, die Probleme der Gegenwart zu erörtern und sich mit den moralischen Fragen auseinanderzusetzen, denen die Menschheit heute gegenübersteht. Leider wählte Star Trek den Weg, diese Ideen nur in ihrer einfachsten Form zu manifestieren, oft in der Gestalt einer geheimnisvollen Kraft, die die Enterprise bedroht. Es funktioniert weit besser, wenn diese Fragen im Zusammenhang der augenblicklichen Besatzung gestellt werden, die ihren Pflichten nachgehen muß, als wenn man einen Haufen Hokuspokus einführt, der die Enterprise mit einem einzigen Schlag außer Gefecht setzen kann und später genauso schnell durch eine abschließende Rede von Captain Picard erledigt wird. Warum sollte die Menschheit zu den Sternen reisen wollen, wenn jede unbekannte Macht, die sie trifft, überlegen ist und sie gleich verurteilen will? Diese epischen (und letztlich passiven) Händel werden in freundlicher und übertrieben intellektualisierter Weise behandelt; es wäre weit interessanter, Konflikte der Gegenwart ins 24. Jahrhundert zu übertragen, mit denen die Mannschaft umgehen muß.

Die Behauptung, Star Trek könne gesellschaftlich relevante Fragen nicht adäquat ansprechen, ist lächerlich. Lou Grant, Hill Street Blues, L.A. Law und St. Elsewhere sind alles Serien, die ihren Unterhaltungswert nicht geopfert und sich trotzdem ein soziales Gewissen bewahrt haben. Es erscheint mir als der Gipfel des Absurden, die AIDS-Krise mit den Verhandlungen um einen Impfstoff in „Code of Honor" zu vergleichen oder mit der Vergiftung in „The Naked Now". Wenn wir schon vorgeben, wir beschäftigen uns mit moralischen Fragen, dann sollten wir es bitteschön auch tun. Sehen wir uns einfach mal an, wie die Enterprise zu einer Welt kommt, wo eine Minderheit einheimischer Außerirdischer von einer Minderheit menschlicher Kolonisten unterdrückt wird. Mal gucken, wie die Mannschaft damit umgeht. Vielleicht hätte Worf überhaupt kein Problem mit den sozialdarwinistischen Aspekten der Apartheid, und das wäre eine höchst interessanter Kontrast zu der eher liberalen Haltung von Captain Picard.

Der Direktverkauf wurde als Allheilmittel gegen die Fesseln der Senderzensur angeboten, und doch ist die neue Serie viel zahmer in ihrem Umgang mit der Welt als ihre Vorgängerin. Wenn man in „Justice" knapp bekleidete Frauen zeigt und den deus ex machina Gott nennt anstelle von Vaal, dann nimmt man die Vorteile einer Freiheit von Selbstzensur nicht wirklich wahr. Man verbraucht sie nur. Wozu das alles, wenn „The Apple" in der Originalserie mit einer ähnlichen Situation umging und es besser machte? Obwohl ein merkwürdiges Gefühl von Deja Vu viele der Episoden durchzog, war es nirgendwo so offensichtlich wie in „The Naked Now": bestenfalls eine Homage an „The Naked Time" und im schlimmsten Fall eine banale und flache Imitation. Die Handlung ist bekannt und scheint ideal, uns mit der neuen Enterprise-Mannschaft vertraut zu machen. Leider werden die tieferen Gefühle der Crew nicht voll realisiert. Unter Tashas ramboesker Gewalt-Politur finden sich schwelende Sexualität und Bitterkeit. (Die Zuschauer können sich nur fragen, wie die Unterwäsche dieses Sigourney Weaver-Klons aussieht.) Yar's Stärke stammt aus dem emotionalen Trauma ihrer Jugend. Doch diese Qualitäten erforscht man nicht, damit der scheinbare Humor dieser Episode akzentuiert werden kann. Der gleiche Fall bei Data: Man präsentiert uns einen Androiden, der von einer biologischen Krankheit betroffen wird. Das führt zu der Annahme, er sei vielleicht eher eine Art biologischer Replikant (um einen Begriff bei Philip K. Dick zu stehlen). Wie auch immer, in einer anderen Folge spricht Data von seinen Schaltkreisen, so daß unklar bleibt, was diese Serie als einen Androiden definiert. Es ist wichtig, den Fakten unseres etablierten Universums treu zu bleiben, denn eine solche Serie benötigt viel Mitarbeit von uns Zuschauern, damit wir unseren Glauben an das Unglaubliche bewahren.

Riker ist klar ein Führer in der Art von Kirk, doch er besitzt keine der dunkleren Qualitäten, die Shatners frühe Darstellung des Raumschiff-Captains so interessant gemacht hatte. Kirks Besessenheit von seinem Schiff und seine Selbstsicherheit, zusammen mit einer gewissen Aufgeblasenheit, halfen, ihn in das Pantheon der Popkultur-Heroen zu erheben. Riker muß leider erst noch jene Tendenzen ausspielen, die uns glauben machen könnten, er sei mehr als nur ein Ollie North-Verschnitt. Vielleicht ist das eine Übertreibung, aber ich halte Riker für eine der interessantesten Figuren der Serie, die mehr Aufmerksamkeit von den Autoren verdient. Die beste Folge der Serie, „Haven", war natürlich ein Schritt in die richtige Richtung.

Einer der interessantesten Aspekte in Rikers Dossier ist seine frühere Romanze mit Ilia, äh, Troi, die nur im Pilotfilm angesprochen wird und eine auffällige Ähnlichkeit zu der Situation aufweist, die Roddenberry in Star Trek: The Motion Picture zwischen Will Decker und Ilia aufbauen wollte. Obwohl ein heißes Holodeck-Bad am Ende jeder Folge wie bei Captain Furillo und Joyce Davenport nicht unbedingt der augenblicklichen Asexualität vorzuziehen ist, so wäre es doch schön, etwas Liebe an Bord zu haben, ebenso gefühlsmäßige Verstrickungen und romantische Komplikationen. Man bedenke nur die Länge ihrer Mission. Sowohl Tasha als auch Troi sind offensichtlich sehr sinnliche Frauen, und es besteht kein Grund, daß ihre Hingabe an die Sternenflotte sie davon abhalten sollte, Beziehungen zu anderen Mannschaftsmitgliedern einzugehen. Eine Romanze zwischen Worf und Tasha könnte besonders interessant sein. Solch eine Beziehung hilft vielleicht, die erzählerische Kontinuität zu festigen, die The Next Generation so verzweifelt benötigt. Die neue Serie bietet sich für diese erzählerische Form an, die so geschickt von Serien wie Crime Story benutzt wurde, wo jede Folge eine Geschichte abhandelt, die Nebenhandlungen jedoch von einer Woche in die nächste mitgenommen werden.

Eins der größten Hindernisse, das diese Star Trek-Serie davon abhält, ihr volles Potential auszuschöpfen, ist Roddenberrys starke Hand in der fortlaufenden Entwicklung der Serie. Es kann kaum ein Zweifel daran bestehen, daß es ihm gelungen ist, sein Universum mit Figuren zu bevölkern, die mindestens so interessant sind wie die originalen Spieler, wenn nicht sogar interessanter. Das Problem liegt jedoch in seiner utopischen und manchmal naiven Sicht der Zukunft. Star Trek war noch nie besonders geschickt im Umgang mit Politik, was man daran sehen kann, wie sich die Originalserie mit politischen Fragen beschäftigte. Dazu gehört der Vietnam-Morast von „A Private Little War", den man als Unterstützung der amerikanischen Intervention sehen kann; und in der neuen Serie sollen die Ferengi scheinbar die Sichtweise eines naiven Kommunisten von einem extremen Kapitalisten in komischer Weise darstellen. Wie auch immer, die ernsthaften Schwächen im Konzept scheinen an Roddenberrys Sicht der menschlichen Natur zu liegen. Obwohl man fairerweise annehmen kann, daß die Menschheit reift, irgendwann in Harmonie lebt, und schließlich ausholt, um die unerforschten Weiten des Weltraums zu erforschen, so ist es naiv anzunehmen, daß es Sünden wie Gier, Ehrgeiz, Selbstsucht und Vergnügungssucht einfach nicht mehr geben wird.

Aus diesem Grund ist der Kampf interessant, in dem wir uns zu beweisen versuchen, daß wir moralische Wesen sind. Es gibt keinen Grund, Außerirdische als Katalysatoren für menschliche Einsicht einzusetzen. Wenn all das Böse in der Welt in 300 Jahren bereinigt ist und nur noch rechtschaffene und entgegenkommende Wesen im Universum übrig sind, wie kann dann ein Publikum des 20. Jahrhunderts eine Beziehung zu diesen Figuren entwickeln und sich mit ihrer Situation identifizieren? Es ist unmöglich, sich mit unseren gesellschaftlichen Fragen im Rahmen einer Gesellschaft zu befassen, die keine gesellschaftlichen Probleme hat.

Der erste Kinofilm, der unter Roddenberrys Ägide entstand, konnte seine Zuschauer nicht für sich einnehmen, weil die Situation der Figuren zu weit von ihrer eigenen Realität entfernt war und das Zusammenspiel zwischen den Figuren zu selten und zu uninteressant blieb (das Gegenteil davon mag einer der Gründe für den überragenden Erfolg von Nimoys viertem Teil sein). Die neue Serie scheint den gleichen Schwächen zum Opfer gefallen zu sein, die aus Roddenberry einen so brillanten Ideenmenschen gemacht haben, dessen Geschick allerdings nicht in der Praxis liegt. Die gleiche Roddenberry-Philosophie, die zum Friedensvertrag von Organia geführt hat, die den Konflikt zwischen der Föderation und den Klingonen beendete, erklärt die ärgerliche Unregelmäßigkeit der Kampfszenen und Weltraumschlachten, die den intellektuellen Inhalt der alten Serie belebten. Niemand sagt, Star Trek sollte nur gesellschaftlicher Kommentar sein. Das sollte die Serie nicht sein. Es ist jedoch ein wichtiger Bestandteil von dem, was Star Trek so einzigartig macht, im Kanon der visuellen Werke der Science Fiction. Wenn die neue Serie jedoch auf der Ebene von Action und Abenteuer Erfolg haben soll, die dem Original seine Gefolgschaft erwarb, dann muß es sowohl mehr physische als auch mehr emotionale Konflikte geben. Die gleiche Kritik, die Star Trek: The Motion Picture heimsuchte – die Besatzung sei nur ein Haufen von Pappkameraden, die den ganzen Film über ins All blicken – kann auch auf die neue Serie angewandt werden. Roddenberrys Verachtung für Gewalt ist nicht verkehrt, aber dieses Gefühl könnte vielleicht überzeugender dargestellt werden, wenn die Auswirkungen von Gewalt klarer gemacht würden. Es gibt keine stärkere Anklage gegen den Krieg als die Toten, die er fordert. Star Trek kann dies gelegentlich illustrieren und trotzdem die aufregenden Kampfszenen beibehalten, die „Shore Leave" so interessant gemacht haben.

Es gibt eine glückliche Mitte zwischen dem pedantischen Pazifismus der neuen Serie und dem „Hurra-Patriotismus" der Filme. Ich zweifle nicht an Roddenberrys Fähigkeit, diese Mitte zu finden. Er sollte nur daran denken, daß er uns glaubwürdige, voll realisierte Figuren geben muß, die unsere menschlichen Schwächen mit uns teilen, bevor er von uns verlangen kann, an solare Seesterne zu glauben. Bei seinem Versuch, die Zukunft zu finden, hat Roddenberry die Gegenwart übersehen. Und auch die Vergangenheit, die vielleicht noch wichtiger ist. Indem er die wesentlichen Bestandteile übersieht, die Star Trek zum Klassiker machten, verurteilt er die neue Serie zu einem Leben in Mittelmäßigkeit. Star Trek war nicht wegen ihrer Struktur eine so gute Fernsehserie und nicht wegen des Raumschiffs Enterprise, sondern weil der Zuschauer sich in jeder Folge auf die Figuren einließ und auf die Konflikte, die sie zu bewältigen hatten. Weil Kirk die Enterprise liebte, liebten auch wir sie. Wenn Picards 1701-D vor uns explodieren würde, wäre das nicht so verstörend, wie die Bedrohungen die das Originalschiff in Gefahr brachten und der (wenn auch etwas dümmliche) Augenblick gegen Ende von Star Trek III, wo Kirk die Enterprise zerstört.

Die Originalbesatzung bestand aus menschlichen Wesen, die mit den besonderen Problemen der 60er Jahre zu kämpfen hatten. Zu dieser Zeit war Star Trek bahnbrechend. Jetzt leben wir in einem anderen Zeitalter voll komplizierter Probleme. Dazu gehören auch die Gefahren der Raumfahrt, wie sie die Challenger-Katastrophe so lebhaft illustriert hat. Vielleicht ist dies der Punkt, den Roddenberry mit aller Leidenschaft widerlegen sollte, um Star Treks Führungsposition als Trendsetter wieder zu behaupten und eine Serie zu schaffen, die all die Aufmerksamkeit tatsächlich verdient, die ihr so großzügig zuteil wird.

TEIL IV
EIN ÜBERBLICK ÜBER DIE ERSTE STAFFEL

Der folgende, bisher unveröffentlichte Abschnitt wurde gegen Anfang von *Star Trek: The Next Generation* geschrieben, und mag aus diesem Grund manchmal etwas veraltet erscheinen. Aber trotzdem präsentiert er vom Standpunkt der Entstehung der einzelnen Episoden einen Blick ins Innere der Serie, während ihrer frühen Tage.

Der Pilotfilm jeder Fernsehserie wird üblicherweise als wichtiger angesehen als jede andere Episode, aus dem einfachen Grund, daß er die Grundlage für die folgende wöchentliche Version legt. Hier wird das Konzept eingeführt, die Hauptfiguren werden vorgestellt, und der Zuschauer hat die Möglichkeit zu entscheiden, ob das Menschen sind, für die er etwas empfindet und ob ihre Abenteuer es wert sind, ihnen Wochen für Woche zu folgen.

Mit anderen Worten: Es ist ein Würfelspiel, und vom Fall der Würfel hängt es ab, ob die Serie ein Gewinner wird oder eine Katastrophe.

Ironischerweise hatte *Star Trek: The Next Generation* 79 Realfilm- und 22 Zeichentrickfolgen sowie vier Kinoproduktionen als Pilotfilme, und trotzdem machte man sich Sorgen. Dieses Raumschiff Enterprise hatte eine vollkommen neue Besatzung in einer Serie, die dem Original zwar ähnlich, aber doch ganz anders war. Hinzu kam die Tatsache, daß sich das Publikum für diese Art von Serie seit den 60er Jahren verändert hatte. Man mußte sich die Frage stellen, welche Elemente dieser bestimmten Zeitperiode zwei Jahrzehnte später noch funktionieren würden. Würde die gegenwärtige Generation genauso viel gesellschaftliches Bewußtsein besitzen wie ihre Vorgängerin?

Produzent Robert Lewin, der während des größten Teils der ersten Season in *The Next Generation* eingebunden war, empfindet es als eine einzigartige Herausforderung, *Star Trek* wieder auf den Bildschirm zu bringen. „Ich fand, ein grundlegender Neuanfang war die einzige Möglichkeit. Die alte Serie war ursprünglich kein großer Hit, und wurde erst während der 70er dazu, weil hier Ideen behandelt wurden, die ihrer Zeit weit voraus waren. Mag die Serie heute auch primitiv aussehen, so hat sie doch viel Inhalt. Es war jetzt unsere Idee, den Inhalt aus den 60ern auf eine 1987er Kapsel zu übertragen."

„Wir waren alle so aufgeregt", fügt er hinzu. „Die Schwierigkeit bestand darin, daß das Publikum sehr anspruchsvoll ist, und Ideen, die in der alten Serie neu und revolutionär erschienen, nicht länger revolutionär sind. Es ist nicht einfach, im heutigen Markt neue und revolutionäre Ideen zu be-

kommen, also kämpften wir damit. Außerdem war die Grundidee, daß dieses neue Schiff sehr groß und weit fortgeschritten sein sollte, und dafür brauchte man mehr Leute auf der Kommando-Ebene. So landeten wir schließlich bei einer sehr großen Brückenmannschaft, und als wir versuchten, die drei Hauptelemente der Serie ins richtige Gleichgewicht zu bringen – die Ideen, die Abenteuer und die Persönlichkeiten – war es schwierig, die bestmöglichen Episoden aus jeder Idee herauszuholen. Einige der Folgen sind uneben, und ein paar sind hervorragend.

Das Problem liegt zum Teil darin, daß das erste Jahr jeder Fernsehserie im Grunde ein Probelauf ist. Ich erinnere mich, wie ich für Quinn Martin arbeitete und er sich mit *The Fugitive* [Auf der Flucht] abmühte. Er sagte immer, er habe gelernt, wie man die Serie richtig macht, indem er ihr *zuhörte*. Die Serie sagte ihm, was aus ihr werden mußte und daß man ihr seine Ideen nicht aufzwingen konnte. Die Serie würde es einem sagen, solange man ihr zuhörte. Und das passierte auch mit *Star Trek*. Wir begannen mit gewissen vorgefaßten Ideen, und manche davon waren schwierig umzusetzen. Es war aber ein stimulierender Prozeß, weil wir versuchten, neues Gebiet abzustecken. Wir besprachen Themen für Geschichten und versuchten, sie in ein Abenteuerformat zu bringen; manchmal klappte das, manchmal nicht. Wir schlugen uns damit herum, die beste Herangehensweise zu finden, und während wir daran arbeiteten, begann die Serie zu uns zu sprechen: 'Das könnt ihr nicht machen, weil (a) zu viel geredet wird und (b) die Figuren noch nicht weit genug entwickelt sind.' Jetzt wird uns klar, daß es bessere Wege gibt. Ich glaube, daß man die individuellen Beziehungen der Figuren stärker betonen wird, und die sehen wahrscheinlich ganz anders aus, als sie es jetzt in der Serie tun. Doch um mit Menschen in einem Rahmen umzugehen, den wir heute verstehen können, müssen wir mit ihnen auf der Grundlage des *Heute* umgehen."

Katharyn Powers, die als Autorin an „Code Of Honor", der dritten Folge von *The Next Generation*, mitarbeitete, fragt sich, ob das Publikum von heute genauso auf *Star Trek* reagieren wird wie das Publikum von gestern. „Erinnern wir uns, daß die Serie in den 60ern nur sehr langsam anlief. Am Anfang waren es die grundlegenden 20 Prozent Science Fiction-Fans der harten Sorte. Doch als die Serie in den Direktverkauf ging, begann sie zu wachsen und erreichte das allgemeine Publikum. Heute hat Star Trek: The Next Generation sehr viel mehr Leute, die sich die Serie ansehen, und das Potential ist weit größer. Ich glaube auch, sie werden versuchen, jedem etwas zu sagen; aber ob auch jeder zuhören wird oder sich einfach nur mitreißen lassen will, das muß sich zeigen. Die heutige Jugend brennt nicht vor Neugierde, die großen Probleme der Gegenwart zu lösen. Natürlich besteht die Möglichkeit, in der gleichen intellektuellen Weise, die Rolle des Menschen im Universum und seine Verantwortung zu erforschen; aber ich weiß nicht, wieviele Leute das heute hören wollen."

Autor Tracy Torme, seit kurzem Creative Consultant der Serie, stieß kurz nach Beginn als freier Autor zu The Next Generation: „Ich glaube, es war eine der aufregendsten Sachen für mich mitanzusehen, wie die Serie aus dem Nichts gewachsen ist. Als ich zu dem Projekt stieß, waren noch keine Rollen besetzt, und man hatte noch gar nicht richtig mit dem Bau der Sets begonnen. Es war alles noch in Gene Roddenberrys Kopf. Das war eine tolle Sache zu beobachten, wie sich das alles von Anfang an entwickelte, zu sehen, wie die Figuren eine sichtbare Gestalt bekamen, denn als ich zum ersten Mal von Riker, Picard und den anderen hörte, hatte ich noch keine Idee, wie sie oder das Schiff später aussehen würden. So habe ich feine Veränderungen beobachtet, die sie bei den Figuren vorgenommen haben, was die Namen, den Hintergrund und solche Dinge betrifft. Eines Tages wird es interessant sein zurückzublicken und zu betrachten, wie das alles angefangen hat.

Ich glaube, es ist eine der Stärken dieser Serie, daß sie kein Klon des Originals ist. Gene bestand immer darauf, daß die Serie auf ihren eigenen Beinen stehen sollte, und ich finde, er hat sich wirklich Mühe gegeben, das zu realisieren. Er möchte wirklich nicht zu viel aus der alten Serie übernehmen. Das ist ein gewagtes Unternehmen, und ich habe großen Respekt dafür, daß er dieses Risiko auf sich nimmt. Ich finde, die Serie ist wirklich stark modernisiert worden, und die Figuren gehören viel mehr den 80ern als den 60ern."

Richard Krzemien, ein Autor, der ein Skript für die wiederbelebte Twilight Zone geschrieben hat und die Story für die Next Generation-Episode „The Last Outpost", meint, daß Gene Roddenberrys Beteiligung an der Wiederbelebung dem neuen Projekt eine weit größere Überlebenschance gibt, als Twilight Zone sie hatte, denn die Serie war dazu gezwungen, ohne den Beitrag des verstorbenen Rod Serling weiterzumachen. „Daß Gene der ausführende Produzent ist, tut der neuen Serie gut. In gewisser Weise entwickelt sich das aus den ersten drei Jahren der Serie, wo... hätte jemand anderes die Serie produziert, sie vielleicht einen ganz anderen Ton gehabt hätte. Ich glaube, daß Roddenberry dem Projekt eine Kontinuität gibt, die es wirklich braucht. Das hat Twilight Zone irgendwie gefehlt. Natürlich konnte Serling die Serie nicht produzieren, aber es gab eine gewisse Vision, aus der die Serie entsprang, und eine gewisse Energie und eine Art, diese Vision zu tragen, mit der Serling am besten umgehen konnte. Und er hat ein paar Leute gefunden, die ihm halfen, das zu schaffen. Er hatte seine Hand in jeder Folge; und ich finde, die Vision änderte sich radikal, als Phil DeGuere die Serie übernahm. Ob das nun gut oder schlecht war, sollen andere Leute entscheiden, aber es war nicht mehr die gleiche Serie. Ich halte es für einen positiven Aspekt, daß Roddenberry immer noch als Produzent dabei ist, denn das gibt Kontinuität. Er gibt so ziemlich die Richtung an; er ist wie ein Flaggschiff, dem die anderen Kreuzer folgen. Ich glaube, es ist von Vorteil, wenn man jemanden hat, der die Vision einer Serie kennt. Er setzt sehr hohe Ansprüche, versucht, diese Ansprüche nach zwanzig Jahren neu festzulegen. Wie kann man sich selbst noch übertreffen?

Wie schafft man die zwanzigjährigen Werte neu, die doch einer bestimmten Zeit entstammen? Und was hat die Serie die ganze Zeit am Leben erhalten? Das hier ist keine bequeme Serie, wie die meisten Sachen im Fernsehen. Sie gehen Risiken ein, indem sie den Zustand des Menschen betrachten. Deshalb ist es so schwer, für The Next Generation zu schreiben. Du kannst nicht einfach eine Actionszene runtertippen, wo jemand über ein Feld rennt und erschossen wird. Du läßt ihn über das Feld laufen, und sie fragen dich, warum er über das Feld läuft. Und warum wird er erschossen? Warum stirbt er? Du mußt all diese Fragen beantworten, denn wenn du das nicht kannst, dann stimmt etwas nicht. Wenn es im größeren Zusammenhang der Geschichte keinen Sinn ergibt, dann ist es falsch. Man braucht also wirklich lange, um Stories für die Serie zu schreiben."

Obwohl der Stab so enthusiastisch war, blieb die Frage: Wie würde Star Trek: The Next Generation in die erste Season starten? Die Antwort kam in Form von „Encounter at Farpoint", geschrieben von Dorothy Fontana und Gene Roddenberry. Die Geschichte beginnt mit dem Raumschiff der Galaxy-Klasse Enterprise, das sich auf seinem Jungfernflug nach Farpoint Station befindet, wo es den Ersten Offizier William Riker abholen will, die Schiffsärztin Beverly Crusher, ihren Sohn Wesley und den Navigator Geordi LaForge. Auf dem Weg wird es von einem fremden Wesen geentert, das sich einfach als Q identifiziert und Captain Jean-Luc Picard auffordert, mit der Enterprise umzudrehen und dorthin zurückzufliegen, von wo sie gekommen sind. Q beschuldigt die gesamte Menschheit, eine wilde, barbarische und kriegerische Spezies zu sein, die es nicht verdient, die Weiten des Weltalls zu befahren. Picard argumentiert dagegen und weist darauf hin, daß der Mensch Reife erlangt hat und daß die Barbarei, von der der Fremde spricht, Jahrhunderte zurückläge. Q beharrt auf seiner Ansicht und weigert sich, Picards Worten zuzuhören. Er räumt allerdings ein, es dürfte interessant werden, die Menschen dabei zu beobachten, wie sie vergeblich versuchen, ihr Argument zu beweisen. Dies führt schließlich dazu, daß Picard und seine Leute vor ein Gericht des 21. Jahrhunderts gebracht werden, wo Q, der Kostümwechsel liebt, als Richter auftritt. Wieder verteidigt Picard seine Spezies, und Q entscheidet zuletzt, Picard auf Farpoint Station die Gelegenheit zu geben, sich zu beweisen.

Dort angekommen, nimmt die Enterprise das neue Personal an Bord. Commander William Riker, der jetzt als Nummer Eins der Enterprise dient, informiert Picard, daß auf der Station jede Sache, die sich jemand nur wünscht, auf diesen winzigen Wunsch hin materialisiert wird; daß Gedanken irgendwie in Energie übertragen, daß sie Realität werden. Bevor sie sich jedoch diesem möglichen Problem widmen können, taucht ein weit größeres Raumschiff auf und beginnt, die Stadt der Ureinwohner in der Nähe der Station mit Energiestrahlen zu beschießen, die eine gewaltige Zerstörung anrichten.

Schließlich erfahren wir, daß dieses außerirdische Raumschiff in Wirklichkeit ein fremdes Wesen ist, das seine Gestalt verwandeln kann. Farpoint Station ist ebenfalls ein lebendes Wesen, der Gefährte des scheinbaren Raumschiffs, der gewissermaßen als Gefangener festgehalten und von den Bewohnern dieser Welt gezwungen wurde, ihnen jeden Wunsch zu erfüllen. Die Enterprise versorgt das Stations-Wesen mit genug Energie, um sich zu befreien und beweist damit gleichzeitig die Toleranz und das Verständnis der Menschheit für andere Lebensformen; so wird der Standpunkt bestärkt, daß die Menschheit jeden Grund hat, sich so weit ins Weltall vorzuwagen. Die Wesen verschwinden, ebenso Q, obwohl er nicht verspricht, daß man ihn nie wiedersieht (und dieses Nicht-Versprechen hat er auf jeden Fall gehalten).

Alles in allem war das eine spannende Eröffnung für *Star Trek: The Next Generation*. Die Folge diente als gute Einführung der neuen Mannschaft, während sie gleichzeitig einen faszinierenden Antagonisten einführte. Das alles wird nur von Qs Anklagen gegen die Menschheit als barbarische Spezies verdorben. Inzwischen ist so etwas ein ziemlich alter Hut. Trotzdem gelingt es dem zweistündigen Pilotfilm, die besten Elemente der alten Serie einzufangen, und gleichzeitig den Weg für die neue Serie zu bahnen.

Einen Großteil des Verdienstes für den Erfolg dieser Premiere muß man Schauspieler John DeLancie zugestehen dessen Fähigkeiten Q so erfolgreich zum Leben erweckten und ihn zu einer sehr realen und spürbaren Bedrohung für die Mannschaft der Enterprise machten. Um die ganze Sache für sich *selbst* realer zu machen, hat John DeLancie tatsächlich eine Hintergrundgeschichte für Q geschaffen. ,Ich wollte wissen, wer Q war, bevor wir ihn hier kennenlernen. Vielleicht gibt es einen ganzen Haufen Qs, vielleicht fünfzehn von ihnen, die weit über der menschlichen Ebene arbeiten. Wir sprechen hier über Götter, Geister, die viel mehr verstehen können, als es der menschliche Geist kann. Vielleicht ist er einer von den jungen Qs, die um einen Tisch sitzen und nur ganz selten mal nach ihrer Meinung gefragt werden. Er hört, daß diese Menschen sich jetzt in dieser heiligen Bereich der Galaxis begeben, wo sie bisher noch nicht gewesen sind, und die herrschende Meinung ist, daß sie alles verderben, womit sie in Berührung kommen. Ich melde mich freiwillig: 'Hört mal, ich geh dahin und kümmere mich um die.' 'Meinst du wirklich?' 'Klar. Darf ich mich verkleiden?' 'Du kannst machen, was du willst, solange du das klärst; solange wir wissen, daß sie nicht gekommen sind, um das Gleichgewicht zu stören.' 'Super! Bis später.'

Wir könnten uns jetzt hinsetzen und über Menschen reden, die von Zeus geboren wurden, aber ich wollte etwas finden, das es erlaubte... er schießt von einer Ecke in die andere und wieder in eine neue Ecke, und dann gibt er sehr schnell auf. Als er feststellt, daß die Menschen nicht unreif sind, gibt er auf. Er ist auf eine wundervolle Art amoralisch. Er ist nicht mit einer Meinung beladen. Er will nur die Fakten. Er ist nicht gekommen, um seinen Standpunkt vorzutragen. Er ist da draußen, um rauszufinden, was mit dir los ist, und solange du in Ordnung bist, ist alles andere auch in Ordnung. Ist es das nicht, dann hilf dir Gott", lacht DeLancie und fügt hinzu, daß er diesen Gedankengang noch etwas weiter geführt hat, um herauszufinden, was das für eine Art von Macht ist, die Q über die Enterprise und besonders Picard hat. „Das ist alles hypothetisch, Schauspieler-Geschwätz, aber ich dachte mir, es wäre interessant, wenn die Strafe eine Auflösung von Picard wäre; er würde genetisch aufgelöst, so daß er, wenn er älter wird und ein letztes Zeichen setzen will oder wenn er den Wunsch hat, etwas zu hinterlassen... es ist seine Strafe – das, was er riskiert – daß ich ihn verschwinden lassen kann; nicht nur für die anderen, sondern auch für sich selbst. Ich kann ihn tatsächlich in ein Nichtwesen verwandeln. Und so hat er etwas, wogegen er sich wehren kann. Er will nicht nur Recht behalten, er will auch nicht das Wesen Picard verlieren und das Wesen aller Picards vor ihm. Wir sprachen gerade über die Dinge, die jedes Projekt bereichern. Man kann so über Shakespeare diskutieren; und dann geht man raus und spielt Shakespeare, aber es bedeutet nicht, daß deine Interpretation sich sehr stark von der Person unterscheidet, die die Rolle vor dir gespielt hat. Aber wenn es dir etwas gibt, womit du arbeiten kannst, dann ist das okay.

Das ist das Tolle an einem guten Skript. Ein gutes Skript erlaubt einem zu denken. Es gibt eine Menge Skripts, die so schlecht sind, daß es gar nicht möglich ist, über sie zu sprechen. Aber mit diesem Skript können wir uns hinsetzen, einen trinken und über all diese Möglichkeiten sprechen, weil es so gut geschrieben ist."

* * *

Science Fiction im Fernsehen litt oft unter der Tatsache, daß die Budgets nie groß genug waren, um die nötigen Spezialeffekte zu tragen, nach denen die Skripts üblicherweise verlangen. Zu den Ausnahmen gehörte *"V"*; aber das war eine Mini-Serie, und deshalb hatten die Leute die Zeit und das Budget, um die Effekte richtig zu machen. Die ursprüngliche *Star Trek*-Serie verließ sich mehr auf starke Skripts und die schauspielerischen Fähigkeiten ihrer Besetzung als auf ihre ziemlich billigen Effekte. Wegen der Kosten der Serie — schmucke Effekte hin oder her — mußte jede vierte Folge ganz auf dem Schiff spielen.

Dieses spezielle Probleme ergab sich erneut, als Paramount Mitte der 70er versuchte, die Serie als *Star Trek II* wiederzubeleben, und noch einmal bei den Plänen für *Star Trek: The Next Generation*. Tatsächlich war dieses Budget-Problem bei der neuen Serie sogar stärker ausgeprägt, weil die Zuschauer nicht länger still sitzen bleiben, wenn sie nicht die allerbesten Spezialeffekte bekommen, egal, wie gut die Skripts oder die Schauspieler sind. Jeder, der etwas mit der neuen Serie zu tun hatte, war sich dessen bewußt, und so entschied man sich schon früh, daß es immer wieder Folgen geben sollte, die allein auf dem Schiff spielten. Wie die Fans bald feststellen sollten, nahm das Verhältnis im Verlauf der ersten und zweiten Season ziemlich zu, und heute spielen nur sehr wenige Episoden außerhalb der Enterprise.

Diese Gedanken gingen Gene Roddenberry durch den Kopf, als er an die Folge „The Naked Time" der Originalserie dachte, eine seiner Lieblingsepisoden und eine, der es seinem Gefühl nach gelang, einige der inneren Vorgänge der Hauptfiguren zu untersuchen. So erfuhren wir zum Beispiel, daß im Inneren von Mr. Spock ein Aufruhr tobte zwischen seiner menschlichen und seiner vulkanischen Hälfte und daß Captain James T. Kirk für sein Schiff mehr Liebe empfand, als er je für eine Frau empfinden konnte (und daß ihm dieser Umstand sehr mißfiel); Lieutenant Kevin Riley wäre gerne ein Raumschiffkommandant, und Lieutenant Sulu war in seinem tiefsten Herzen ein verwegener Degenfechter. Das war keine geringe Leistung für eine einstündige Folge, und Roddenberry wollte diese Konzept benutzen, um das Innere der neuen Figuren darzustellen.

„Eigentlich ist es die gleiche Geschichte", erklärt Paul Lynch, der schließlich bei der endgültigen Episode „The Naked Now" Regie führen sollte. „Die Enterprise bekommt einen Virus von einem anderen Schiff, und die Mannschaft beginnt sich zu verändern. Da es eine neue Besatzung ist, verändern sich die Figuren auch dementsprechend. Alle lassen ihre bisherigen Gewohnheiten fallen und verlieren ihre Hemmungen. Ich würde sagen, „The Naked Now" ist etwas erwachsener und viel komischer als das Original. [Sulu] hat sich einen Degen geschnappt und ist damit herumgerannt. Hier geht es bei den Charakterveränderungen viel mehr um Liebe und seltsame Angewohnheiten, was zu Humor führt. Jeder ist in anderer Weise von dem Virus betroffen, aber trotzdem sind sie sich nicht ganz unähnlich. Wenn zum Beispiel eine Figur auf eine sehr ernste Weise amourös wird, wird jemand anderes auf eine leichtere, lustigere Weise amourös. Alles ist sehr subtil, wenn man es mit der Originalfolge vergleicht. Die war sehr schwerfällig wie die meisten der Originalfolgen."

Nachdem Roddenberry „The Naked Time" studiert hatte, entschied er sich, eine Fortsetzung zu schreiben (die tatsächlich ein Remake wurde), und er produzierte dreizehn Seiten eines Drehbuchs mit dem Titel „Revelations" [„Offenbarungen"]. Es beginnt damit, daß die Enterprise einen Notruf des Raumschiffs Tsilkovsky erhält. Das Signal wird von einer weiblichen Stimme unterbrochen, die fragt, ob es an Bord der Enterprise irgendwelche „hübschen Jungs" gäbe. Dann wird einen Augenblick später eine Notausstiegsluke aufgesprengt, wodurch die Mannschaft des Raumschiffs getötet wird. Unsere Leute beamen hinüber, und Geordi La-Forge steckt sich als erster an. Wieder auf der Enterprise, macht er sich an Tasha heran. Zwar tut er es später als einen Witz ab, aber der Kontakt wurde hergestellt, und die Krankheit breitet sich aus. Augenblicke später schlägt sie vor, daß sie beide zusammen im Übungsraum „Sport treiben" sollten. Inzwischen ruft Picard seine Schlüsseloffiziere zu einem Treffen zusammen, um die Situation an Bord der Tsilkovsky zu besprechen. Hier hört Roddenberrys Material auf.

Man sollte darauf hinweisen, daß schließlich ein großer Teil dieses Skripts gesendet wurde, doch vorher unternahm Dorothy Fontana einen mutigen Versuch, einige drastische Veränderungen zu machen und der Geschichte eine schärfere Linie zu geben. Sie wollte vor allem die Sexbesessenheit herausschneiden, die diese Seiten andeuteten. Die Stimme im einführenden Funkspruch der Tsilkovsky will wissen, ob es „hübsche Jungs" an Bord gibt; dann werden Geordi und Tasha „heiß" aufeinander. Das ist alles etwas verstörend und verrät uns nichts über die Figuren, außer, daß sie ein „geiler Haufen" sind.

In der ersten Fassung von Fontanas Drehbuch wird das Schiff von einem kollabierenden Stern bedroht, und die Mannschaft ist auf ganz andere Weise betroffen. Geordi bleibt der Überträger, der sich jetzt wünscht, er könnte sehen, wie alle anderen, und er beklagt sich über sein Schicksal. Aber die erste Person, mit der er Kontakt hat, ist Wesley, der wie Kevin Riley aus „The Naked Time" davon träumt, die Enterprise zu kommandieren. Dann möchte sich Tasha weicher, femininer geben und macht sich an Data heran. Der jedoch wehrt ihre Avancen höflich ab und weist darauf hin, daß er ihr nicht helfen könne, mit ihren emotionalen Bedürfnissen umzugehen. Er wünscht jedoch, er wäre als Maschine dazu fähig. Wie auch immer, die Krankheit hat den Androiden berührt, und er versucht jetzt sein Bestes, „ein guter menschlicher Junge" zu sein, um schließlich in einen Menschen verwandelt zu werden, so wie die Holzpuppe Pinocchio, mit deren Legende er sich sehr stark identifiziert. Inzwischen ist Beverly frustriert, weil sie als Witwe eines Helden für „heilig und unberührbar" gehalten wird und Männer aus diesem Grund im allgemeinen Angst haben, sich ihr als Frau zu nähern. Sie braucht einen Mann, und Picard ist die Person, der sie sich zuwendet, obwohl der Captain ihrem beachtlichen Charme widersteht.

Als die Krankheit Troi erreicht, findet sie sich von den Gefühlen der Menschen um sie herum überwältigt. Sie erklärt, sie hasse es, nie in ihrem Geist allein zu sein. Riker hilft ihr und ist ebenfalls betroffen. Er meint, er solle seine Liebe für sie zugeben, anstatt sie zu verleugnen. Er hat außerdem Angst, daß ihm das Schicksal vieler Raumschiffcaptains bevorsteht, die allein leben, ohne die Gesellschaft einer Frau.

Andernorts ist Picard betroffen. Er ist verzweifelt, weil ein Teil des explodierenden Sterns auf sie zu rasen könnte, während das Schiff aufgrund von Maschinenproblemen bewegungsunfähig ist. Er wendet sich schließlich an Data und gesteht ihm, er fürchte um das Leben der Mannschaft und deren Familien. Er weiß nicht, ob er damit umgehen könnte, wenn den Kindern an Bord etwas geschieht. Am Ende, und bevor es zu irgendwelchen ernsten Schäden kommen kann, findet Beverly Crusher eine Medizin für die Krankheit, und alle werden wieder normal.

Kurz gesagt, ist diese Version weit effektiver, als es die gesendete Form sein sollte. Dabei handelt es sich eigentlich um die gleiche Geschichte. Es ist der Ton, der besser funk-

tioniert als Roddenberrys erste und seine letzte Fassung. Das liegt, wie bereits gesagt, daran, daß Fontanas Skizze sich nicht so sehr mit Sex beschäftigt, sondern das tut, wofür diese Geschichte eigentlich geschaffen wurde: Sie gibt Einblick in die Figuren.

Während zum Beispiel Geordi und Wesley in der gleichen Weise betroffen sind wie in der späteren Fassung, wird Tasha nicht zur geilen Tusse. Statt dessen will sie als Frau gesehen werden und nicht nur als Sicherheitsoffizier; sie will ihr hartes Äußeres ablegen und ihr weiches Inneres zeigen. Beverly, die zwar auch hier einen Mann sucht, erklärt, daß sich ihr als Witwe eines Sternenflottenhelden kein Mann nähert, weil man sie als „heilig und unberührbar" betrachtet. Das ist eine wunderbare Figurenzeichnung, und es ist eine Schande, daß man sie fallengelassen hat.

Die Wirkung der Krankheit auf Troi ist wundervoll, da sie klarmacht, wie schwierig es für eine Empathin sein muß, ständig von den verwirrenden Gefühlen der Menschen umgeben zu sein. Picards Angst, den Kindern könnte etwas passieren, paßt perfekt zu seiner Figur und bestärkt seine Erklärung aus „Encounter at Farpoint", er sei kein Familienvater, und aus diesem Grunde fühle er sich in der Gegenwart von Kindern unwohl. Trotzdem macht er sich Sorgen um sie, und seine Angst um ihr Leben ist ein sehr schöner Zug, der die Vermutung zuläßt, daß er sie, auf die eine oder andere Weise, als *seine* Kinder betrachtet.

Datas Wunsch, ein richtiger „Junge" zu sein, entwickelt sich vollkommen natürlich aus seinem Charakter, da er schon gesagt hat, er würde auf all seine überlegenen Fähigkeiten verzichten, wenn er die Chance bekäme, ein Mensch zu sein. Rikers Reaktion auf die Krankheit ist jedoch wahrscheinlich die Beste. Wir erfahren, daß er sich auf dem gleichen Weg sieht wie die Raumschiff-Kommandeure James T. Kirk und Jean-Luc Picard. Und er hat Angst davor! Eine Hälfte von ihm möchte die Einsamkeit eines Raumschiffkommandos, während sich die andere Hälfte nach weiblicher Gesellschaft sehnt. Der Kampf zwischen diesen beiden Hälften wird nicht enden. Zweifellos wird er ihn für den Rest seines Lebens verfolgen.

Leider war die umgeschriebene – und gesendete – Version nicht auf diesem Niveau. Geordi und Wesley bleiben in gleicher Weise betroffen. Tasha jedoch sucht nur Sex und ist bereit, sich irgendeinem Mannschaftsmitglied auf dem Korridor oder Data hinzugeben. Anstatt sich nach Menschlichkeit zu sehnen, wird der Android nur dämlich und beweist, daß er *alles* kann, was ein normaler Mann auch kann. Beverly wird scharf auf Picard, und der Captain seinerseits verhält sich wie ein schwärmender Teenager. Riker ist kaum betroffen, und Troi möchte wissen, ob er etwas „Zeit" mit ihr verbringen will. Wo bleibt die Figurenentwicklung? Was erfahren wir über ihr Denken und Empfinden? Alles ist weg. Man kann die beiden Versionen wirklich nicht miteinander vergleichen. Fontanas Original war weit überlegen, und es ist einfach schade, daß es nicht auf den Bildschirm gebracht wurde.

Regisseur Paul Lynch war trotz dieser Fehler sehr begeistert von der Episode und von der Idee einer neuen *Star Trek*-Fernsehserie: „Der Hauptunterschied ist, daß sich die Produktionsmethoden im Verlauf der Jahre geändert haben. Das Design des Schiffes, die Kostüme und all das sehen auf viel futuristischere Weise „modern" aus als in der alten Serie. Die Originalserie sah immer aus, als koste sie einen Dollar neunzig mit vier blau angestrichenen Wänden. Der Maschinenraum im alten Schiff war *gemalt*. Der neue Maschinenraum sieht wirklich aus, als gehöre er in ein Raumschiff. Er ist wundervoll und ziemlich überwältigend."

Lynch glaubt, daß die neue *Star Trek*-Serie genauso erfolgreich sein wird wie das Original, *wenn* die Leute sie offenen Herzens betrachten und keine Wiederholung der alten Serie erwarten. Außerdem ist er der Meinung, daß die Serie ihre eigene Richtung gefunden hat und über das Yin/Yang-Stigma hinweggekommen ist, der *Star Trek*-Legende gerecht werden zu müssen. „Sie haben das System der Morality Plays bei den Geschichten beibehalten, und sie haben absolut wunderbare Schauspieler. Bei dieser Art von Geschichten und einer starken Besetzung nehme ich an, daß die Leute, die das Original liebten, hoffentlich auch diese Serie liebgewinnen werden. Und wenn sie die neuen Figuren akzeptieren – das ist der eigentliche Schlüssel – dann werden sie die Serie genauso akzeptieren wie das Original.

Ich glaube, man hat mit einer bestimmten Zuschauergruppe für diese Art von Serie begonnen, und man wollte ihnen diese Serie geben. Ich denke, nach den ersten sechs oder acht Folgen wird man *Star Trek* auf eine neue, interessante Art und Weise sehen. Das sind nicht Leonard Nimoy und Bill Shatner. Das ist eine andere Gruppe von Menschen, in einer anderen Situation, in einer Zukunft jenseits dieser Zeit. Sie geraten in interessante Situationen mit hervorragenden Spezialeffekten. Ich kann mir nicht vorstellen, was die Zuschauer sonst noch wünschen könnten."

Wenn man den Erfolg von *The Next Generation* betrachtet: Nicht viel!

* * *

„Als ich anfing, fürs Fernsehen zu schreiben, begann ich mit *Kung Fu*", erklärt Katharyn Powers, die zusammen mit Co-Autor Michael Baron die Folge „Code of Honor" für *The Next Generation* schrieb. Vor 10 bis 14 Jahren schien es mehr Serien zu geben, die groß angelegte Figuren hatten und mehr Wert auf die Geschichten legten. Ich arbeitete mit an *Logan's Run, Fantastic Journey, How the West Was Won, Young Pioneers* und *Petrocelli*. Es war sehr interessant, für diese Serien zu schreiben, aber *Star Trek: The Next Generation* war eine Gelegenheit, zum ersten Mal seit Jahren, die größeren Fragen anzusprechen, die menschlichen Fragen: Man kann interessante Figuren schreiben und sich aus dem Reich der *Falcon Crest/Dallas*-Seifenopern herausbewegen. Ich habe eigentlich kein Interesse daran, für solche Serien zu schreiben, und so war die Inspiration für „Code of Honor", interessante Figuren mit interessanten Problemen zu verbinden und ihnen diese wunderbaren neuen Schauspieler gegenüberzustellen. Um uns auf das Skript vorzubereiten, haben wir uns viele der alten Folgen und die Filme angesehen, um uns auf „den Weltraum" einzulassen."

„Diese Figuren haben ein großes Potential", meint Autor Michael Baron. „Sie sind interessant, und es gibt viele Möglichkeiten, wie sie aufeinander reagieren können. Es ist offensichtlich, daß die Figuren in der früheren Serie sich zu dieser wundervollen Familie entwickelten. Wenn die Magie bei diesen Schauspielern wieder funktioniert, dann sehe ich nicht, warum sie nicht ebenso erfolgreich sein kann. Bei unseren Recherchen fiel uns auf, daß es große Unterschiede in den Inhalten zwischen den allerersten Episoden und den späteren gab. Die Serie hatte sich verändert, und das gleiche wird wahrscheinlich auch mit *The Next Generation* passieren."

Die Autoren kamen in die Serie als sie eine Story-Konferenz besuchten, auf der sie ein paar ihrer Ideen diskutierten. „'Code of Honor' gefiel ihnen", erzählt Baron. „Es gab viele Veränderungen, aber die Grundidee blieb, eine fremde Zivilisation zu schaffen, die interessant aussah und ein zentrales Thema hatte. Wir gründeten sie zum Teil auf der japanischen Samurai-Kultur und zogen Parallelen, was wirklich Spaß machte. Japanische Kultur und Geschichte hat mich schon immer fasziniert."

In „Code of Honor" verhandelt die Enterprise mit dem Volk des Planeten Ligon III um einen seltenen Impfstoff für eine tödliche Krankheit. Der Herrscher Lutan und ein paar seiner Gefolgsleute beamen an Bord der Enterprise. Sie wollen herausfinden, ob es sich bei der Föderation um ehrenhafte Leute handelt, die ein Handelsabkommen wert sind. Während seines Aufenthalts ist Lutan von Tasha Yar fasziniert und entführt sie dann tollkühn mit Hilfe eines Transporterstrahls. Bald darauf findet sich Picard in einer Situation, wo er Lutan darum *bitten* muß, Tasha zurückzugeben, um „die Ehre zu wahren". Dies soll während einer Zeremonie geschehen, in der Lutan allerdings erklärt, er wolle Tasha zu seiner ersten Ehefrau machen. Daraufhin fordert seine bisherige Hauptfrau Yarena (die ebenfalls versucht, ihre Ehre zu retten) Tasha zu einem Zweikampf auf Leben und Tod heraus. Bei diesem Duell ist Tasha siegreich, und Yarena stirbt an dem Gift, mit dem ihre Waffen bestrichen waren. *Doch* die Technologie des 24. Jahrhunderts bringt die Frau wieder zurück ins Leben, und nun erkennt Yarena Lutans wahre Absichten: Er wollte den Besitz seiner Frau behalten und sich nicht mehr von ihr bestimmen lassen. Dabei wäre vielleicht noch Tasha als neue Gefährtin herausgesprungen. Auf jeden Fall konnte er sich mit seinen neuen Reichtümern begnügen. Natürlich ist Yarena sehr wütend und verletzt: Sie enthebt Lutan aus seiner Position als erster Gatte und ersetzt ihn durch einen Untergebenen, der sie offenbar sehr liebt. Die Enterprise erhält den Impfstoff und verläßt diesen Sektor der Galaxis.

Hier zeigt sich eines der Probleme vieler früher Episoden von *The Next Generation*: „Code of Honor" weist starke Ähnlichkeiten zur Originalserie auf. In diesem Fall geht es um die Folge „Amok Time", in der Spock nach Vulkan zurückkehrt, weil ihn der Pon Farr dazu treibt, ein Brunstzustand, der Männer seines Volkes alle sieben Jahre befällt. Er gerät in einen Kampf auf Leben und Tod und erfährt schließlich, daß er das Opfer einer intriganten Frau ist, die einen anderen liebt, diesen Kampf jedoch arrangierte, damit sie seinen Besitz für sich beanspruchen kann. Trotz dieser Ähnlichkeiten war „Code Of Honor" jedoch keine so schlechte Leistung. Doch es war offensichtlich, daß die Serie noch immer nach einer eigenen Richtung suchte.

Im ursprünglichen Konzept von Powers und Baron trugen die Ligonier den Namen Tellisianer und waren eine reptilische Rasse, deren Philosophie die Samurai-Kultur des alten Japans widerspiegelte. Die Struktur der Geschichte ist im wesentlichen die gleiche. Es fehlt jedoch das Element, daß Lutan Yarenas Onkel langsam vergiftete, so daß schließlich auch der gesamte Besitz des Mannes in seine Hände fallen sollte. Lutan ist so verzweifelt, daß er seinen Gefolgsleuten befiehlt, das Außenteam der Enterprise gleich nach Tashas Duell zu töten. Doch seine Männer zögern, weil dies Krieg mit der Föderation bedeuten würde. Lutan ist trotzdem selbstsicher und sagt, er sei ein Bündnis mit einem Feind der Föderation eingegangen. (Man kann nur annehmen, daß damit die Ferengi gemeint sind.)

* * *

Gene Roddenberry hatte von Anfang an klar gemacht, daß *Star Trek: The Next Generation* keine Wiederholung des Originals werden sollte. Aus diesem Grund tat er sein Bestes, Figuren zu schaffen, die keine Klons der ersten Enterprise-Mannschaft sein sollten; er weigerte sich, einen Vulkanier in einer Schlüsselposition auf der Brücke zu haben, und ursprünglich stellte er sich auch gegen die Idee, die Klingonen und Romulaner zu verwenden, denn er hielt es für an der Zeit, eine neue Bedrohung der Föderation zu schaffen.

Die Zeit verging, und Roddenberry schien zu seinem Wort zu stehen, obwohl ein Klingone auf der Brücke dient (da jetzt Frieden herrscht zwischen der Föderation und dem klingonischen Imperium); und die Romulaner kehrten in der letzten Folge der ersten Season, „The Neutral Zone", zurück und sollten im zweiten Jahr der Serie immer wieder auftauchen. Die neue „Bedrohung" wurden die Ferengi, ein Volk, das fast ausschließlich von der Liebe zum materiellen Erwerb vorangetrieben wird. Aufgrund gewisser Dialogzeilen in „Encounter at Farpoint" hatte man den Eindruck bekommen, es handle sich bei den Ferengi um eine Rasse, vor der man Angst haben müsse und der die Föderation noch nie von Angesicht zu Angesicht gegenübergestanden hat.

Richard Krzemien lieferte eine Geschichte mit dem Titel „The Last Outpost", die von Procuzent Herbert Wright zu einem Drehbuch verarbeitet wurde. Hier wird vom ersten Kontakt der Föderation mit den Ferengi erzählt, als die Enterprise ein Schiff der Außerirdischen verfolgt, um einen gestohlenen T-9 Energiekonverter zurückzuerlangen. Sie beide gehen in den Orbit um einen nahen Planeten und finden sich plötzlich in einer Falle. Sie sind unfähig, mit Hilfe der Schiffswaffen zu entkommen, und die Lebenserhaltungssysteme beginnen auszufallen. Da sie keine andere Wahl haben, beamen sie auf die Oberfläche des Planeten, um zusammen mit den Fremden dieses Rätsel zu lösen. Aber die Ferengi agieren schnell und benutzen ihre Laser/Energie-Peitschen, um Riker und sein Außenteam kampfunfähig zu machen. Sie wollen die Menschen töten, aber sie werden von einer Figur im Mantel unterbrochen, die sich Portal nennt. Er ist der letzte Überlebende des T'kon Reiches (das von einer Supernova zerstört wurde) und beschuldigt sie alle, Wilde zu sein (Q läßt schön grüßen!). Er will prüfen, ob sie es wert sind zu überleben, und es ist Rikers Wissen und sein Gebrauch der Philosophie von *Die Kunst des Krieges*, die Portal die Reife der Föderation beweist, und Rikers Mitgefühl erlaubt der Ferengi-Mannschaft zu überleben.

In der Originalfassung beamter das Außenteam und die Ferengi ebenfalls auf den Planeten herunter und griffen sich sofort an. Aber sie wurden dazu gezwungen zusammenzuarbeiten, als sie von hundeähnlichen Wesen attackiert wurden und aus einem kristallinen Raum entkommen mußten. Portal, dessen Name noch Dilo lautete, ist von ihren Handlungen verwirrt und gibt zu, daß er sie als Wilde vernichten wollte, bis sie begannen, für eine gemeinsame Sache zusammenzuarbeiten. Außerdem reagiert er später mit Traurigkeit auf die Nachricht vom Tod seines Volkes. Schließlich war er ein Verbreiter von Wissen, und jetzt gibt es niemanden mehr, dem er sein angesammeltes Wissen vermitteln kann. Riker schlägt vor, aus der Welt einen Bibliotheks-Planeten zu machen: „Laß jede Nation an dem Wissen von tausend Jahrhunderten teilhaben. Hilf uns, unsere Vorurteile abzulegen, damit wir uns der Weisheit und der höheren Wahrheit öffnen.''

Diese Version wäre dreimal so teuer geworden wie eine normale Folge von *The Next Generation*. Alles in allem war die Folge in ihrer gesendeten Form gelungen, obwohl der Vorwurf an die Menschen, sie seien barbarische Wilde sich bereits als alter Hut erweist. Die Ferengi sind großartige und höchst originelle Schurken. Ihr Einsatz hier läßt nur erahnen, was zukünftige Folgen noch bringen würden.

Richard Krzemien nimmt die Schlußfassung der Folge gelassen hin und ist offensichtlich dankbar für die Erfahrungen, die er bei der Serie sammeln konnte. „Herb hat so viel von meiner Story behalten wie er konnte, und ich glaube, das meiste ist noch da. Die Geschichte entwickelte sich aus einer kleinen Idee, als ich sie vorschlug, um sechs Fassungen später das Sprungbrett für die Ferengi zu werden, die gewissermaßen die neuen Klingonen sind. Als dieses Element eingeführt wurde, entwickelte es sich schnell zum zentralen Thema. Die Hauptaufgabe bestand jetzt darin, wie wir die Ferengi am besten präsentieren konnten.

Zugegeben, es war schwer, für diese Folge eine Pointe zu finden. Wir mußten diese Leute einführen, die dieses große Problem hatten, und dann mußten wir ein Ende finden, daß der Situation zu Beginn entsprach. Das war von Anfang an schwierig. Ich finde die erste Hälfte der Episode sehr dramatisch. Es passiert eine ganze Menge, und all diese Fäden müssen am Ende wieder richtig verknotet werden. Man kann anfangen, eine wirkliche tolle Story zu entwickeln, aber wenn man sie am Ende nicht richtig auflösen kann, funktioniert sie einfach nicht.''

Er weist auf die vielen Änderungen zwischen dem ursprünglichen Konzept und dem endgültigen Skript hin: „Im Skript begegnen sie Portal, der diese Art Wesen im Mantel ist. Er repräsentiert den Eingang zum T'kon Reich. Ursprünglich war Portal dieser kleine Typ namens Dilo, der der *Hausmeister* des Planeten ist, und er sollte eine sehr leichte, fröhliche Figur sein, die versehentlich geschlafen hat, als ihre ganze Planetengruppe vernichtet wurde. Hier wird es interessant, wie sich die späteren Fassungen entwickelt haben. Das Konzept existiert noch immer, aber es ist die Darstellung von Dilo, die sich geändert hat. Das war eigentlich die

Hauptveränderung zu meiner Geschichte. Es ist im vierten und fünften Akt. Die ersten drei sind grundsätzlich gleich: Das Schiff ist im Orbit gefangen, und die Leute sind verwirrt, weil sie denken, die Ferengi seien dafür verantwortlich, aber in Wirklichkeit hält der Planet sie beide fest. Und wieder, wie löst man das in einer irgendwie passenden Weise auf? Gene Roddenberry mag das, wenn man sich mit galaktischen Themen und Ideen befaßt. Daß eine edle Zivilisation gestorben war, aber ihre Werte von diesem Wächter weitergetragen wurden, das war für ihn ein interessantes Konzept.''

* * *

Nach Meinung dieses Autors handelt es sich bei „Where No One Has Gone Before" von Diane Duane und Michael Reaves um eine der besten Folgen der einleitenden Season von *The Next Generation*. Diese Geschichte war erst die vierte, die auf Sendung ging, aber es sollte mehr als ein Dutzend Episoden dauern, bis irgendeine Geschichte ihr auch nur nahe kam.

Viele Autoren, die für die erste Staffel geschrieben haben, haben sich heftig über die Umschreibungen beklagt, die Gene Roddenberry oder Mitglieder seines Stabs an ihrem Material vorgenommen hatten, und oft war ihre Wut berechtigt. Obwohl auch Duane und Reaves nicht mit der endgültigen Richtung des Skripts zufrieden waren, so muß man doch zu Roddenberrys Verteidigung sagen, daß die umgeschriebene Fassung wundervoll war. In diesem Fall stammte sie von Maurice Hurley. Dies ist allerdings nicht als Kritik von Duanes und Reaves ursprünglichem Exposé, ihren Treatments und Skripts gemeint, denn diese waren genauso gut. Wir haben hier eine ähnliche Situation wie bei der Folge „The City on the Edge of Forever" aus der Originalserie. Harlan Ellison schrieb das Treatment und das Skript für diese Episode, und Roddenberry schrieb sie um, ohne daß dies in den Credits vermerkt wurde. Die Folge, die dabei herauskam, wird von vielen für die beste überhaupt gehalten und gewann sogar den Hugo Award. Genau wie „Where No One Has Gone Before" sollte dies Beweis genug sein, daß sich die gleiche Idee in verschiedene Richtungen entwickeln kann, von denen eine genauso gut funktioniert wie die andere.

„Es war ein echter Glücksfall", gibt Reaves zu. „Es war unser Konzept und alles, aber sie haben es stark umgeschrieben. Ich stimme zu, daß es [zu dieser Zeit] die beste Folge war. Ja, es gab einen mächtigen Außerirdischen, aber zumindest war er kein verzogenes Kind. Eine der Sachen, die wir an der Folge in ihrer gesendeten Form mochten, war, daß ehrliche Gefühle mit ins Spiel kamen; obwohl nicht so viel, wie wir in unserer Geschichte hatten. Ich habe nur wenige Folgen der Serie gesehen, aber bisher scheinen sie mir alle sehr ähnlich. Dieser Außerirdische hatte wenigstens Probleme, versuchte eine paar Dinge zu erreichen, die im *Star Trek*-Universum möglich sind. Man hat aus unserer Geschichte auch behalten, daß es sich hier um ein Problem handelte, daß man nicht lösen konnte, indem man etwas verlangsamte. Das gefiel mir recht gut. Die Produktion war wundervoll, und die Schauspieler waren alle ausgezeichnet. Auf dem Bildschirm kam alles viel besser zusammen, als wir nach dem Skript erwartet hatten. Wir hatten Glück, denn es war uns ja aus den Händen genommen."

In der gesendeten Fassung geht es in „Where No One Has Gone Before" um einen Föderationswissenschaftler namens Kosinski und seinen Assistenten, der einfach nur *Der Reisende* genannt wird. Der Wissenschaftler kommt mit einer Formel auf die Enterprise, die die Möglichkeiten des Warpantriebs beträchtlich erweitern sollen. Sein experimentelles Programm wird installiert, aber es kommt zu einem schrecklichen Mißgeschick, und die Enterprise findet sich Hunderte von Lichtjahren von dem Ort entfernt, an dem sie eigentlich sein sollte. Man unternimmt einen weiteren Versuch, sie werden noch weiter fortgetragen und finden sich schließlich an einem entfernten Ort wieder, wo kein Mensch je zuvor gewesen ist, und wo so bald auch kein Mensch hinkommen wird. Dort beginnt die Realität zusammenzubrechen, und die Mannschaft erlebt verschiedene Halluzinationen. Worf zum Beispiel findet ein klingonisches Targ auf der Brücke (im Grunde ein Wildschwein), Tasha ist für einen Augenblick wieder auf dem Höllenloch von einer Welt, wo man sie gefunden hatte, Picard begegnet seiner Mutter, und andere Crewmitglieder finden sich in ihren Phantasien oder Alpträumen wieder. Es wird schnell klar, daß sie einen Weg nach Hause finden müssen, bevor sie jedes Gefühl dafür verlieren, was real ist und was nicht.

Inzwischen hat Wesley herausgefunden, daß es der Reisende ist, der hinter der Erweiterung des Warpantriebs steckt und daß er sie versehentlich in diese Situation gebracht hat. Der Fremde erkennt seinerseits in dem Jungen ein Genie – einen Mozart oder Einstein -, dem die Möglichkeit gegeben werden muß, seine Fähigkeiten natürlich zu entwickeln. Picard, der sich trotz des Dilemmas einen Augenblick Zeit nimmt, Wesleys Worten zuzuhören, akzeptiert die Erklärungen des Reisenden. Am Ende der Folge, als alles wieder so ist, wie es sein sollte, macht der Captain den jungen Wesley zum Fähnrich ehrenhalber.

Wie schon gesagt ist „Where No One Has Gone Before" einfach phantastisch, die Spezialeffekte sind wunderbar, die Schauspieler machen einen hervorragenden Job, und Rob Bowmans Regie des superben Skripts läßt nichts zu wünschen übrig. Es gibt allerdings einer kleinen Punkt, über den man sich beschweren kann. „The Naked Now" und verschiedene Folgen der alten Serie haben sich bereits mit der Idee beschäftigt, daß verborgene Gedanken an die Oberfläche kommen, und diese Folge scheint nur eine Variation dieses Themas zu sein. Solche Wiederholungen sind normalerweise etwas verstörend, aber in diesem Fall sind sie akzeptabel.

Wesley Crusher wird hier zum ersten Mal mit dem Respekt behandelt, den er verdient. Es ist gut zu sehen, daß die Figur eine positive Richtung bekommt. Tatsächlich war es die Absicht von Duane und Reaves, daß dieser Respekt für seinen Geist auch ohne die Anwesenheit des Reisenden klar werden sollte. In ihrem Exposé ist Kosinski darüber verwundert, daß Riker Wesley nach seiner Meinung fragt und sich dann nach dem Ratschlag des Jungen richtet. Riker antwortet, er hätte den Jungen gar nicht erst gefragt, würde er nicht auf seine Meinung Wert legen. Und nachdem Wesley einmal seine Ansicht geäußert hat, warum sollte Riker sie nicht akzeptieren?

In Katharyn Powers und Michael Barons Exposé für „Code of Honor", geht der Captain sehr gut mit Wesley um: „Picards Weisheit und Erfahrung zeigen sich in der Art und Weise, wie er den Jungen unterstützt – und in der Ruhe, die er ausstrahlt, damit der Junge sich intensiv auf seine Arbeit konzentrieren kann, ohne die Nerven zu verlieren." Das ist ein viel besserer Ansatz, als würde die Mannschaft dem Jungen immer sagen, er solle den Mund halten, wenn er einen Vorschlag machen will. Zumal diese Vorschläge schließlich das Schiff retten.

Im ursprünglichen Konzept war Kosinski verantwortlich für die Erweiterung der Warpgeschwindigkeit und auch für den folgenden Unfall. Sein Charakter war auch viel weiter entwickelt. Er versuchte, die Balance zu halten zwischen seiner Karriere und der Erziehung seines Sohnes, der wünscht, sein Vater hätte mehr Zeit für ihn. Umgekehrt bewundert die Mannschaft der Enterprise die Errungenschaften des Mannes und glaubt, sie könnten die Erforschung der Galaxis fördern, wenn sie erfolgreich sind. Besonders Picard ist sehr beeindruckt und glaubt, die resultierenden Warpkapazitäten werden es ihnen ermöglichen, herauszufinden, ob das Universum von einer göttlichen Kraft geschaffen wurde oder ob es zufällig entstand.

Wie in der gesendeten Version kommt es zu zwei Sprüngen durch die neue Technologie, und die Enterprise findet sich in einem weit entfernten Bereich des Weltraums wieder, wo die Realität beginnt zusammenzubrechen, jedoch auf weit dramatischere Weise. Riker entdeckt eine Narbe an seinem Arm, wo ihn einmal ein Tier gebissen hat. Picard findet den leblosen Körper von Jack Crusher auf der Brücke, aber er verschwindet bald wieder. Beverly ist auf der zerstörten Stargazer, Captain Picard steht ihr gegenüber und hält ihr die Leiche von Jack Crusher entgegen.

Sie können diesen Visionen nur entkommen, wenn das Schiff in seine eigene Galaxis zurückkehrt. Schließlich findet sich die Enterprise innerhalb eines Monoblocks wieder, eines kosmischen Eis, das jenem ähneln soll, das angeblich durch seine Explosion unser Universum geschaffen hat. Die Maschinen des Schiffes sind durch die Reise geschwächt, und die Mannschaft versucht, Energien aus dem Monoblock abzuleiten, um die Triebwerke wieder aufzuladen. Da der Monoblock außerhalb des normalen Raum/Zeit-Kontinuums existiert, glaubt Kosinski, die resultierende Explosion müßte sie wieder in ihr eigenes Universum schleudern. Man unternimmt den Versuch, und die Enterprise materialisiert *exakt* dort, wo sie auch sein sollte.

Picard hat das Gefühl, sie hätten vielleicht Hilfe gehabt; vielleicht bemerkte in diesem Augenblick der Schöpfung „etwas", daß sie nicht dort sein sollten, und es schickte sie wieder nach Hause. Riker kontert mit der Idee, daß sie möglicherweise selbst die Schöpfer waren. Es gibt keine Antwort auf diese Aussage, aber Data informiert sie, daß die Enterprise exakt sechs Tage fort war. Picard entgeht die Ironie der Situation nicht, und er schlägt vor, den siebten Tag frei zu nehmen.

„Damals wurde kurze Zeit überlegt, diese Folge zum Pilotfilm zu machen", erzählt Michael Reaves, „denn sie brauchten etwas Herausragendes. Diese Geschichte hätte den normalen Zuschauer da draußen gepackt, und er hätte gesagt: 'Wow, das wird eine Serie!' Statt dessen war es *nur* Fernsehen. Ironischerweise mag Gene Roddenberry Geschichten, wo die Enterprise auf Gott trifft. Wir gingen noch etwas weiter. Wir gaben ihm eine Geschichte, wo die Enterprise Gott *wird*! Letztendlich ging es in unserem Exposé darum, daß sie in diesem Monoblock auskommen, und um in ihr eigenes Raum/Zeit-Kontinuum zurückzukehren, müssen sie dieses Ungleichgewicht im Monoblock schaffen, wodurch sie ihn zur Explosion bringen und ein neues Universum schaffen. Die Ironie ist, daß bei einer kleinen Science Fiction-Serie, mit einem geringen Budget, niemand auf so etwas achtet. Aber wenn so viel Geld in die Sache geht, dann muß jeder seinen Senf dazu geben. Das macht mich wütend, denn hier gab es eine Möglichkeit, und ich finde, man hat sie vertan."

* * *

In „Lonely Among Us" eskortiert die Enterprise Diplomaten, die die reptilische Rasse der Selay und die „haarigen"

Antikaner vertreten. Die beiden Völker hassen sich auf das Giftigste. Eine Friedenskonferenz auf dem Planeten Parlament ist möglicherweise der einzige Weg, sie davon abzuhalten, miteinander Krieg zu führen.

Inzwischen fliegt die Enterprise durch eine scheinbar harmlose Energiewolke und nimmt dabei versehentlich ein Wesen auf, das die Enterprise durch deren Schaltkreise betritt. Dann geht es von einer Konsole auf Lieutenant Worf über, von ihm auf Doktor Crusher und schließlich auf Captain Picard. Als es mit dem Captain eins ist, stellen die beiden fest, daß sie viel miteinander gemein haben und beamen zusammen zurück in das Herz der Energiewolke, wo sie gemeinsam das Universum erforschen wollen. Doch etwas geht schief, und Picard ist plötzlich dort draußen „gestrandet". Mit Hilfe seiner gespeicherten Transporterdaten können Riker und Data das Energiemuster des Captains ausmachen und ihn wieder an Bord beamen. Und so leben alle glücklich bis an ihr Lebensende, bis auf den Selay-Botschafter, der dieses bereits erreicht hat, als er von den Antikanern getötet und verspeist wurde.

Alles in allem ist „Lonely Among Us" eine recht gelungene Episode mit einer originellen Prämisse. Auch ist die Motivation des Außerirdischen, die Körper der Mannschaftsmitglieder und schließlich den von Captain Picard zu übernehmen, eine wundervolle: Neugierde. Er möchte wissen, wie wir funktionieren, und das ist eine angenehme Abwechslung zu den Außerirdischen, die menschliche Gastkörper benutzen, um die Galaxis zu erobern oder die uns einfach als Wilde verurteilen wollen.

Die Idee, die Enterprise dazu zu benutzen, Botschafter miteinander verfeindeter Planeten zu einer Friedenskonferenz zu bringen, weist starke Ähnlichkeiten mit „Journey to Babel" aus der Originalserie auf. Das war beabsichtigt, erklärt die Skript-Autorin beider Folgen, Dorothy Fontana: „In 'Lonely Among Us' habe ich Sachen von mir selbst geholt", gesteht sie und stimmt gleichzeitig zu, daß Elemente der alten Folgen in vielen der frühen Episoden auftauchten. „Es ging um eine Mission, wo diese Diplomaten von hierhin nach dorthin gebracht werden mußten. Der Erzählfluß hingegen war vollkommen anders. Außerdem war das nur eine Nebenhandlung und eine komische Geschichte im Unterschied zum ernsten 'Drama' von 'Babel'. So habe ich also etwas von mir selbst genommen und es umgedreht. Ich meine, es gibt einen Unterschied zwischen den beiden Geschichten. Jede geht ihren eigenen separaten Weg, sowohl was die Absicht als auch was den Inhalt betrifft."

Die Episode begann als ein Treatment von Michael Halperin: Die Dilithium-Kristalle der Enterprise brechen zusammen. Das Schiff muß nach Capella V zur Reparatur, und die Reise wird etwa 72 Stunden dauern. Auf dem Weg begegnen sie einer glitzernden Struktur, einer Art Energie-Baum (eine Variation dieser Idee sollte schließlich in „DataLore" verwendet werden). Worf schlägt vor, ein Photonentorpedo auf die Wolke zu feuern, damit die Sensoren die Energiemengen aufzeichnen können, die dabei freigesetzt werden. Dieser letzte Punkt ist sehr fragwürdig, da die Schiffssensoren diese Informationen auch hätten aufzeichnen können, ohne daß ein Torpedo im Inneren der Wolke zur Explosion gebracht werden muß. Die Szene spielt allerdings (auf eine ziemlich gekünstelte Art) eine wichtige Rolle in der Geschichte. Geordi und ein Mechaniker sind gerade dabei, mit Hilfe eines Shuttles den Traktorstrahler zu reparieren. Ein Energiepartikel trifft den Mechaniker, und der Mann spielt verrückt. Er tut sein Bestes, um Geordi zu verprügeln, der versucht ihm zu helfen.

Als sich das Duo wieder an Bord der Enterprise befindet, eskortiert Tasha den Mechaniker zur Krankenstation, und eine elektrische Ladung geht von ihm auf sie über. Für einen kurzen Moment ist sie von unerklärlicher Wut erfüllt, doch das geht vorbei, als das fremde Wesen ihren Körper verläßt. Wir erfahren allerdings, daß beide, Tasha und der Mechaniker, unter der *entfernten* Kontrolle des Aliens bleiben, was eine interessante Variation zur gesendeten Fassung darstellt. Wie bereits erwähnt, nimmt die Enterprise dort jene Lebensform auf, als sie die Energiewolke passiert, und die *Besessenheit* bezieht sich immer nur auf eine einzelne Person.

Der Alien geht von Tasha auf Beverly über, von ihr auf Wesley, der ihn wiederum auf Data überträgt. Auf der Brücke übernimmt er Worf. Troi wird schließlich klar, daß irgend jemand oder irgend etwas verschiedene Mitglieder der Crew übernommen hat. Später vertraut sie Riker an, daß sie in vielen Leuten *zwei* Persönlichkeiten spürt, als teile etwas ihren Verstand mit ihnen. Es dauert nur kurze Zeit, bis auch Riker besessen ist. Picard stellt ihn zur Rede, und der Commander fällt in einen Trancezustand, in dem der Alien durch seinen Mund spricht. Wir erfahren, daß er verzweifelt versucht zu überleben und den Menschen kein Leid zufügen will. Unglücklicherweise ist er versehentlich an Bord des Schiffes gekommen, als der Photonentorpedo explodierte. Wenn er nicht in seine eigene Galaxis zurückkehrt, wird er sterben. Die Situation wird dadurch noch verschlimmert, daß die Summe von Äonen hochentwickelter Intelligenz mit ihm untergehen wird, wenn dieses Wesen stirbt. Laut Treatment, „würde die Enterprise ein auf einer höheren Ebene existierendes inneres Universum zerstören."

Picards eigentliches Dilemma besteht darin, daß das Schiff so nah bei Capella V ist und nicht genug Energie hat, um die Rückreise anzutreten. Er entscheidet sich dann, den „Stein-

schleuder-Effekt" zu benutzen, der zuletzt in *Star Trek IV: The Voyage Home* als Zeitreisemethode zum Einsatz kam. Das Schiff würde zu einem früheren Zeitpunkt mit minimalem Treibstoffverlust nach Capella V zurückkehren, und die Wucht ihres Flugmanövers sollte dem Außerirdischen genug „Schwung" verleihen, um ihn zurück in die Wolke zu schicken. Das Wesen erklärt, es werde sein Wissen über die Menschen mit dem Rest der Wolke teilen, und schlägt vor, sie sollten sich eines Tages wiedertreffen. Der Steinschleuder-Effekt wird eingesetzt, der Außerirdische wird nach Hause geschickt, und die Enterprise erreicht Capella V.

Nachdem Michael Halperin diese Geschichte eingereicht hatte, wurde sie abgelehnt, und sein Treatment kam zu den Akten. Als der Serie im Verlauf der ersten Season gute Skripts ausgingen, schlug Fontana Möglichkeiten vor, die Geschichte zu retten, und machte sich dann daran, die zuvor besprochenen Elemente einzufügen. Das Resultat ist eine unterhaltsame Mischung aus den Leistungen beider Autoren; doch indem Captain Picard mit dem Alien eins wird und er sich auf der Suche nach größeren Abenteuern in die Wolke transportiert, fügte Fontana der Geschichte ein sehr erfreuliches humanistisches Element hinzu. Ansonsten hätte die Story leicht ein weiterer Ableger von *Invasion of the Body Snatchers* [*Die Dämonischen*] werden können.

* * *

„Die Geschichte heißt 'Justice' – 'Gerechtigkeit' -, und es geht hier um die vollkommen menschliche Antwort auf das, was man tut, wenn die Gewalt in den Straßen und an allen Orten überhand nimmt", erklärt Autor John D.F. Black, der schon in der ersten *Star Trek*-Serie als Story Editor arbeitete, „The Naked Time" schrieb und als einer der ersten an Bord von *The Next Generation* eingeladen wurden. ‚Was tut man, wenn man eine Kolonie ist? Und wie sieht das für einen Außenstehenden aus, wenn man auf die einzige Art reagiert hat, die einem möglich war?

Es hat mit Gerechtigkeit zu tun. Für alle. Und wie geht man mit Terrorismus und Anarchie um, wenn sie überhand nehmen? Wie beendet man das? Und wenn man es dann beendet hat: Was passiert als nächstes? Nehmen wir mal an, wir haben alle Terroristen getötet und alle Leute, die im Verdacht standen, Terroristen zu sein. Die Leute, die alle umgebracht haben: Was machen die jetzt? Wir sprechen hier nicht von einer Person, die mit einer anderen Person umgehen muß. Wir sprechen von einer Gesellschaft, die mit einem Aspekt ihrer selbst umgehen muß. Und diese Gesellschaft besteht aus Erdenbürgern, die losgezogen sind, um ihre eigene demokratische Gesellschaft aufzubauen. Das gleiche ist der griechischen Demokratie passiert, und es hat sie korrumpiert. Wir haben es also mit alter Geschichte zu tun – und mit neuer Geschichte. Und mit der Realität der Zukunft."

John D.F. Black spricht von seiner ursprünglichen Version von „Justice", die sich radikal von der Form unterscheidet, die die Episode schließlich annahm. In der gesendeten Fassung hat die Enterprise soeben eine Erdkolonie auf einer Welt abgesetzt und begibt sich nun zum Planeten Edo [Eden?], der ideal für einen Landurlaub zu sein scheint. Ein Außenteam, zu dem auch Wesley Crusher gehört (der die jungen Menschen an Bord des Schiffes repräsentiert), beamt runter und trifft den obersten Rat dieser Welt, der sie mit offenen Armen willkommen heißt. Wir erfahren bald, daß diese Welt eine Art von Paradies ist, wo totaler Frieden herrscht und man vollkommen offen mit Gefühlen und Sexualität umgeht. Es gibt keine Verbrechen, und das liegt an einem Prozeß, durch den bestimmte Gebiete zu bestimmten Zeiten Zonen werden, in denen *jedes* Verbrechen, egal wie groß oder wie klein, mit sofortiger Hinrichtung bestraft wird. Unglücklicherweise tritt Wesley auf ein paar Blumen. Jetzt muß er hingerichtet werden, obwohl ihm ein gewisser Zeitraum zugestanden wird, da er auf dieser Welt fremd ist.

Picards Problem ergibt sich aus der Hauptdirektive, die ihm verbietet, sich in die natürliche Entwicklung eines Planeten einzumischen. Trotzdem: Wie kann er zulassen, daß Wesley für so ein unsinniges Verbrechen sterben muß? Um die Dinge noch zu verschlimmern, treibt sich ein außerirdisches Überwesen im Orbit herum, das die Schiffsfunktionen stört und verlangt, daß die Enterprise diesen Sektor des Weltraums verläßt und alle Menschen mit sich nimmt.

Aus den verschiedensten Gründen funktioniert die Episode in der beschriebenen Version nicht. Erstens beschäftigt sich die Serie mal wieder übertrieben mit Sex. Das ist schön, wenn es dafür einen Grund gibt, aber es nervt, wenn es so überflüssig erscheint wie hier. Und zweitens ist die Idee einer hallenden, außerirdischen Stimme – im Grunde Gott -, die die Handlung manipuliert, in der alten und in der neuen Serie immer und immer wieder verwendet worden. Hier erscheint die Figur nur als müde Wiederholung des Vorhergegangenen.

In Blacks Originalfassung hat die Enterprise den Auftrag, den Planeten Llarof zu überprüfen, eine experimentelle Erdkolonie, die eine reine Demokratie nach dem alten griechischen Prinzip des *Demos* praktiziert. Seit dem letzten Kontakt der Kolonie mit der Föderation sind 80 Jahre vergangen. Ein Außenteam beamt hinunter, und sofort wird ihnen von einem Polizisten erklärt, sie sollten auf der rechten Seite gehen wie es das Gesetz verlangt, und sie dürften sich

glücklich schätzen, daß heute nicht *Der Tag* sei. Schließlich entscheiden sie sich, mit der Regierung des Planeten Kontakt aufzunehmen und erfahren, daß vor 80 Jahren der Terrorismus auf dieser Welt gewuchert hat, doch durch ihr jetziges Regierungssystem gelang es ihnen, dem ein Ende zu setzen. Unseren Leuten wird erzählt, daß jeden Tag zu einer willkürlich ausgesuchten Zeit, Computer angestellt werden, die für eine bestimmte Zeitspanne einen beliebigen Quadranten aussuchen, wo alle Verbrechen mit dem Tod bestraft werden. Zu schnelles Fahren kann zum Beispiel ein solches Verbrechen sein, und die Mitfahrer würden als Mitverschwörer mitverurteilt und ebenfalls hingerichtet werden.

Eines der Ratsmitglieder, Trebor, ist so stolz auf diesen Planeten, daß er der Enterprise vorschlägt, hier Landurlaub zu machen. Tasha ist entsetzt und sagt, sie würden es nicht zulassen, daß Kinder ermordet werden. Trebor erklärt ihnen, sie sollten sich keine Sorgen machen, da das Gebiet der Hauptstadt nicht zum Wahlbereich des Computer gehören wird. Es gehört nie dazu.

Bis zu diesem Zeitpunkt sehen wir ein interessant aufgebautes Rätsel und ein sehr effektives. Der Führer eines Planeten hat etwas Furchterregendes an sich, wenn er so zwanglos von einem Justizsystem sprechen kann, wo die schuldigen oder vermeintlich schuldigen Verbrecher in einer Weise getötet werden, als träte man auf einen Grashalm.

Das Außenteam kehrt auf die Enterprise zurück, wo man die Situation auf dem Planeten und die Möglichkeit eines Landurlaubs bespricht. Einige Experten äußern sich besorgt über Llarofs Gefängnissystem, da jedes Gebäude so konstruiert ist, daß dort zwischen zwölf Menschen und neunzehntausend untergebracht werden können, sich in jedem jedoch nur zwölf befinden. Picard meint, Riker solle mit Trebor darüber sprechen.

Inzwischen beamen Landurlaubsgruppen auf den Planeten hinunter, und den Kindern – unter der Aufsicht von Sicherheitsoffizieren der Enterprise – scheint es sehr zu gefallen. Die Dinge entwickeln sich aber tragisch, als zwei Kinder in einem Spiel miteinander kämpfen. Sie fallen versehentlich einen Abhang hinunter und geraten zwischen lokale Polizisten, die Verbrecher verfolgen. Einer der Polizisten, Siwel, hebt seine Waffe. Der Sicherheitsoffizier der Enterprise, Tenson, beruft sich darauf, daß sie von dem Raumschiff stammen und Immunität genießen, aber der Polizist drückt trotzdem ab und tötet Tenson. Der andere Polizist, Oitap, schreit seinen Kollegen an, diese Leute seien tatsächlich immun und erschießt dann widerwillig den schuldigen Polizisten wie es das Gesetz verlangt.

In der gesendeten Folge wird niemand von der Enterprise tatsächlich getötet. Durch diese Szene schuf die frühere Fassung aber ein viel intensiveres Gefühl für das Rechtssystem von Llarof. Es ist eine Sache, davon zu sprechen, daß Menschen für die geringste Gesetzesübertretung hingerichtet werden, aber es ist etwas ganz anderes, diesen Prozeß in Aktion zu sehen. Außerdem zeigt Oitaps Tötung von Siwel, wie ernsthaft dieses Rechtssystem befolgt wird.

Anderswo diskutiert Riker die Situation in den Gefängnissen mit Trebor und erfährt, daß die Gefangenen an diesem *Tag* exekutiert werden und daß die zwölf Leute in jedem Gefängnis tatsächlich die Wachen sind. Dann verbreitet sich die Nachricht von Tensons Tod, und das Personal der Enterprise beginnt sofort, sich wieder auf das Schiff zu beamen. Ein Mann namens Reneg, der spürt, wofür die Föderation steht, belehrt Riker über gewisse Aspekte der Geschichte dieses Planeten: Er betont, daß Doktoren, Wissenschaftler und die Regierung als Elite angesehen und von möglichen Exekutionen ausgeschlossen wurden und daß das Wahlsystem, das man 80 Jahre zuvor eingeführt hatte, abgeschafft wurde. Die Immunität wurde von Generation zu Generation weitergegeben wie ein königliches Privileg. Die Menschen bekamen Angst, und die Angst begann, ihr Leben zu bestimmen. Niemand hatte den Mut, die Regierung herauszufordern oder eine Rückkehr zu freien Wahlen zu verlangen. Reneg fügt hinzu, daß fast jede Familie mindestens ein Mitglied durch dieses System verloren hat, und das allein sollte schon Grund genug für eine Revolution sein. Sowohl Picard als auch Riker weisen darauf hin, daß sie sich nicht einmischen dürfen, und daß man es schon als Intervention betrachten könne, wenn sie ihm nur zuhören oder ihn beraten.

Später erklären die Experten der Enterprise, daß auf dem ganzen Planeten Krieg herrscht, nur nicht im Regierungsbezirk. Picard benutzt die Föderationsdoktrin zu seinem Vorteil und weist auf eine Regel hin, nach der ein Raumschiff-Captain auf freien Wahlen bestehen kann, wenn auf dem Planeten ein Versuch gemacht wurde, solche einzuführen. Man könnte sagen, daß sich Reneg um ein Amt bewirbt, und aus diesem Grund beamen Riker und Tasha als *Beobachter* hinunter.

Mit minimaler Unterstützung durch das Außenteam gelingt es Reneg, seine geplante Revolution in Gang zu setzen, und freie Wahlen kehren auf den Planeten zurück.

Diese Version von „Justice" hätte zum größten Teil als eine effektive Folge von *The Next Generation* funktioniert. Das Thema ist faszinierend, und die Idee einer Immunität, die von Generation zu Generation weitergereicht wird, ist einfach wundervoll. Es ist jedoch nicht überraschend, daß das Ende fallengelassen wurde, wenn man Gene Roddenberrys Entschlossenheit bedenkt, sich so weit wie möglich von der Originalserie zu entfernen. Riker und sein Außenteam als *Beob-*

achter auf den Planeten zu schicken, die tatsächlich eine Rolle in der Revolution spielen – egal wie klein –, das kommt direkt aus der alten Serie. Captain Kirk hat die Hauptdirektive oft so interpretiert, wie es ihm gerade paßte. Ein perfektes Beispiel dafür ist „A Taste of Armageddon", wo die Enterprise auf zwei Planeten trifft, die seit Jahrhunderten miteinander in einen Computerkrieg verwickelt sind. Die Computer suchen bestimmte Zielgebiete aus, und die Menschen, die dort leben, gehen freiwillig in die Desintegrationskammern, damit die Gesellschaft als Ganzes fortbestehen kann. Kirk nimmt es auf sich, diese Kammern zu vernichten und zwingt so die beiden Kulturen dazu, ihren Krieg zu beenden oder sich gegenseitig zu vernichten. Das war in Wirklichkeit eine krasse Verletzung der Hauptdirektive, und in „Justice" wäre eine solche Handlungsweise genauso falsch gewesen.

Der Hauptunterschied zwischen Blacks erster und seiner zweiten Fassung besteht darin, daß das Personal der Enterprise eine viel größere Rolle im Geschehen spielt (und Wesley Crusher ist jetzt eines der Kinder, die den Hang herunterrutschen). Reneg hegt die Hoffnung, daß Picards Eingreifen, um die Kinder zu retten, zu einem Zusammenbruch des Rechtssystems auf seinem Planeten führen und es den Menschen die Rebellion ermöglichen wird, denn er ist der Überzeugung, daß die Menschen dieses System ablegen würden. All dies führt zu einer Verhandlung, in der die Kinder der Enterprise, dank Rikers Information über Renegs Motive, freigelassen werden. Reneg hingegen wird vor allen Anwesenden wegen Verrats hingerichtet. Die gesamte Mannschaft kehrt auf ihr Schiff zurück, und die Enterprise verläßt den Orbit.

Auf der Brücke erklärt Riker Picard, Reneg habe wahrscheinlich recht gehabt, was dieses Rechtssystem betraf. Aber der Captain betont, es sei nicht ihre Aufgabe, das zu beurteilen; vielleicht hätten die Menschen die Dinge genauso belassen wie sie sind. „Vielleicht gehen sie lieber das Risiko ein, hingerichtet zu werden, weil sie ein Stück Papier haben fallen lassen, damit sie ohne die Furcht leben können, vergewaltigt, ausgeraubt oder im Schlaf ermordet zu werden", meint er nachdenklich. „In jedem Fall haben sie ein Recht auf ihr System von Gerechtigkeit."

Diese Version funktioniert weit besser als die erste Fassung, und sie endet mit einer etwas dunklen Note, was auch der Originalserie oft sehr gut gelang. Die Szene im Gerichtssaal ist ein weit besserer Hintergrund für die Auflösung der Episode als eine Revolution voller Action. Der Tod von Reneg, wäre er gefilmt worden, hätte sehr schockierend auf die Zuschauer gewirkt. Das ist großartiges Drama, und das einzige, was der Geschichte noch fehlt, sind Rikers Schuldgefühle, weil er einen Mann die Wahrheit gestehen und dafür sterben ließ. Man sollte annehmen, daß der Commander wenigstens Mitleid für den anderen Mann empfinden würde.

„Ich habe jahrelang versucht, diese Geschichte zu machen", erklärt John D.F. Black. „Ich hatte sie im Kopf, aber ich konnte sie nirgendwo anbringen. Es hätte schon ein Film sein müssen oder so etwas wie *Star Trek.*"

Leider arbeitete Black nicht weiter an dieser Geschichte. Wie langjährige *Star Trek*-Fans wissen, kündigte er seine Position als Story Editor in der ersten Serie nach dreizehn Folgen, weil Gene Roddenberry darauf bestand, jedes Skript umzuschreiben. Black fand, daß seine Position dadurch kompromittiert wurde.

„Gene Roddenberry ist wieder Gene Roddenberry", erklärt er rätselhaft zur jetzigen Situation. „Als er heute mit mir gesprochen hat, hörte er sich genauso an wie vor zwanzig Jahren. Es geht um die gleichen Dinge. G.R. ist immer noch der G.R., der er stets war. Er hat sich kein bißchen verändert."

Während sich Black selbst zurückhält, über die Angelegenheit zu sprechen, erklärte eine Quelle, die der Serie sehr nahe steht, der Autor habe einige der Änderungen, die man von ihm verlangte, in Frage gestellt und sei daraufhin ohne viel Federlesen fallengelassen worden. Dieser spezielle Autorenkollege fügte hinzu, es habe sich dabei um eine extrem unfaire Aktion gehandelt. Anscheinend kam es wieder zu der gleichen Art von Konflikten, die sich schon früher zwischen Autoren und dem Schöpfer von *Star Trek* ergaben, und die Geschichte wiederholte sich.

Der Autor Worley Thorne übernahm die nächsten beiden Fassungen von „Justice", und zusammen mit Gene Roddenberry erstellte er die gesendete Episode, die sich so unglaublich stark mit dem Sexleben der Bewohner von Edo beschäftigt und ein gottgleiches Wesen eingreifen läßt. Bei diesem Übergang ist etwas verlorengegangen.

* * *

Die Ferengi zeigten ihre häßlichen Fratzen wieder in der Folge „The Battle", die von Produzent Herbert Wright nach einem Treatment des verstorbenen Larry Forrester geschrieben wurde.

In dieser Geschichte übergibt der Ferengikommandant Damon Bok Captain Picard die Überreste seines ersten Schiffes, der Stargazer, das Jahre zuvor in eine Schlacht mit einem Ferengischiff verwickelt war. Damals wurde das andere Schiff zerstört, während Picard und seine Crew die Stargazer verlassen mußten. Picard weiß nicht genau, was er davon halten soll, aber er akzeptiert das Geschenk und benutzt einen Trak-

torstrahl, um es mit der Enterprise abzuschleppen. Er weiß nicht, daß Damon Bok einen geheimen Plan hat, zu dem zwei Gehirnmanipulationsgeräte gehören. Sie verursachen dem Captain zunächst migräneähnliche Kopfschmerzattacken und geben ihm dann Halluzinationen ein von seiner Zeit auf der Stargazer, wo er die letzte Schlacht in seinem Kopf wiedererlebt. Schließlich stellt der Captain den Traktorstrahl aus, beamt auf die Stargazer und bereitet sich darauf vor, die Enterprise anzugreifen, die er für das Ferengischiff von damals hält.

Wir erfahren, daß Damon Boks Sohn in der früheren Schlacht getötet wurde und daß er sein ganzes Leben damit verbracht hat, seine Rache vorzubereiten. Die einzige Hoffnung in dieser Situation kommt aus der unerwarteten Richtung des Ersten Offiziers der Ferengi, der Riker erzählt, Bok sei verhaftet worden, weil er unprofitable Geschäftsmethoden angewandt hat. Er setzt ihm die Funktionsweise der Hirnmanipulationsgeräte auseinander, so daß Riker seinen Captain dazu bringen kann, das Gerät auf der Stargazer zu zerstören.

In der gesendeten Fassung ist „The Battle" eine reizende Folge und außerdem eine sehr originelle. Regisseur Rob Bowman kann eine ziemlich große Spannung erzeugen, die Wright/Forrester-Geschichte ist exzellent, und Patrick Stewart ist superb, besonders in jenen Momenten, wo er mit den *Geistern* seiner früheren Crew an Bord der Stargazer interagiert. Wenn man bedenkt, daß er allein spielte und daß die anderen Bilder erst später einkopiert wurden, hat man es hier mit einer ausgezeichneten schauspielerischen Leistung zu tun.

Es ist oft der Fall, daß Geschichten intakt bleiben, so viele Änderungen es auch zwischen den Skizzen der ersten Fassung und dem letzten Skript geben mag. Im Fall von „The Battle" trifft das zu, da die Geschichte dem Treatment sehr eng folgt, wenn sie es auch erweitert; und die gesendete Folge ist der ersten Fassung von Herbert Wrights Drehbuch sehr ähnlich. Man sollte anmerken, daß sich die frühen Fassungen der Drehbücher von *The Next Generation* oft viel stärker auf die Interaktion zwischen den Figuren zu konzentrieren scheinen als die späteren Folgen. Diese Episode ist da keine Ausnahme, vor allem was Picard und Beverly Crusher betrifft. Es gibt ein paar sehr schöne Momente, in denen sie beginnen, ihre wahren Gefühle füreinander zu erforschen, genauso wie ihre gemeinsame Vergangenheit, da Beverlys verstorbener Mann, Jack Crusher, an Bord der Stargazer unter Picard diente. Tatsächlich sollte der Tod des Mannes und die Tatsache, daß Picard derjenige war, der die Leiche zu Beverly und Wesley nach Hause brachte, einer der wichtigsten Aspekte ihrer Beziehung sein. Das wurde in der ersten Folge „Encounter at Farpoint" angesprochen und in einigen anderen Episoden nur vage berührt. Ironischerweise ging eine frühe Fassung von „Where No One Has Gone Before" mit dieser Frage in einer sehr ausdrucksstarken Weise um, aber die Sequenz schaffte es nicht in die gesendete Fassung. Später, in „Arsenal of Freedom", sind sie in einer Höhle gefangen und kämpfen um ihr Leben. Eine frühe Fassung dieser Episode ließ sie mit ihren wahren Gefühlen füreinander umgehen, aber auch hier wurde das schließlich fallengelassen.

Es ist ein wichtiger Punkt in Forresters Fassung, daß er es für notwendig hielt, den Ferengi sehr viel Zeit zu widmen: Man sollte sie an Bord ihres Schiffes zeigen und Dialogszenen zwischen ihnen präsentieren. Das ist bezeichnend, denn es gibt uns Einsicht in diese Rasse, bei denen sich in gewisser Weise auch Beziehungen an Bord der Enterprise widerspiegeln, und es hilft, sie über die Rolle von typischen Schurkengestalten zu erheben. Die Ferengi waren nie sehr populär, vor allem deshalb, weil man sie um der Lacher willen spielte, nachdem sie vorher als schreckliche Bedrohung der Föderation aufgebaut worden waren. Indem er diese Balance zwischen den anderen und *uns* aufzubauen versuchte, wollte Forrester eine Situation etablieren wie in der Folge „Balance of Terror" aus der Originalserie, in der die Romulaner eingeführt wurden.

* * *

Wenn es in *The Next Generation* einen Gaststar gab, den man nicht vergessen konnte, so war es John DeLancie, der in „Encounter at Farpoint" den rätselhaften Q dargestellt hatte. Er war so populär, daß er schon in „Hide and Q" seinen zweiten Auftritt absolvierte.

„Wir kriegen etwas mehr von Q zu sehen als zuvor", sagt John DeLancie über die Rückkehr seiner Figur. „Wenn er verspielt ist, ist er nun verspielter. Wenn er wütend ist, ist er nun wütender. Er ist auch etwas ruhiger. Seine Methoden, das zu bekommen, was er will, sind jetzt etwas farbenreicher. Am Anfang ist er vor allem der Joker und sehr bombastisch, dann versucht er es mit List, ist sehr von sich eingenommen; und dann benutzt er interessanterweise... Ich habe eine Szene, wo alles sehr klar ist. Es ist fast so, als säßen da zwei Typen zusammen, rauchten, und der eine Typ sagt zum anderen: 'Gott, ich weiß nicht, was ich sonst noch machen soll, damit du dir diese Sache überlegst.' Es geht einfach vor und zurück, vor und zurück, und dann entscheidet sich Q, 'Priester zu werden'. Er hat jede Menge Spaß, und die ganze Zeit versucht er, Picard zu ärgern."

Abgesehen davon, daß es ihn sehr freut, als Q zurückzukehren, meint DeLancie, die gesamte Produktion habe sich zwischen den beiden Folgen zum Positiven entwickelt. „Ich war dort an dem Tag, nachdem der Pilotfilm im Fernsehen gelaufen war, und alle strahlten irgendwie und fanden, sie hatten eine wirklich tolle Leistung abgeliefert. Ich finde, die zweite Folge war sehr gut. Sie hatten also alle das Gefühl, auf dem richtigen Weg zu sein. Es machte Spaß. Du hast ein Gruppe, die hart arbeitet und erfolgreich ist, und ihr Erfolg nimmt zu, während sie langsam beginnen zu erkennen, was sie da haben. Alle sind einfach viel offener. Der Regisseur von 'Hide and Q', Cliff Bole, ist jemand, dem ich sagen kann: 'Ich möchte das gerne so machen.' Alle sind viel relaxter. Wenn man auf ein Set kommt, wo die Dinge nicht so gut laufen, machen die Kontrollfreaks alle Luken dicht, und es herrscht eine sehr unangenehme Atmosphäre. Aber bei dieser Serie ist es genau umgekehrt.

Das Schiff kommt jetzt gut voran, und je selbstbewußter die Leute werden, desto besser läuft es. Aber ich finde, daß sie dem meisten Mist, der im Fernsehen läuft, ohnehin schon um Lichtjahre voraus sind. Und man muß verstehen, daß es immer noch das gleiche Medium ist. Mit den gleichen Beschränkungen und den gleichen Zeitproblemen. Aber trotzdem schaffen sie es.

Es ist fast wie ein Theaterstück. Ich fand es auch vollkommen logisch und sehr interessant, daß Q zurückkehrt, nachdem er so mit den Leuten herumgespielt hat. Er kommt zurück und sagt: 'Hört mal zu, ihr habt etwas, das ich brauche'. Ich dachte dabei beinahe an Isaak Asimovs *Foundation*-Trilogie. Hier ist von gewaltigen Zeiträumen die Rede, und Q kann auch so weit in die Zukunft sehen, und ihm wird klar, daß die menschliche Rasse die Q *überholen* wird, wenn sie sich in diesem Tempo weiterentwickelt."

Wie DeLancie erklärt hat, kehrt Q auf die Enterprise zurück und ist sich vollkommen darüber im klaren (aufgrund ihrer Begegnung auf Farpoint Station), daß der Menschheit Großes vorherbestimmt ist. Um die menschliche Situation besser verstehen zu können, entschließt er sich, Riker die Kräfte eines Q zu geben, um ihn dann studieren zu können. Was jetzt folgt ist Rikers Versuch, mit den neuen Kräften zurechtzukommen und gleichzeitig der Versuchung zu widerstehen, sie so zu verwenden, daß sie das Schicksal einzelner Menschen oder gar der ganzen menschlichen Rasse verändern. Was sich vor unseren Augen abspielt, ist die Geschichte von der absoluten Macht, die absolut korrumpiert. Dieses Thema erinnert ein wenig an den zweiten Pilotfilm der Originalserie „Where No Man Has Gone Before". Aber Riker wird von seinen Freunden auf dem Boden der Tatsachen gehalten. Sie lehnen alle sein Angebot ab, ihre Träume wahr werden zu lassen. Wieder sind Q's Pläne fehlgeschlagen, und am Ende der Folge wird er von seinen Mit-Qs nach Hause entführt.

Im Originaltreatment dieser Geschichte spielt Q mit der Crew, weil der Fremde, wie Picard bemerkt, einem Kind gleicht, das nicht weiß, wie man Freunde gewinnt und deshalb mit ihnen spielt. Der Captain nimmt an, daß Q sie um einen Gefallen bitten möchte und nicht weiß, wie er es anstellen soll. Er behält Recht. Wir erfahren, daß es im ganzen drei Qs gibt, und daß der Planet, auf dem sie residieren, im Sterben begriffen ist, so daß sie sich eine neue Heimat suchen müssen. Natürlich nimmt der Captain an, die Qs hätten die Macht, sich an jeden beliebigen Ort zu begeben. Aber der Alien erklärt, ihre Welt habe etwas mehr als hunderttausend Einwohner, und die wissen nicht, wo sie hin sollen. Sie brauchen einen Planeten, der ihnen die gleiche Isolation bietet, die sie auch jetzt genießen. Picard sagt, er werde das mit der Sternenflotte besprechen müssen.

Während der Anfang von Maurice Hurleys erster Treatmentfassung der gesendeten Version sehr nahe kommt, entwickelt sich das Ende in eine ganz andere Richtung. Neben der Tatsache, daß es kein befriedigendes Ende gibt, ist es auch kaum zu glauben, daß Q die Hilfe der Enterprise braucht, um seine Leute zu transportieren. Nach allem, was wir von diesem Außerirdischen gesehen haben, ist es nicht möglich, uns davon zu überzeugen, daß er und andere seiner Art ihre Welt nicht wiederherstellen könnten. Das endgültige Skript von Gene Roddenberry und C.J. Holland funktioniert weit besser, und seine Grundidee ist viel faszinierender. Tatsächlich hat ein Schauspieler die Geschichte mit der letzten Versuchung Christi verglichen, und das ist vielleicht gar nicht so weit von der Wahrheit entfernt, denn Riker ist hin und her gerissen zwischen den Alternativen, Mensch zu bleiben oder so etwas wie ein Gott zu werden.

Der Zuschauer von „Hide and Q" wird mit der Frage zurückgelassen, ob wir die Rückkehr dieses einzigartigen Fremden sehen werden. In der zweiten Staffel taucht er in „Q Who?" [„Zeitsprung mit Q"] wieder auf, und Gerüchten zufolge soll er auch im dritten Jahr zurückkehren. (Q sollte schließlich bis zum Ende der Serie noch eine ganze Reihe von Auftritten absolvieren, Anmerkung des Übersetzers).

DeLancie macht sich seine eigenen Gedanken über Qs Rückkehr und die Dinge, die er gerne mit der Figur tun würde: „Ich nehme die Jobs, wie sie kommen. Ich würde Q gerne noch fünf- oder sechsmal spielen. Ob ich das kann, ist eine andere Frage, aber ich würde gerne ein Erbe von Q-Folgen hinterlassen. Das sind tolle Leute bei Star Trek. Sie sind gut zu mir, und es macht Spaß. Wohin ich die Figur entwickeln würde? Keine Ahnung. Ich denke bei Q immer daran, wie es wäre, die anderen Qs zu treffen. Wir hatten diese tolle Idee – einer von den Make-up-Leuten und ich -, daß man eines

Tages vielleicht das Gesicht von Q wegzieht, und dahinter offenbart sich dann das Universum. Oder vielleicht hat Q das nächste Mal, wenn er wiederkommt, all seine Verspieltheit verloren und ist einfach nur verdammt wütend. Ich habe eine Geschichte im Kopf, wo er zurückkehrt und Picard fertigmachen will – ich meine, er will ihn wirklich fertigmachen. Er versucht den Captain dadurch zu kriegen, daß er in der Zeit zurückgeht und irgendwas mit seiner Mutter und seinem Vater anstellt. Man könnte da alles machen, was man wollte. Aber es hängt natürlich davon ab, ob sie Q wieder benutzen wollen, und die Entscheidung liegt nicht bei mir. Ich kann nur sagen, ob ich zur Verfügung stehe oder nicht.

Wenn ich so etwas schreiben würde, würde ich gerne die Natur der Qs erforschen. Wo ist das Q-Kontinuum, und was ist es? Ich glaube, das wäre so wie die Geschichten, in der Superman nach Krypton zurückkehrt. Das wäre ein Spaß, dahin zu gehen und zu sagen: 'Mein Gott, hier leben die also alle!' Das sind natürlich nur Schauspielergedanken, aber wir haben uns auch überlegt, was wohl passieren würde, wenn Q fünf Folgen hintereinander dabei wäre und tatsächlich ein Mannschaftsmitglied der Enterprise würde. Dann müßte er damit umgehen, was immer das auch für ihn bedeuten würde. Und die ganze Zeit von Menschen umgeben zu sein, wäre für ihn wie eine Therapie."

* * *

Einer der verwirrendsten Aspekte von The Next Generation war die Beziehung zwischen Riker und Troi. In „Encounter at Farpoint" wird sehr schnell etabliert, daß die beiden eine gemeinsame Vergangenheit haben, und man bekommt den Eindruck, diese Beziehung werde sich im Verlauf der Serie entwickeln. Ironischerweise haben die Figuren eine starke Ähnlichkeit zu der Romanze zwischen Kommander Decker und Lieutenant Ilia in Star Trek: The Motion Picture. Dort treffen sich diese beiden Menschen, wir erfahren, daß sie einmal zusammengewesen sind, und der Film kulminiert in einer Szene, in der sie sich mit V'Ger zu einem Wesen verbinden, einem Hybriden aus Mensch und Maschine.

In The Next Generation gab es gelegentlich Hinweise darauf, daß die Romanze zwischen Riker und Troi fortgesetzt werden sollte, doch meist wurde sie einfach vergessen. In der Folge „Haven" allerdings geht es um Rikers Reaktion auf die Tatsache, daß Deanna Troi sich einer im vorhinein arrangierten Hochzeitszeremonie unterziehen muß. Diese soll an Bord der Enterprise zwischen ihr und ihrem vorbestimmten Gatten Wyatt stattfinden. Tatsächlich präsentiert Autor Tracy Torme einen wundervollen Augenblick, als Deanna Riker dazu zwingt, zuzugeben, daß die wahre Liebe seines Lebens ein Raumschiff ist, und daß die Chance, eines Tages ein Schiff zu befehligen, eine zu große Versuchung für ihn bedeutet.

Als sei Deannas Situation noch nicht kompliziert genug, gibt es noch zwei weitere Probleme. Erstens kommt ihre Mutter Lwaxana Troi an Bord und schafft vollkommenes Chaos, indem sie fast die gesamte Crew mit ihrer betazoidischen Telepathie und ihrer absoluten Ehrlichkeit beleidigt (außerdem besitzt sie ein gesundes Ego). Hinzu kommt noch ein Krankenschiff, das sich einer paradiesischen Welt namens Haven nähert, deren Bewohner nicht mit der tödlichen Krankheit der Besatzung in Berührung kommen wollen. Picard befindet sich also in der Situation, diese Sterbenden von Haven fernhalten zu müssen, doch er möchte sie auch nicht vernichten. Außerdem glaubt Wyatt, er sei seit Jahren telepathisch mit Troi verbunden gewesen, und jetzt muß er feststellen, daß die Frau, deren Züge er gemalt und modelliert hat, nicht der Beraterin ähnelt. Schließlich stellt sich heraus, daß sich diese Frau an Bord des Krankenschiffes befindet, und deshalb ist das Schiff überhaupt erst hierher gekommen. Das Schicksal will es, daß das Paar zusammenkommt, und Wyatt beamt hinüber.

Mag die Folge auch kein vollkommener Erfolg gewesen sein, so präsentiert „Haven" zumindest eine originelle Geschichte und gibt Einblick in Troi und ihre Beziehung zu Riker.

Die ursprüngliche Version dieser Geschichte, die den Titel „Love Beyond Time And Space" [„Liebe jenseits von Raum und Zeit"] trug, enthält viele Elemente der späteren Story, war aber in dieser Fassung unbrauchbar, da die Figuren nicht konsistent waren und es zu viele Löcher gab. Autor Tracy Torme hauchte der Geschichte neues Leben ein und sorgte dafür, daß sie funktionierte.

„'Love Beyond Time And Space' stammt von einem Autor, der meiner Meinung nach keine Ahnung von Science Fiction hat", erklärt Torme. „Als mir die Geschichte angeboten wurde, hatte ich gemischte Gefühle. Das schlechte Gefühl war, daß ich mich kaum durch den miserablen Entwurf durchkämpfen konnte; und das gute Gefühl war, daß ich ihn für so unbrauchbar hielt, daß ich die Geschichte auf keinen Fall noch verschlechtern konnte. Ich hatte in dieser Situation nichts zu verlieren; also erzählte ich ihnen, daß diese Geschichte meiner Meinung nach nur als Komödie funktionieren könne. Ich wollte eine Komödie über zwei Familien machen, die sich nicht ausstehen können, aber trotzdem die Hochzeit hinter sich bringen wollen."

„Meine Fassung war bissiger, und der Witz war schärfer", sagt er und vergleicht sein Skript mit der gesendeten Episode. „Vielleicht 20 oder 30 Prozent von 'Haven' sind umgeschrieben worden, und ein Großteil der Komödie wurde weicher gemacht, und manche Sachen haben sie ganz rausgenommen. Das lief darauf hinaus, daß mir die Folge nicht besonders gefiel, als ich sie im Fernsehen sah. Und es ist immer noch die Episode, die mir von allen, an denen ich beteiligt war, am wenigsten gefällt. Doch aus irgendeinem Grund ist sie bei den Fans sehr populär. Dafür bin ich dankbar. Vielleicht gefällt sie mir besser, wenn ich sie ein paarmal als Wiederholungen gesehen habe."

* * *

Zeitreisen haben immer eine wesentliche Rolle in der Genese von *Star Trek* gespielt, und einige der besten Geschichten hervorgebracht, so z.B. Harlan Ellisons „The City On The Edge Of Forever" und den Kinofilm *Star Trek IV: The Voyage Home*. Obwohl diese Prämisse in *The Next Generation* noch nicht verwendet wurde, präsentierte sich die nächstbeste Alternative durch das Holodeck des Schiffes, wo ein Benutzer jede Zeitperiode auf jedem Planeten generieren kann, soweit sich die Informationen in den Computerspeichern der Enterprise befinden.

Diese Vorrichtung wurde in vorteilhafter Weise in Tracy Tormes zweitem Beitrag zur Serie „The Big Goodbye" benutzt. Das Holodeck ist programmiert, die fiktive 40er Jahre-Welt des Detektivs Dixon Hill nachzubilden, als ein Computerfehler Captain Picard und einige Mannschaftsmitglieder dort einschließt. Sie befinden sich jetzt in einer künstlichen Umgebung in wirklicher Gefahr. Damit hatte der Regisseur der Episode, Joseph Scanlan, eine interessante Aufgabe bekommen: Er mußte diese zukünftige Welt mit der Vergangenheit verbinden und es für die Zuschauer immer noch real erscheinen lassen: „Wenn es darum gegangen wäre, die Vergangenheit mit der Zukunft zu verbinden... Das wäre meiner Meinung nach schwierig gewesen, und das war es, was wir tatsächlich tun mußten", erklärt Scanlan. „Ich bin kein Fan der Serie und bringe also eine andere Perspektive mit. Meiner Meinung nach war die Funktion des Holodecks für die Zuschauer nie richtig klar, und hier sind zum ersten Mal Leute dort gefangen, weil es zu einer Fehlfunktion gekommen ist. Sie sind in der Vergangenheit gefangen, aber es ist keine Zeitreise. Ich glaube, es ist schwer, dem Zuschauer klar zu machen, daß das keine Zeitreise ist, wenn wir so tief in der Nebenhandlung drin stecken – die in Wirklichkeit die Haupthandlung ist -, in diesem Holobild des historischen San Francisco, wo die Kugeln fliegen, und jemand getroffen wird und blutet.

Es ist schwer, da nicht an eine Zeitreise zu denken. Aber das war es nicht. Es war nur eine emotionale und visuelle

Erfahrung im Holodeck, wo die Maschinerie kaputtgeht. Ich habe die beiden Handlungen wie vollkommen verschiedene Stücke behandelt. Ich habe in Wirklichkeit die ganzen Sachen im Jahr 1941 so gemacht, als spiele Picard tatsächlich Philip Marlowe, oder besser Dixon Hill, wie man ihn genannt hat. Er spielt das so als sei es echt. Und es gab auch keine Möglichkeit, das anders zu machen. Der einzige Schlüssel, die einzige Balance, die den Zuschauer daran erinnert, daß sie immer noch auf dem Schiff sind, sind die Dialoge, die Tracy eingefügt hat. Einmal sagt Picard zu Doktor Crusher: 'Wir sollten wieder zurück zur Enterprise', und sie sagt: 'Wir *sind* auf der Enterprise.' Er antwortet: 'Natürlich. Es ist so real, daß ich das ganz vergessen habe.' So etwas meine ich.

In dieser Folge gibt es viel weniger von diesen futuristischen Weltraumsachen als in den anderen Folgen, die ich mir alle extra angesehen habe. Wir haben nie aus dem Fenster geguckt und andere Raumschiffe gesehen oder ein feindliches „Irgendwas". Wir waren nur auf der Brücke und da, wo der Notfall auftrat, als die Türen des Holodecks nicht richtig funktionierten. Eigentlich war es ganz einfach, denn ich konnte diesen 40er-Jahre-Film machen und mußte nur gelegentlich zur eigentlichen Geschichte zurückkehren, die auf dem Schiff spielte. Tracy hat das möglich gemacht mit seinem Skript und seiner Struktur. Ich mußte immer nur der Zeit gerecht werden, in der ich mich gerade befand."

Wie oft bei Folgen der Serie, entfalten sich zwei Geschichten gleichzeitig. Während Picard und die anderen im Holodeck gefangen sind, ist Riker dazu gezwungen, mit den insektenähnlichen Harrada zu verhandeln, die vom Captain nach einem präzisen Ritual in ihrer Sprache begrüßt werden müssen, damit die Enterprise ihren Bereich des Weltraums durchqueren darf. Wenn auch nur eine einzige Silbe vergessen wird, sind die Harrada beleidigt, und die Enterprise muß wieder dorthin zurückkehren, von wo sie gekommen ist. Die Zeit der Begrüßung naht heran, während die „Suche" nach den Leuten weitergeht, die im Holodeck festsitzen.

Leider bekam man die Harrada in der endgültigen Folge nie zu sehen, obwohl die Zuschauer sie hören konnten. „Das Budget wäre unmöglich in die Höhe geschossen. Es gab keine Möglichkeit", sagt Joseph Scanlan. „Wir haben es so gedreht, daß man diese käferhaften, schwirrenden Geräusche hört. Wir bekommen diese seltsame, wirre, fast dreifache Stimme, wie sie im Drehbuch beschrieben wird, aber wir kriegen diese Fremden nie zu sehen. Hoffentlich haben wir es gut rübergebracht können."

Das Fehlen der Harrada ist der einzige Aspekt der gesendeten Folge, über den Tracy Torme unglücklich ist: „Im Skript waren sie viel interessanter, und aus Budgetgründen endeten sie als kleines Handlungselement. Sie sind Teil einer Rasse, die in gewaltigen Bienenstöcken lebt. Wenn sie sprechen, hört man also die Stimme eines Mannes, die Stimme einer Frau und die Stimme eines Kindes. Alle gleichzeitig. Als die Folge gesendet wurde, war das nicht mehr drin – sie hörten sich an wie *Alvin and the Chipmunks*. Ich fragte Rick Berman, was da passiert ist. Er erklärte, das sei in der Nachproduktion gelaufen. Man habe meine Skriptnotizen ignoriert. So gehen für einen Autor auch die besten Erfahrungen nicht ohne Frustration ab."

Und er betont, daß das Schreiben von „The Big Goodbye" eigentlich eine wundervolle Erfahrung war. „Gene wollte das Holodeck benutzen und hatte die Idee, dort eine Detektivgeschichte spielen zu lassen. Ich war schon immer ein großer Fan von Raymond Chandler und ein noch größerer Fan der Schwarzen Serie. Ich dachte mir also, es würde bestimmt Spaß machen, und bei 'The Big Goodbye' fiel alles richtig zusammen; es war wie Zauberei. Es funktionierte besser als jedes andere Skript, das ich je für Fernsehen oder Kino geschrieben hatte. Ich kann mich nicht erinnern, je zufriedener gewesen zu sein als zu dem Zeitpunkt, als ich die erste Fassung einreichte. Ich fühlte mich einfach sehr gut dabei und glaubte, daß es funktionieren würde. Bei manchen Skripts ist es ein richtiger Kampf, bei manchen nicht. Dieses war bestimmt kein Kampf, wenn man es mit den anderen vergleicht, und deshalb liebe ich diese Episode sehr."

Und das darf er auch, wenn man bedenkt, daß sie den begehrten Peabody Award gewann.

Interessanterweise wurde eine Zeitlang davon geredet, das Dixon Hill-Material schwarzweiß zu drehen. Aber diese Idee gab man bald auf. Joseph Scanlan erzählt dazu: „Das war die erste Sache, die aus meinem Mund kam, als ich das Skript gelesen und mein erstes Treffen mit Rick und Bob hatte. Sie sagten nein, und Rick fügte hinzu: 'Wenn es nicht unsere eigenen Figuren wären, wenn wir etwas in den 40er Jahren beobachten würden, würden wir das vielleicht erwägen... aber wenn Captain Picard und die anderen Leute *zurückgehen* und schwarzweiß werden und dann das Holodeck in Farbe verlassen, verlieren wir Genes ursprüngliches Holodeck-Konzept.' Diesem Konzept nach ist es eine emotionale Erfahrung, die visuell beginnt und dann eine emotionale Reaktion hervorruft. Aber man verläßt nie das Schiff. Du begibst dich nicht in das Jahr 1941, du begibst dich auf das Holodeck der Enterprise. Für mich ist das nur ein sehr feiner Unterschied, aber keiner, der mir genug bedeutet, daß ich mich darüber streiten würde. Rick – er ist ein verdammt schlauer Bursche – meinte auch, schwarzweiß wäre etwas zu offensichtlich. Also haben wir's nicht gemacht."

Trotz allem war „The Big Goodbye" einer der ersten

Höhepunkte der Serie, eine Episode, an der man andere messen würde.

* * *

Aus irgendeinem Grund, den dieser Autor bisher noch nicht ausmachen konnte, scheint es wirklich jede Science Fiction-Fernsehserie, die es auf den Bildschirm schafft, für eine absolute Notwendigkeit zu halten, eine Geschichte zu machen, in der sich eine der Hauptfiguren in zwei Versionen seiner-/ihrer selbst aufspaltet, von denen die eine gut und die andere böse ist.

Eine großartige Idee… beim ersten Mal.

Eine tolle Idee… beim zweiten Mal.

Eine langweiliges Klischee… ab dem dritten Mal.

Trotzdem wird die Idee weiterverwendet, wobei nie wieder die Qualität der Folge erreicht wurde, mit der alles begann: „The Enemy Within" in der alten *Star Trek*-Serie erzählt von einem Transporterunfall, durch den Captain Kirk in einen guten und einen bösen Zwilling gespalten wird. Das Thema wurde von allen Beteiligten brillant angegangen und wundervoll von Shatner gespielt. Angeblich wird diese Folge auch bei der Behandlung Geistesgestörter verwendet.

Dann versuchte *Logan's Run* sich an der Idee. In einer Folge wird eine böse „Kopie" von Jessica gezogen, die entschlossen ist, Logan an der Flucht zu hindern.

Knightrider gab uns eine böse Version sowohl des Autos, Kitt, als auch seines Fahrers, Michael.

In "V" wird das Sternenkind von der bösen Diana geklont, um die Geheimnisse ihrer DNA zu entschlüsseln. Man sucht einen Impfstoff gegen das tödliche Gift, das die Menschheit gegen die Besucher entwickelt hat.

Dann präsentierte *The Next Generation* eine Variation des Themas in ihrer Folge „DataLore". Mag sie auch jeder Version außer der ursprünglichen Kirk-Episode überlegen sein, so wirkte sie immer noch wie eine Wiederholung. Es gab sogar eine Aufnahme der beiden Datas aus der Vogelperspektive, die direkt aus der alten Serie geklaut schien.

In dieser Episode besucht die Enterprise den Planeten, auf dem Data geschaffen wurde, wo man eine deaktivierte Version des Androiden findet. Man bringt sie aufs Schiff, repariert und aktiviert sie. Diese Version, die sich Lore nennt, scheint noch intelligenter zu sein als Data und ist erheblich menschlicher; das stellt sich allerdings als Nachteil heraus, denn es gibt dem Androiden eine Neigung zu Bosheit und Tücke, die ihn dazu führt, die Enterprise beinahe einer kristallinen Kreatur zu opfern, die bereits für die Zerstörung von Datas Welt verantwortlich war. Schließlich kommt es zu einem Kampf zwischen Data und Lore, den Data knapp gewinnt.

Eigentlich ist es eine sehr aufregende Folge und eine, die dem Schauspieler Brent Spiner Gelegenheit gibt, seine vielfältigen Talente unter Beweis zu stellen, indem er zwei Versionen der gleichen Figur darstellt. Regisseur Rob Bowman fügt eine gesunde Dosis Spannung hinzu, und der einzige Kritikpunkt ist, daß mehrmals klar bei „The Enemy Within" geklaut wurde. Im Original wird der böse Captain Kirk von Janice Rand gekratzt, und er kratzt wiederum den edlen Kirk, um die Mannschaft zu verwirren. Hier hat Lore ein Zucken im Gesicht, das er auch auf Data überträgt, um den Rest der Crew auf eine falsche Fährte zu locken.

„Ich würde sagen, daß die Serie zu diesem Zeitpunkt begann, sich zu befreien und einen eigenen Weg einzuschlagen", sagt Produzent Robert Lewin. „Wir hatten jetzt mehr Freiheit bei der Arbeit, und die Frage war: Was machen wir damit? Ich glaube, diese Serie kann die gleichen Zuschauer ansprechen wie die alte Serie. Aber man braucht Abenteuer, Spannung und lebensgefährliche Situationen. Das ist eine Mischung, die manchmal schwer zu bekommen ist. Aber genau das brauchten wir, damit diese Figuren unwiderstehlich wurden."

Eine frühere Version dieser Geschichte, die den Titel „Apocalypse Anon" [„Die Apokalypse steht bevor"] trug, handelte von einer Rettungsaktion der Enterprise auf einem dem Untergang geweihten Planeten. Eine Sternenflotten-Offizierin namens Minuet beteiligt sich an der Aktion. Sie ist Riker schnell sympathisch, und bald hat er sich in sie verliebt. Schließlich ist er geschockt, als er erfährt, daß sie eine Androidin ist. Doch das scheint nichts an seinen Gefühlen zu ändern, bis sie ihm die Hoffnungslosigkeit ihrer Situation klarmacht.

Es ist offensichtlich, daß diese Fassung einigen der Hauptfiguren mehr Tiefe geben sollte, was natürlich begrüßenswert ist. Das einzige Problem mit dieser Version besteht darin, daß Rikers irrationale Liebe zu der Androidin das wichtigste Element der Geschichte wird und die Rettungsmission in den Schatten stellt. Die Figur der Minuet würde allerdings in der Episode „11001001" als holographisches Bild wieder auftauchen, in das sich Riker verliebt. In dieser Geschichte ist sie Teil eines Programms der Binären und wird als Ablenkung für Riker benutzt, der nicht merken soll, daß die Aliens eigentlich sein Schiff entführen. In dieser Situation funktioniert die Beziehung zumindest effektiver als es hier der Fall gewesen wäre.

* * *

„Gleiches Recht für alle" war schon immer ein wichtiger Teil der *Star Trek*-Mixtur. Das kann man schon am Anfang der ersten Serie beobachten, wo Weiße, Schwarze, Orientale,

Russen, Schotten und Außerirdische Seite an Seite arbeiten. So wie Gene Roddenberry es sich vorstellte, ist das 23. Jahrhundert eine Ära, die für jeden Platz hat und niemand außen vor läßt.

Obwohl es natürlich schön war zu sehen, daß *The Next Generation* diese Herangehensweise fortsetzte, hat man sich bei der Episode „Angel One" eine Gelegenheit entgehen lassen, das Thema auf einer tieferen Ebene zu behandeln. In der gesendeten Fassung kommt die Enterprise auf der Suche nach der Mannschaft eines Frachters, der vor mehreren Jahren verloren gegangen ist, zum Planeten Angel One. Data informiert Captain Picard, daß diese Welt so strukturiert ist, daß die Frauen hier das herrschende Geschlecht sind und man Männer für minderwertig hält.

Riker und ein Außenteam beamen auf den Planeten herunter und treffen die herrschende Klasse. Sie drücken den Wunsch aus, ihre verlorenen Kameraden wiederzufinden. Die Frauen widersetzen sich dieser Idee, und wir erfahren schließlich den Grund dafür: Die Menschen, angeführt von einem Mann namens Ramsey, wurden zuerst als Kuriosität empfunden, entwickelten sich dann aber zu einer Bedrohung für die Gesellschaftsstruktur von Angel One. Da sie von der Erde kamen, glaubten sie natürlich an gleiche Rechte für Männer und Frauen und suchten Unterstützung bei den anderen Männern dieser Welt, was schließlich zur Revolution führen würde. Die Männer halten sich versteckt, doch wenn die Enterprise sie finden kann, darf sie sie mitnehmen. Denn wenn sie bleiben, so erklärt die Führerin, wird man sie hinrichten. Ohne die Hauptdirektive zu brechen, müssen Riker und sein Außenteam die Regierung von Angel One davon überzeugen, daß die Hinrichtung der Männer die Flammen der Revolution nicht ersticken wird.

Parallel zu dieser Geschichte läuft eine andere, in der sich eine sehr starke Erkältung auf dem Schiff ausbreitet, die fast jeden erwischt. Beverly muß eine Heilung finden, bevor es zu spät ist. Ehrlich gesagt, gehen diese Krankheiten inzwischen etwas zu weit. Wir hatten schon in „The Naked Now" und „Where No One Has Gone Before" Krankheiten auf dem Schiff, und es wird langsam ein alter Hut. Außerdem scheint sich die Haupthandlung mehr mit Sex zu beschäftigen als mit Apartheid, dem ursprünglichen Thema.

„In 'Angel One' ging es um eine Gesellschaft mit umgekehrten Rollen, in der die Frauen herrschen und die Männer dienen", erklärt Herb Wright. „Das hat man schon tausendmal gemacht, unter anderem in Genes *Planet Earth*. So wollte ich vor allem klar machen, daß wir hier keine 2 Meter-Amazonen mit Stahl-BHs hatten. Das Hauptthema war Apartheid. Die Männer wurden wie Schwarze in Südafrika behandelt. Machen wir's politisch. Sexuelle Untertöne, okay, aber politisch. Nun, dieser Ansatz hielt nicht lange. Was in dieser Folge mit Sex gemacht wurde ist schon absurd."

„Angel One" beschäftigte sich in der ursprünglichen Fassung von Patrick Barry vor allem mit Apartheid. Dieser Punkt wird gleich zu Anfang betont, als Riker, Troi, Tasha, Data und ein nur aus Frauen bestehendes Sicherheitsteam auf den Planeten beamen. Natürlich spricht Riker als erster zur Herrscherin dieser Welt, Victoria, und er bekommt sofort Ärger. Anscheinend ist es auf dieser Welt gegen das Gesetz, daß ein Mann einer Frau in die Augen blickt, und auf das Berühren einer Frau steht die Todesstrafe. Genau das tut Riker, als er Victoria davon abhält, ihn zu schlagen. Waffen richten sich auf den Commander, aber Tasha, die dieses System sofort begreift, benutzt ihren Phaser, um Riker zu betäuben. Er sinkt bewußtlos zu Boden.

Wow, großartiger Anfang.

Während Data, die Maschine, höher angesehen wird als ein Mann und mehr Freiheit genießt, bekommt Riker die Kleidung der Sklavenklasse angezogen, und er wird zu den anderen Sklaven geworfen. Tasha, die notwendigerweise die Leitung des Außenteams übernommen hat, arbeitet inzwischen daran, die gesuchten Föderationsbürger zu finden. Sie finden heraus, daß sich die Gesellschaftsstruktur dieser Welt im Umbruch befindet. Die Männer sind ihren niedrigen Status müde, und die Zeit ist reif für eine Revolte. Schließlich findet das Außenteam den Anführer der Menschen, Lucas Jones, der die Männer zur Revolution aufruft. Er wird zu Victoria gebracht, streitet sich mit ihr, und sie tötet ihn. Kaum ist er leblos zu Boden gesunken, als in der Ferne eine Explosion zu hören ist, dann eine weitere Explosion. Sein Tod diente den anderen Sklaven dazu, ihren Kampf um die Freiheit anzuspornen.

Die Revolution ist jetzt im Gange, und das Außenteam forscht nicht weiter. Sie beamen zurück an Bord der Enterprise, wo Picard sich von der oben erwähnten Krankheit erholt; in dieser Version ist allerdings nur der Captain infiziert. Picard macht sich Sorgen, die Hauptdirektive könnte verletzt worden sein, aber Riker erklärt, seine Leute seien bei diesem Aufruhr eher Zeugen gewesen als aktive Teilnehmer. Das scheint den Captain zu beruhigen, und das Schiff begibt sich auf seine nächste Mission.

Alles in allem ist Barrys Version der gesendeten Folge weit überlegen. Hier wurde eine kraftvolle Allegorie präsentiert, und wir bekamen die Gelegenheit, uns mit einer der großen Krisen zu beschäftigen, denen die Menschheit heute gegenübersteht.

* * *

Ab Mitte der ersten Staffel versuchte *The Next Generation* ein gewisses Gefühl von Kontinuität herzustellen. Das ist bei der Folge „11001001" sehr offensichtlich, in der die Enterprise in einem Weltraum-Dock „vor Anker geht", um die Computer generalüberholen und das Holodeck reparieren zu lassen, daß „vor kurzem" kaputt gegangen ist. Diese Fehlfunktion bezieht sich natürlich auf den Unfall in „The Big Goodbye", als Crewmitglieder in der falschen Realität gefangen saßen.

Außerdem ist diese besondere Episode einer der Höhepunkte der ersten Staffel und zeigt eine bezeichnende Verbesserung in der Qualität des Skripts. In dieser Story arbeiten die Binären an den Computern der Enterprise. Es handelt sich dabei um eine Rasse, die lebenden Computern so nahe kommt, wie es nur möglich ist. Während dieser Arbeiten, verlassen der größte Teil der Mannschaft und deren Familien das Schiff für Landurlaubsaktivitäten. Picard möchte sich entspannen und etwas lesen, und Riker, dem die Binären erzählt haben, das Holodeck sei repariert und verbessert, programmiert den Computer, eine Jazz-Bar zu generieren, wo er Gelegenheit hat, Trompete zu spielen. Außerdem ist er vom ersten Augenblick an von einer extrem schönen Frau namens Minuet gefangen, die wie für ihn geschaffen scheint. Minuet war ursprünglich der Name der Androidin in der ersten Fassung von „DataLore". Während Riker von der Atmosphäre der Illusion gefesselt ist, geben die Binären irgendwelche Informationen in den Computer und verlassen das Holodeck. Bald darauf begleitet Picard seinen Ersten Offizier und ist ebenfalls sehr angetan von der Vision. Er bemerkt aber, daß Riker mit seiner Faszination für Minuet etwas zu weit geht.

Inzwischen scheint es ein Leck in den Antimaterie-Kammern gegeben zu haben. Data hat keine andere Wahl, als die sofortige Evakuierung anzuordnen, bevor es zur Zerstörung kommt. Augenblicke später fragt er den Computer nach dem Aufenthaltsort von Picard und Riker, erfährt aber nur, daß das Schiff leer ist. Der Android findet das seltsam, doch er verfolgt es nicht weiter, bis Geordi und er sich auf die Sternenbasis gebeamt haben. Sie kommen dort an, und der scheinbare Schaden repariert sich selbst. Daraufhin verläßt die Enterprise die Raumstation, um sofort auf Warpgeschwindigkeit zu gehen.

Picard verläßt das Holodeck, und als er in den Korridor tritt, hört er den Rotalarm. Er und Riker finden schnell heraus, was passiert ist und beamen auf die Brücke, wo sie die Binären in einem todesähnlichen Zustand vorfinden. Es stellt sich heraus, daß ihre Welt von einer Supernova bedroht wurde; also haben sie alle Informationen der Gedächtnisspeicher ihres Planeten auf den Computer der Enterprise über-

tragen – dem einzigen mobilen Computer, der groß genug ist, solche Informationsmengen aufzunehmen – und das Schiff entführt. Ihre Heimatwelt hat die Nova überlebt, und jetzt liegt die einzige Möglichkeit, das Leben der Binären zu retten, darin, die Informationen des Raumschiffs zurück auf den Hauptcomputer des Planeten zu übertragen und diesen wiederzubeleben. Da kein wirklicher Schaden entstanden ist, sagt Picard, alles sei in Ordnung. Es werde allerdings eine Anhörung geben.

Als alles wieder normal ist, kehrt Riker auf das Holodeck zurück und sucht Minuet, doch er muß erfahren, daß sie sich nicht länger im Programm des Computers befindet, da die Binären sie als Ablenkung geschaffen hatten.

Als Ganzes gesehen ist „11001001" eine tolle Episode mit einer schönen, neuen außerirdischen Rasse und einem originellen Konzept. Rikers Beziehung zu Minuet, die leicht lächerlich hätte wirken können, ist tatsächlich sehr gelungen. Alles in allem haben wir es hier mit einer der besseren Folgen der ersten Staffel zu tun.

* * *

Die Idee von Alter und Sterblichkeit ist im *Star Trek*-Universum nicht neu. Wir haben die Originalmannschaft der Enterprise in der Folge „The Deadly Years" vorzeitig altern sehen; in *Star Trek II – Der Zorn des Khan* mußten sie mit der Midlife-crisis klarkommen und in *Star Trek V – Am Rande des Universums* mit der Sterblichkeit.

In *The Next Generation* taucht die Suche nach einem regelrechten Jungbrunnen zum ersten Mal in der Folge „Too Short a Season" auf: Captain Picard erhält Notfallanweisungen vom Sternenflottenkommando, sich um eine Geiselnahme auf dem Planeten Mordan IV zu kümmern. Der Herrscher des Planeten, Karnas, teilt mit, die Terroristen wollten nur mit Admiral Mark Jameson über die Freiheit der Geiseln verhandeln. Die Enterprise soll als Transportschiff dienen.

Als wir Jameson zum ersten Mal sehen, ist er ein 85jähriger alter Mann und durch eine Krankheit an seinen Rollstuhl gefesselt. Er wird von seiner Frau Anne begleitet. Während der Reise nach Mordan IV wird er durch eine Droge, die das Altern umkehrt, rasch jünger; er hat sie vor kurzem durch Verhandlungen in seinen Besitz gebracht. Die Geschichte konzentriert sich nun darauf, wie er wieder an Stärke gewinnt und wie die Mannschaft darauf reagiert. Mit Schrecken muß Anne beobachten, wie sie ihren Mann verliert.

Picard möchte wissen, *warum* Jameson durch eine so gefährliche Droge sein Leben riskiert und warum die Terroristen gerade ihn verlangt haben. Wir erfahren von dem Mittzwanziger-Admiral, daß er vor 40 Jahren bei einer ähnlichen

Geiselnahme mit Karnas verhandelt hatte, wo dieser Phaser und andere Föderationstechnologien forderte. Da er keine andere Wahl sah, gab Jameson den Forderungen nach, doch um das Gleichgewicht der Kräfte zu wahren, versorgte er auch die anderen Fraktionen des Planeten mit der gleichen Menge an Waffen. Jameson fälschte Föderationsdokumente, um seine Tat zu vertuschen, und jetzt hat sie ihn schließlich eingeholt. Er ist davon überzeugt, daß Karnas selbst die Geiselnahme arrangiert hat, um ihn auf den Planeten zu locken.

Nach der Ankunft auf Mordan IV beamt ein Außenteam herunter, zu dem auch Picard gehört. Man versucht eine Befreiungsaktion, aber die Dinge laufen schief, als Jameson unter gewaltigen Schmerzen zusammenbricht, die seinen ganzen Körper durchlaufen. Kaum haben sie sich wieder hochgebeamt, als Karnas sie kontaktiert und verkündet, er werde eine Geisel töten, wenn Jameson nicht innerhalb von zehn Minuten auf den Planeten hinunterbeamt. Fünfzehn Minuten später werde eine weitere Geisel sterben. Der geschwächte Jameson bittet Picard, ihn hinunterzubeamen, denn er weiß, daß Karnas die Geiseln befreien wird, wenn er ihn hat. Augenblicke später beamen Picard, Beverly Crusher und der junge Jameson herunter, doch Karnas weigert sich, ihre Behauptung zu akzeptieren, der Admiral sei bei ihnen. Jameson bricht wieder zusammen, und Picard beschwört Karnas, zu erkennen, daß dies tatsächlich Jameson ist. Er weigert sich und erklärt, er wolle, daß Jameson all die Zerstörung und die Narben sehen soll, die seine Tat vor 40 Jahren angerichtet hat.

Picard zeigt Karnas Bilder von Jamesons Verjüngung, während Anne herunterbeamt, um in den letzten Augenblicken seines Lebens bei ihrem Mann zu sein. Jameson kann Karnas eine Narbe zeigen, die er bei einem Treffen der beiden Männer erhielt: die Blutnarbe, die ihren Pakt besiegelte. Karnas zieht eine Waffe, um den Mann zu töten, aber dann entscheidet er sich dagegen, denn er glaubt, daß Jamesons jetziges Leiden Strafe genug ist. Sekunden später stirbt der Admiral. Da sein Rachedurst befriedigt ist, erklärt Karnas, er werde die Geiseln freilassen.

„Too Short A Season" ist zum größten Teil ein weiteres gutes Beispiel für die Art von Serie, die *The Next Generation* sein sollte. Der Zuschauer bekommt glaubwürdige Figuren und eine sehr unterhaltsame Geschichte. Wie es auch meist in klassischer Literatur der Fall ist, muß Jameson schließlich einen Preis dafür bezahlen, daß er der Natur ins Handwerk gepfuscht hat. Im ursprünglichen Treatment von Michael Michaelian und in der ersten Fassung des Drehbuchs sah das anders aus. In dieser Skriptversion zieht Jameson ein paar Fäden, um Commander Riker zum Captain zu befördern und ihm sein eigenes Schiff zu geben. So kann Jameson selbst die

Rolle eines Ersten Offiziers auf der Enterprise übernehmen. Da Riker als Berater während der Geiselkrise an Bord bleibt, fühlt sich Jameson gezwungen, den Commander bei jeder Gelegenheit in eine schlechtere Position zu rücken. Dazu gehört auch, daß er Riker bewußt von einem Außenteam ausschließt, indem er ihm die falsche Zeit für das Treffen der Leute nennt.

Karnas heißt in dieser Version Zepec, und sein Feind ist seit Jahrzehnten der Hohepriester. Picard und Riker benutzen den Transporter, um ein Treffen zwischen den beiden Männern zu arrangieren, und als ihnen klar wird, daß sie schon so lange gegeneinander kämpfen, ohne sich je zu Gesicht bekommen zu haben, erkennen sie, daß vielleicht die Zeit für Frieden gekommen ist. Auftrag ausgeführt, und die Enterprise macht sich wieder auf den Weg. Aber was ist mit Jameson?

Zunächst einmal sah die Verjüngung in dieser Fassung etwas anders aus; Jamesons ältere und seine jüngere Persönlichkeit befanden sich in ständigem Streit miteinander. Sein Benehmen wurde immer unberechenbarer, und Verwirrung ersetzte Logik. Am Ende ist er 14 Jahre alt und erinnert sich nicht mehr an seine Ehe mit Anne. Die geplante Episode endet damit, daß Wesley dem Jungen die Enterprise zeigt, und der Teenager erklärt, er hoffe, eines Tages auch einmal Captain zu sein wie „Mr. Picard".

Es war ehrlich gesagt recht gut, daß das geändert wurde. In dieser Version scheint Jameson geradezu belohnt zu werden für das Verbrechen, das er vor 40 Jahren beging und dafür, daß er seiner Frau ihren Ehemann genommen hat. Ihm wird die Möglichkeit gegeben, sein Leben noch einmal neu anzufangen. Der Gerechtigkeit ist in dem Drehbuch, an dem Dorothy Fontana mitgeschrieben hat, besser gedient.

„Das hohe Konzept, daß Michael Michaelian mitbrachte, waren die männlichen Wechseljahre, ein Thema, das selten im Fernsehen behandelt wird", erklärt Fontana. „Michael sagte:'Nun, ich mußte da vor kurzem selbst durch, und ich kann die Idee sehr gut verstehen, daß der Admiral wieder der Mann werden will, der er einmal war, und daß er mit dem Mann klarkommen muß, der er ist und der er sein wird.' Das war interessant, aber er wollte es mit umgekehrtem Altern machen; jemand will aus einem ganz bestimmten Grund seine Jugend zurückerlangen. Natürlich kann man das mit einem Science-Fiction-Gimmick in ein paar Tagen bewerkstelligen. Michael schrieb ein Treatment und die erste Fassung eines Drehbuchs, aber das Schlüsselelement, daß immer etwas schief lief, war der Terrorismus-Aspekt, der Grund, weswegen sie überhaupt zu dem Planeten flogen, der MacGuffin. Eine Menge von dem, was ich am Ende einbrachte, war schon in Michaels Geschichte, aber mit einer anderen

Betonung. Außerdem sind es jetzt gar nicht wirklich Terroristen, sondern es ist alles eine Falle, um Jameson auf diesen Planeten zu locken. Das sind eigentlich die wesentlichen Änderungen."

* * *

Einer der Hauptunterschiede zwischen der Enterprise der alten und jener der neuen Serie ist die Tatsache, daß das neue Schiff ganze Familien auf ihre Mission mitnimmt, die angeblich etwa 20 Jahre umfassen soll. Als diese spezielle Änderung erstmals verkündet wurde, machte man sich Sorgen, daß überall auf dem Schiff Kinder herumlaufen würden, doch glücklicherweise ist es nicht dazu gekommen.

Trotzdem gelingt es „When the Bough Breaks" sich auf eine sehr rührende und gefühlvolle Weise mit den Kindern an Bord der Enterprise zu beschäftigen. Das Schiff bemerkt Energiesignale, vergleichbar mit galaktischen Brotkrümeln, die sie zu einer mythischen Welt namens Aldea führen, die Riker mit der verlorenen Stadt Atlantis vergleicht. Leider erweist sich der Mythos als größer als die Realität. Zwei Aldeaner materialisieren auf der Brücke, bitten um Freundschaft und laden Riker, Troi und Beverly auf die Oberfläche des Planeten ein. Als das Trio dort ankommt, fällt die Bombe: Das Volk der Aldeaner stirbt aus, weil es keine Kinder hat. Alle Erwachsenen sind steril und ohne Hilfe muß ihre Rasse aussterben. Sie möchten, daß die Enterprise ihnen ein paar Kinder zurückläßt, und dafür bieten sie ihnen Wissen an, das dem der Menschheit um Jahrhunderte voraus ist. Das ist natürlich nicht genug, da Menschen sehr an ihren Kindern hängen. Die Antwort ist also nein, und die Aldeaner tun, was alle übermächtigen Außerirdischen tun würden: Sie entführen sechs Kinder von der Enterprise (unter ihnen Wesley) und behandeln sie wie kleine Götter, um sie in ihre Kultur zu assimilieren. Sie sollen ihre Rasse weiterführen.

Picard macht einen Versuch, die Kinder zurückzubekommen, und als Antwort schleudern die Außerirdischen das Schiff etwa drei Tagesreisen weit fort und bauen ein Kraftfeld auf. Der Führer der Aldeaner erklärt, wenn Picard einen weiteren Rettungsversuch unternehme, werde man das Raumschiff so weit fortschleudern, daß bei ihrer Rückkehr die Kinder selbst längst alt wären. In der Zwischenzeit scheinen sich einige der Kinder anzupassen, während Wesley und ein paar andere sich widersetzen.

Die Enterprise kehrt nach drei Tagen zurück, und etwa zur gleichen Zeit findet Beverly durch medizinische Scans heraus, daß die Aldeaner an einem Chromosomenschaden leiden. Mit oder ohne Kinder müssen sie sterben, wenn die Ärztin keine Heilung finden kann. Inzwischen hat Wesley mit den Kindern gesprochen und sie davon überzeugt, sich zu verhalten als seien sie vollkommen unglücklich, damit sie nach Hause geschickt werden. Sie weigern sich auch zu essen, damit die Aldeaner die Botschaft verstehen.

Picard und Beverly bitten darum, auf den Planeten gebracht zu werden, und als die Schilde des Planeten für den Transport heruntergefahren sind, beamen sich Riker und Data hinunter zur Hauptenergiequelle des Planeten. Der Captain konfrontiert die Aldeaner mit der Tatsache, daß die Kinder nach Hause wollen. Sie widersprechen, doch Beverly und Picard argumentieren, daß sie an einer Strahlungsvergiftung leiden, ähnlich wie die Menschen auf der Erde es ohne die Ozonschicht tun würden. Die Außerirdischen wollen alle fortschicken, doch Riker und Data haben den Hauptcomputer des Planeten lahmgelegt, so daß ihre Geräte nicht mehr funktionieren. Die Kinder werden wieder an Bord gebeamt, während Picard und das Außenteam den Aldeanern helfen, den richtigen Weg zur Selbsterkenntnis einzuschlagen. Sie sind bereit, ihnen in jeder nur möglichen Weise zu helfen. Sogar die Ozonschicht des Planeten wollen sie wieder herstellen. Außerdem ist es Beverly möglich, die Sterilisierung rückgängig zu machen, und wir haben ein weiteres Happy End.

Wie schon zu Anfang dieses Kapitels angemerkt wurde, funktioniert „When the Bough Breaks" so gut, weil es sich mit einem Aspekt der Enterprise beschäftigt, den man bisher vollkommen ignoriert hatte. Wir erhalten außerdem eine Lektion, nicht auf Kosten unserer selbst, blind auf die Technik zu vertrauen. Übrigens hatte man seit „Where No One Has Gone Before" nicht mehr so viel aus Wesley herausgeholt.

* * *

Leider konnte die nächste Folge „Homesoil" dem Standard der drei vorherigen Episoden nicht gerecht werden. Ihre größte Schwäche besteht in der Handlung, die verschiedene alte *Star Trek*-Geschichten vermischt.

Zunächst einmal beginnt die Story mit der Ankunft der Enterprise auf einer Welt, die gerade von einer Gruppe von Wissenschaftlern terraformt wird: Mit Hilfe von Föderationstechnologie versucht man, Leben in die Leblosigkeit zu bringen. Der Prozeß und seine Darstellung erinnert an das Genesis-Projekt aus *The Wrath of Khan*. Dann gibt es Elemente aus der Episode der Originalserie „The Devil in the Dark", da die Wissenschaftler bei ihren Bemühungen Lebensformen zerstören, die bereits auf dem Planeten existieren. In der alten Folge wurden Minenarbeiter der Föderation getötet, und als Ursache erweist sich eine bewegliche

Felsenkreatur namens Horta. Sie griff die Arbeiter an, weil sie die Silikon-Eier zerstörten, die ihre Kinder beherbergten. Doch niemand war sich dessen bewußt gewesen.

Die Lebensform in „Homesoil" ist ein kristallines, intelligentes Wesen, das an Bord der Enterprise gebracht und im medizinischen Labor in ein Behälter-Feld gesteckt wird. Es dauert nicht lange, und es spaltet sich in zwei Wesenheiten, denen es gelingt, mit der Mannschaft zu kommunzieren und sie als „häßliche Säcke, die vor allem aus Wasser bestehen" bezeichnet. Es wächst weiter und ist auch wütend auf die Wissenschaftler, die seine Artgenossen zerstören. Nachdem diese Intelligenz die Kontrolle über die Computer der Enterprise übernommen hat und alles verloren zu sein scheint, kann man sich verständigen, und die Kristallwesen werden zurück auf den Planeten gebeamt. Vorher erhalten sie allerdings noch Gelegenheit, uns wilde Barbaren zu nennen und zu betonen, daß die Föderation dreihundert Jahre lang den Planeten nicht mehr betreten darf.

Es tut dem Autor leid, aber langsam ist er es müde, immer wieder als Barbar bezeichnet zu werden (hey, Q hat das schon in „Encounter at Farpoint" getan!), und diese Handlung ist schon zu oft verwendet worden.

* * *

Die Dinge entwickelten sich ein wenig zum Positiven mit „Coming of Age", wo uns ein interessantes Geschichtenpaar präsentiert wurde. In der ersten Story geht es um Wesleys Versuch, bei der Sternenflotten-Akademie aufgenommen zu werden und um die verschiedenen Tests, denen er sich unterziehen muß. Dazu gehören technische Examina, praktische Examina und der gefürchtete Psychotest, in dem alle Bewerber sich ihrer größten Angst stellen müssen. Das Ergebnis ist knapp, aber natürlich schafft Wesley es nicht, aufgenommen zu werden. Das überrascht nicht weiter, denn wäre er akzeptiert worden, hätte die Figur die Serie verlassen müssen. Man sollte darauf hinweisen, daß diese Geschichte wieder beweist, daß Wesley in den richtigen kreativen Händen mehr sein kann als ein lästiger Teenager, der immer wieder das Schiff rettet. Wil Wheaton ist so gut in seiner Rolle, daß man ihm am Ende von diesem Segment tatsächlich die Daumen drückt. Die Dinge sollten sich zum Besseren entwickeln. Vor allem in der zweiten Staffel sollte Wesley ein reguläres Mannschaftsmitglied werden, im Gegensatz zu dem kindlichen Genie, das sich zufälligerweise auf der Brücke befindet.

Die andere Story beschäftigt sich mit Admiral Quinn und seinem Assistenten Remick, die an Bord der Enterprise gekommen sind, um eine Untersuchung über Picards Fähig-

keiten als Captain anzustellen. Remick führt eine Reihe von ausführlichen Gesprächen mit den verschiedenen Brückenoffizieren und stellt ihnen sachdienliche Fragen, die ein paar der früheren Abenteuer betreffen. Dabei geht es um den Tod von Jack Crusher und Folgen wie „The Naked Now", „Where No One Has Gone Before", „Justice" und „The Battle". Nachdem Picard alles mitgemacht und Remick ihm kein Versagen hat nachweisen können, konfrontiert der Captain Admiral Quinn und erfährt von einer angeblichen Verschwörung in der Sternenflotte, die die Grundfeste dessen bedroht, wofür die Föderation steht. Der Admiral braucht jemanden, dem er vertrauen kann, in einer Machtposition, und er möchte, daß Picard den Vorsitz der Akademie übernimmt. Picard möchte mehr Informationen über diese Verschwörung, von der Quinn spricht. Er erhält aber keine, und der Admiral tut zuletzt alles als Paranoia ab. Schließlich lehnt Picard die mögliche Beförderung ab und betont, sein Platz sei auf der Enterprise. Quinn akzeptiert das und verläßt das Raumschiff mit Remick.

Obwohl die Untersuchung zu diesem Zeitpunkt keinen besonderen Grund zu haben scheint, so ist doch eine gewisse Kontinuität zu früheren Folgen festzustellen. Quinns Sorgen wegen einer Verschwörung sollten sich in der Folge „Conspiracy" bewahrheiten.

* * *

„Ich entwickle Worf immer wieder gerne in neue Richtungen", erklärt Schauspieler Michael Dorn, „und er hat sich von einer Figur, die immer nur viel grunzt und knurrt und sarkastische Einzeiler von sich gibt, zu einem sehr komplexen Charakter entwickelt."

Die Episode „Heart of Glory" hat Dorn dabei geholfen, dieses Ziel zu erreichen. „Ich halte 'Heart of Glory' für eine Informations-Episode", sagt der Schauspieler, „denn hier erfahren wir all das, was wir schon immer über das Verbleiben der Klingonen wissen wollten. Warum haben sie sich mit der Föderation verbündet? Warum ist Worf auf der Enterprise? Wie ist er dahin gekommen? Diese Art von Fragen. Die Folge war sehr gut, aber ich habe das Gefühl, wir hätten noch etwas weiter gehen können. Ich wollte eine richtig epische Schlacht am Schluß. Aber die Folge war gut für mich, denn es hat sich gezeigt, daß die Leute sich für Worf genauso interessieren wie für die anderen Figuren." Dieses „Interesse" überrascht nicht, besonders, wenn man bedenkt, daß Mr. Spock wahrscheinlich *die* populärste Figur der alten Serie war, und das lag vor allem an seiner Rolle als Außerirdischer. Bei Worfs Popularität liegt der Fall wahrscheinlich genauso.

Die Enterprise antwortet auf den Notruf eines klingonischen Frachtschiffes, das angeblich von den Ferengi ange-griffen wurde. Data analysiert die Trümmer und erklärt, daß sie nicht auf Ferengiwaffen hinwiesen. Die Romulaner kämen allerdings in Frage. Ein Außenteam beamt auf den dahintrei-benden Frachter, und Geordis Visor entdeckt strukturelle Schwachpunkte. Man sucht nach Überlebenden und findet drei Klingonen, von denen einer schwer verletzt ist. Dann beamen alle zurück auf die Enterprise, bevor das Frachtschiff zusammenbricht.

In der Krankenstation behauptet einer der Klingonen, sie seien von den Ferengi angegriffen worden, aber Worf weist darauf hin, daß die Waffen nicht dem Design der Ferengi ent-sprächen. Die Klingonen scheinen jedoch auf jede nur mög-liche Frage eine Antwort zu haben. Picard entläßt sie, und Worf eskortiert sie zu einem Speiseraum. Dort starten die Klingonen sofort einen vorsichtigen, spöttischen Angriff auf Worf. Sie fragen ihn, wie er so einfach mit Menschen arbei-ten kann. Ihr Gespräch wird von einer Meldung des Captains unterbrochen, der erklärt, der dritte Klingone läge im Ster-ben und Doktor Crusher könne nichts mehr für ihn tun.

Nachdem das Leben den Körper des Kriegers verlassen hat, fahren die übriggebliebenen Klingonen fort, Worf aus-zufragen. Sie tun ihr Bestes, um sein Kriegerblut zu reizen und deuten subtil an, er solle sich an einem Kampf gegen die Menschen beteiligen. Er sollte zu seinen eigenen Leuten hal-ten. Schließlich – vielleicht wollen sie Worf damit auf ihre Seite bringen – erzählen sie ihm, daß sie selbst das klingoni-sche Schiff zerstört haben. Sie sind Rebellen und sollten zur Heimatwelt der Klingonen zurückgebracht werden, wo man ihnen den Prozeß machen will. Sie weigern sich, den Frieden zwischen ihrem Volk und der Föderation anzuerkennen.

Ein klingonischer Schlachtkreuzer nähert sich der Enter-prise und informiert Picard, daß die Klingonen an Bord Kri-minelle sind und auf den Kreuzer gebeamt werden sollen, sobald er sich in Reichweite befindet. Ein Sicherheitsteam wird in die unteren Decks geschickt, um die Klingonen auf die Brücke zu bringen, und Worf findet sich buchstäblich zwi-schen beiden Fraktionen. Er hält die Sicherheitsleute schließ-lich nicht auf, als sie das Duo zu den Gefängniszellen führen. Bald aber ziehen die Klingonen versteckte Waffen und ver-suchen zu fliehen. Dabei wird eine Wache und einer der Klin-gonen getötet. Der Überlebende flieht zum Maschinenraum, wo er erklärt, er werde nur mit seinem Landsmann Worf sprechen.

Worf geht zur Maschinenabteilung und findet dort den Klingonen, der eine Waffe auf die Antimaterie-Kammer rich-tet und droht, sie zu zerstören, wenn man ihn nicht frei läßt. Gleichzeitig versucht er, Worf auf seine Seite zu ziehen, aber Worf macht klar, daß seine Loyalität der Sternenflotte gilt,

als er seinen Phaser abfeuert und dabei unbeabsichtigt den Tod des anderen Klingonen verursacht. Worf bleibt allein zurück und denkt über seine Herkunft und seine Identität nach.

Dies ist einfach eine wunderbare Episode. Regisseur Rob Bowman verdient viel Lob für das Geschick, mit dem er sei-ne Episoden von The Next Generation realisiert. Es gelingt ihm, im relativ begrenzten Raum der Enterprise ein un-glaubliches Gefühl von Spannung zu erzeugen. Das Skript präsentiert eine großartige Gelegenheit, das Wesen der Klin-gonen von Innen zu beleuchten und sie über ihren bisheri-gen Schurken-Status hinauszuführen. Michael Dorn erhält ei-ne Chance zu beweisen, was wir schon immer ahnten: daß er ein wirklich talentierter Schauspieler und daß Worf ein verdammt starker Charakter ist, dessen Potential noch lan-ge nicht ausgeschöpft scheint.

Glücklicherweise wurde das später korrigiert.

* * *

Nach dem Erfolg von „Heart of Glory" gab The Next Ge-neration dem Publikum zwei weitere Hits in der Gestalt von „Arsenal of Freedom" und „Symbiosis". Dieses Geschich-tenpaar demonstrierte wie ihr direkter Vorgänger, was die-se Serie erreichen *sollte* und erreichen *konnte*: Spannende Geschichten, die zum Nachdenken anregen, verbunden mit großartigen Charakterzeichnungen. Und das alles in einem unterhaltsamen Packet.

„Arsenal of Freedom" gab uns eine frostige, fesselnde Geschichte mit dem absoluten Vertreter: Ein computeri-sierter Verkäufer, der die Überreste eines Planeten reprä-sentiert, dessen gesamte Bevölkerung aus Waffenhändlern bestand. Verhandlungen über Waffen waren ihre größte Stär-ke, aber irgendwie überholte ihre Technologie ihre Weisheit, mit dieser Technologie umzugehen, und sie wurden zerstört. Nur die automatischen Waffen und der Computer-Händler blieben zurück.

Der Planet heißt Minos, und die Enterprise kommt dort-hin auf der Suche nach Informationen über die unter rät-selhaften Umständen verschwundene U.S.S. Drake. Sie hof-fen, vielleicht Überlebende zu finden. Ein Außenteam beamt auf den Planeten hinunter und wird sofort von einer der au-tomatischen Waffen angegriffen. Man entledigt sich ihrer schnell mit einem einzigen Phaserschuß, aber nur kurze Zeit später taucht eine zweite Einheit auf, und diesmal braucht es die Kombination zweier Phaser, um sie zu zerstören. Das Team erkennt schnell, daß jedes Mal, wenn eine Einheit zer-stört wird, der Hauptcomputer die Situation analysiert und einen Ersatz schafft, der sich seinem Gegner anpassen kann.

Die Dinge entwickeln sich zum Schlimmeren, als Riker plötzlich in einem Stasisfeld gefangen ist. Nur konzentriertes Phaserfeuer kann ihn befreien.

Picard, der die Ereignisse auf der Oberfläche beobachtet hat, beamt mit Beverly Crusher hinunter, um zu sehen, ob sie Hilfe leisten können. Geordi übernimmt inzwischen das Kommando der Enterprise. Kaum sind der Captain und die Ärztin angekommen, als sie auch schon in eine tiefe Höhle fallen, die Computerteile beherbergt. Leider ist Beverly schwer verletzt, und Picard muß alles in seiner Macht stehende tun, um sie am Leben zu erhalten.

Inzwischen ist die Enterprise gezwungen, die Schilde hochzufahren, um sich vor einem planetaren Waffensystem zu schützen, das das Schiff möglicherweise zerstören könnte. Geordi trennt die Untertassensektion ab und schickt sie zur nächsten Raumbasis, während er und die Mannschaft versuchen, den automatischen Feind zu zerstören und das Außenteam, Picard und Beverly Crusher wieder an Bord zu beamen.

Im Grunde geht es hier um drei Geschichten: der Kampf des Außenteams auf der Oberfläche des Planeten, Picards und Beverlys Gefangenschaft in der Höhle und Geordis Situation an Bord der Enterprise. Zwei dieser Geschichten werden gelöst, als Picard von dem Händler begrüßt wird, der furchtbar aufgeregt ist, daß er ihnen die Technologie vorführen kann, die er anzubieten hat. Als der Captain erklärt, er sei überzeugt, er werde diese Waffen tatsächlich kaufen, stellt der erfreute Händler die Systeme ab und eliminiert damit die Einheiten auf der Planetenoberfläche. Geordi gelingt es durch geschickte Manöver, die planetare Einheit für eine Phaserattacke verwundbar zu machen und zu zerstören.

Wie bereits gesagt, war dies eine tolle Episode und eine gelungene Extrapolation moderner Söldner und Waffenhändler. Wie üblich, gibt es mindestens einen Kritikpunkt: Ursprünglich war geplant, daß Beverlys und Picards Gefangenschaft in der Höhle ihnen Gelegenheit geben sollte, ihre wahren Gefühle füreinander zu erforschen. Doch aus dem einen oder anderen Grund wurde dieser Aspekt schließlich fallengelassen, und man wählte eine platonische Situation zwischen besorgten Freunden.

* * *

„Symbiosis" war ebenfalls eine aufregende Folge, da sie eine wichtige Frage in der Art ansprach, die *Star Trek* schon immer hervorragend beherrschte.

Als die Enterprise Sonneneruptionen beobachtet, trifft sie auf ein fremdes Frachtschiff, das sich in ernsthaften Schwierigkeiten befindet. Schließlich beamen sie vier Leute und eine Ladung (anstelle von zwei weiteren Mannschaftsmitgliedern, die ums Leben kommen) an Bord, bevor das Shuttle von der Gravitation der Sonne erfaßt und zerstört wird. Es handelt sich bei den Überlebenden um jeweils zwei Vertreter der Völker der Ornaraner und der Brekkaner. Erstaunlicherweise machen sich die beiden Ornaraner mehr Gedanken um ihre Ladung als um ihre toten Kameraden. Die beiden Brekkaner betonen immer wieder, daß die „Ware" (d.h. die Ladung) den Ornaranern noch nicht gehört. Die Tatsache, daß die Bezahlung zusammen mit dem ornaranischen Schiff zerstört wurde, stört sie wenig. Bei dem Frachter handelte es sich um das letzte Raumschiff, das auf beiden Planeten existierte.

Wir erfahren, daß die Ornaraner unter einer Krankheit leiden, für die nur die Brekkaner eine Medizin besitzen, eine Substanz namens Felisium. Nach vorsichtigen Untersuchungen stellt Beverly fest, daß es in Wirklichkeit keine Krankheit ist. Tatsächlich sind die Ornaraner abhängig von Felisium, und *das* ist ihre Krankheit: Wenn sie ihre Dosis nicht erhalten, leiden sie unter Entzugserscheinungen. Beverly schlägt vor, eine künstliche Substanz einzuführen, die sie langsam von ihrer Abhängigkeit heilen wird. Picard erklärt ihr, das sei nicht möglich, weil dadurch die Hauptdirektive verletzt würde. Er argumentiert, daß diese Völker seit Jahren in dieser symbiotischen Beziehung leben. Und wer sind sie, daß sie ihnen die Grundsätze der *Föderation* aufzwingen dürften?

Picard und Beverly informieren die Brekkaner, daß ihnen die Situation zwischen den beiden Rassen bekannt ist, und die Brekkaner sind erfreut, als sie erfahren, daß die Enterprise aufgrund ihrer eigenen Doktrinen nicht eingreifen wird. Picard behält aber doch die Oberhand, als er ein früheres Angebot zurückzieht, die Ornaraner mit Spulen zu versorgen, die ihre anderen Frachter brauchen, um zu funktionieren. Dadurch wird er letztendlich einen Zusammenbruch des Systems zwischen den Ornaranern und den Brekkanern verursachen, und die ersteren werden unweigerlich herausfinden, daß die Krankheit nicht wirklich existiert. Indem er *nicht* handelt, zwingt der Captain eine Veränderung herbei, ohne die Hauptdirektive zu verletzen.

Dies war natürlich eine sehr intellektuelle Lösung eines abscheulichen Problems, dem unsere Gesellschaft im Augenblick gegenübersteht, aber mit Ausnahme einer peinlichen „Keine Macht den Drogen"-Konversation zwischen Tasha und Wesley (man kann allerdings verstehen, daß sie für die Kinder unter den Zuschauern aufgenommen wurde), gibt es an dieser Folge nichts auszusetzen. Jeder der Beteiligten sollte hoch gelobt werden, und man kann nur hoffen, daß zukünftige Folgen weiterhin über Fragen sprechen werden, die den Zuschauer von heute betreffen.

* * *

Es war eines der größten Probleme für die Schauspieler der Originalserie, auf bestimmte Rollen festgelegt zu sein. Man kann nicht leugnen, daß es ihre Karrieren in den letzten zwanzig Jahren entscheidend und meist negativ geprägt hat. Das wäre vielleicht nicht so schlimm, wäre da nicht der Umstand, auf den viele von ihnen zurecht hingewiesen haben, daß ihre Beiträge zu den eigentlichen Episoden meist nur auf Zeilen beschränkt waren wie „Grußfrequenzen offen", „Standardorbit, Captain", „Aye, Sir" und ähnliches. Das sind natürlich nicht die schauspielerischen Leistungen, die die Aufmerksamkeit der Leute wecken, die für die Besetzung von Filmen und Fernsehserien verantwortlich sind. So konnten die Nebendarsteller nie über ihre Rollen hinauswachsen.

Natürlich teilen die Schauspieler von *The Next Generation* ähnliche Ängste, und das Schicksal der ersten Generation steht ihnen vor Augen. Während allerdings die meisten mit ihrem Arbeitsmaterial recht zufrieden waren, hatte Denise Crosby das Gefühl, daß die Figur der Tasha Yar nicht die Aufmerksamkeit bekam, die sie sich vorgestellt hatte. Es gab einfach nicht genug Zeit, jedem die gleichen Möglichkeiten zu geben, und so bekamen Nebenfiguren auch wenig mehr als Nebenrollen. Sie sprach Gene Roddenberry auf dieses Problem an, und er sagte ihr klar ins Gesicht, daß Tasha Yar in Zukunft auch nicht viel mehr zu tun haben würde. Also bat sie darum, aus der Serie entlassen zu werden. Sie bekam ihren Wunsch.

Nun hätte man Crosbys Figur einfach auf ein anderes Schiff versetzen können. Statt dessen hielt man den Abgang der Schauspielerin für eine hervorragende Gelegenheit, die Gefahren zu betonen, denen die Mannschaft der Enterprise ständig ausgesetzt ist. So entschied man sich gemeinsam, daß die Sicherheitschefin des Raumschiffs den Tod finden sollte, und dafür wählte man Joseph Stefanos „Skin of Evil".

Ein Shuttle transportiert Deanna Troi und einen Piloten zu einem Treffpunkt, an dem es von der Enterprise aufgenommen werden soll. Sie stoßen auf mechanische Interferenzen und müssen auf einem Planeten notlanden. Als das Raumschiff dort ankommt, fürchtet man das Schlimmste. Die Scanner zeigen an, daß das Shuttle von Trümmern bedeckt ist, die der Transporter nicht durchdringen kann. Also muß ein Außenteam, zu dem auch Tasha Yar gehört, hinunterbeamen und einen Rettungsversuch unternehmen. Nach dem Materialisieren haben sie allerdings Probleme, zum Shuttle zu gelangen, da ihnen etwas, das man nur als einen sich bewegenden Ölteppich beschreiben kann, ständig den Weg blockiert. Der Schlick erhebt sich zu einer annähernd soli-

den Form, und eine seiner ersten Aktionen besteht darin, Tasha anzugreifen und sie tot zu Boden zu werfen. Das Außenteam beamt sofort zurück aufs Schiff, und Beverly tut ihr Bestes, um Tasha zurückzubringen, aber es hilft nichts. Wie sie es beschreibt, hat der Schlick der Offizierin das Leben ausgesaugt. Da die Möglichkeit besteht, daß Troi noch am Leben ist, beamen sie zurück auf die Oberfläche und stellen sich ein weiteres Mal dem Schlick.

Es wird schnell klar, daß dieses Wesen absolut böse ist. Es verhöhnt das Außenteam auf boshafte und kindische Weise und reitet ständig auf der Idee herum, daß sie zerbrechliche Geschöpfe sind, die es jederzeit zerstören kann, wenn es will. Die Menschen wollen nur ihre Kameraden im Shuttle retten, aber selbst das will die mitleidlose Kreatur nicht zulassen. Schließlich beamt Picard herunter und stellt sich dem Monstrum. Er erfährt, daß es durch den Versuch eines Volkes entstand, alles, was dunkel und böse in ihnen war, an die Oberfläche zu bringen und aus ihren Körpern auszuscheiden. Damit erschufen sie diese Kreatur aus dem absoluten Bösen. Das Geschöpf will diesen Planeten verlassen. Es erlaubt dem Captain nur, zu Deanna und dem Piloten zu gelangen, *wenn* die Enterprise es fortbringen wird. Der Captain stimmt prinzipiell zu und findet sich innerhalb des Shuttles wieder.

Inzwischen entwickeln Worf und Wesley einen Plan, gleichzeitig das Außenteam und die Leute im Shuttle hochzubeamen, da sie bemerkt haben, daß die Kraft, die den Transporter blockiert, nachläßt, wenn die Kreatur ihre Kräfte einsetzt. Natürlich funktioniert der Plan, alle kehren sicher auf die Enterprise zurück, die den Orbit verläßt und die Kreatur für alle Ewigkeit zurückläßt. Picard macht eine Eintragung im Logbuch, das Kommando der Sternenflotte zu informieren und diese Welt für alle Schiffe zu sperren. Die Episode schließt mit Tasha Yars Begräbnis und einer holographischen Botschaft, die sie für ihre Kameraden aufgezeichnet hat, falls sie in Erfüllung ihrer Pflicht sterben sollte.

Obwohl diese Folge recht gut funktioniert und man mit Tashas Tod wundervoll umgeht, besteht das größte Problem in der Kreatur selbst, die nach nichts anderem aussieht, als nach einem Mann in einem mit Öl bestrichenen Gummianzug. Das nimmt der Episode viel von ihrer Wirkung.

„Wenn man das Skript liest, hat es eine wunderbare, intellektuelle Qualität, und man vergißt die Schwierigkeiten bei der Darstellung der Kreatur", erklärt Regisseur Joseph Scanlan. „Das Wesen ist so ironisch. Ich fand seine Dialoge extrem interessant, und seine Szene mit Picard ist die absolute Konfrontation. Ich war davon sehr begeistert.

Als ich mit den Produzenten sprach, sagte ich, 'Wenn wir dieses Monster nicht glaubhaft machen, befinden wir uns in großen Schwierigkeiten, denn das hier könnte ein wunderbares Konzept werden, und es ist eine sehr sympathische Figur.' Es ist wichtig, daß es den Zuschauern nicht leid tut, wenn alles vorbei ist, doch ich glaube, würde man eine Umfrage machen, würde die Hälfte des Publikums großes Verständnis für das Wesen zeigen. Der arme Typ befindet sich da in seiner kleinen Pfütze, und das ist es auch schon. Ich glaube, die Produzenten wollten ihn so böse haben, daß man sagt: 'Laßt ihn da unten. Sch-ßt auf ihn', aber so kam es dann nicht. Es war unmöglich, ihn nicht irgendwie zu verstehen, und das führte zu der Ironie der Situation. Er hat Tasha umgebracht, er hat fast Riker umgebracht, und ich war immer noch nicht wütend auf ihn. Sehen Sie sich an, was seine Leute mit ihm gemacht haben. Wie kann er einem *nicht* leid tun?

Hätten wir ein vier-Millionen-Dollar-Bugdet gehabt und *Alien* gemacht, dann hätten wir das Potential für eine wirklich intelligente Arbeit gehabt. Aber so was in sieben Tagen zu machen, ist hart. Mein erster Versuch war kaum brauchbar, und der Input der Produzenten war nötig, um das zu verbessern. Ich hätte gerne eine richtig böse Stimme gehabt wie die von Roddy McDowall, aber die Produzenten gingen eher in die Richtung von dem, was dann auch gesendet wurde, diese heisere Präsenz, die aber immer auch etwas bedrohlich ist. Schließlich lief es auf eine Karikatur hinaus, und deshalb mag die Geschichte zwar nahe dran gekommen sein, eine gute Folge zu werden, aber es wurde eben doch keine gute Folge. Wenn man dem Publikum diesen schwarzen Blob nicht verkaufen kann, ist man tot. Man muß dieses Öl-Blob in den Griff kriegen. Manchmal vibriert er nur da unten, manchmal ist er hüfthoch, manchmal scheint er gar nicht da zu sein. Es läuft einfach darauf hinaus, daß man *weiß*, da ist ein Schauspieler drin. Von all unseren Folgen gehört 'Skin of Evil' zu den besten Folgen der schlechteren Hälfte, so etwa 45 von 100 Punkten. Manche Episoden waren schlecht, weil sie nicht gut durchdacht waren. Vom Konzept her hätte diese Folge wundervoll sein können, und der einzige Grund, daß sie es nicht wurde – da kann keiner was dafür – waren der Zeitdruck und das Budget."

* * *

Die Episode „We'll Always Have Paris" war leider eine Enttäuschung, wenn man sie mit dem verglich, was die Zuschauer in den letzten Wochen zu sehen bekommen hatten. Die Handlung dreht sich um die Zeit- und Gravitations-Experimente eines Doktor Paul Manheim, die zu einem Riß im Raum/Zeit-Gefüge geführt haben. Zu gewissen Zeiten vermischen sich die Gegenwart und die Zukunft, was zu Zeitstörungen führt, die galaktische Ausmaße annehmen könnten, wenn man sich nicht zu dem Planetoiden begibt, auf dem das Experiment noch immer läuft und dort die Maschinen ausschaltet. Hinzu kommt Manheims Frau, Jenice, eine ehemalige Geliebte von Picard, die sich an Bord der Enterprise befindet, weil ihr Mann scheinbar im Sterben liegt. Wie Manheim erklärt, ist es, als seien sein Verstand und seine Seele zu gleichen Zeit in zwei Dimensionen. Schließlich beendet Data mit Hilfe der Informationen des Doktors das Experiment. Dabei muß er mit der Tatsache umgehen, daß er plötzlich in drei Versionen seiner Selbst aus verschiedenen Raum/Zeit-Kontinuen auftaucht. Alle drei versuchen zu entscheiden, welcher Data schließlich die Maschinen stillegen soll, da für diese Aufgabe exaktes Timing in bezug auf die nächste Zeitverschiebung notwendig ist.

Es ist schwer, genau festzumachen, warum diese Folge nicht funktioniert. Vielleicht hat es damit zu tun, daß man die Beziehung zwischen Picard und Gaststar Michelle Philips als Jenice zu keinem Zeitpunkt wirklich glaubt. Auch wird die Geschichte mit den Zeitverschiebungen nie so klar, wie sie sein sollte, obwohl sie eine Reihe von interessanten Elementen enthält. Warum sollten Kopien der Hauptfiguren aus anderen Dimensionen auftauchen und schon nach wenigen Augenblicken wieder verschwinden? Eigentlich sollten sie bleiben, so daß es zu zahlreichen Kopien unserer Leute kommt (obwohl dadurch die Geschichte unzweifelhaft noch komplizierter geworden wäre). Man muß „We'll Always Have Paris" als eine faszinierende Idee abhaken, die irgendwo fehlgelaufen ist.

* * *

„Als ich 'Conspiracy' schrieb, hatte ich die Idee, etwas anderes zu machen, etwas mit einem unglücklichen Ende, etwas Härteres mit Horrorelementen", erklärt Autor Tracy Torme. „Ich dachte mir, selbst wenn die Leute es haßten, wäre in der Serie nächste Woche ja wieder alles beim alten. Ich schrieb die Geschichte mit der Absicht, etwas anderes zu machen und *hoffte*, daß es umstritten sein würde."

Torme bekam seinen Wunsch, und „Conspiracy" wurde eine der herausragenden Episoden von *The Next Generation*. Die Story greift Handlungsfäden aus „Coming of Age" auf, als Captain Walter Keel vom Raumschiff Horatio mit Picard Kontakt aufnimmt. Er bringt ihn dazu, sich mit ihm und einigen anderen Captains auf einem entfernten Planeten zu treffen. Nachdem sie seine Erinnerungen getestet haben, informieren sie ihn über eine Verschwörung innerhalb der Föderation, die die Organisation zu zerreißen droht. Diese Worte wiederholen beinahe wortgetreu die Warnung, die der Captain in „Coming of Age" von Admiral Quinn erhielt. Picard fällt es schwer, diesen Worten zu glauben, aber als die Horatio auf geheimnisvolle Weise zerstört wird, ist er überzeugt.

Data erhält den Auftrag, alle Sternenflotten-Kommuniqués der letzten Zeit zu untersuchen und erfährt, daß offenbar tatsächlich irgend jemand versucht, gewisse Sektoren des Föderationsraums zu sichern. Picard erkennt die potentielle Bedrohung und befiehlt die Enterprise zur Erde, wo er der Führung der Sternenflotte gegenüber treten will, um Antworten zu erhalten. Bei ihrer Ankunft werden Picard und Riker gebeten, herunterzubeamen, während Admiral Quinn erklärt, er wolle zu ihnen hochgebracht werden. Picard sieht dies als gutes Zeichen, daß Quinn noch immer auf ihrer Seite ist, doch ohne sein Wissen hat der Admiral einen Koffer mitgebracht, in dem sich eine skorpionähnliche Kreatur befindet.

Auf der Enterprise befragt Picard Quinn nach der Verschwörungstheorie, von der er dem Captain erzählt hat, aber der Mann tut es ab und meint, Picard habe zu viel in seine Worte hinein interpretiert. Der Captain und sein erster Offizier trennen sich für einen Moment von Quinn, und Picard meint, dies sei *nicht* der echte Admiral. Er möchte, daß Riker an Bord bleibt, um ein Auge auf den Mann zu werfen, während er selbst für sein Treffen zur Sternenflotte hinunterbeamt. Dort begrüßt ihn der Rat der Föderation und Commander Remick, den wir ebenfalls bereits aus „Coming of Age" kennen.

Riker trifft sich mit Quinn, der ihm erklärt, in seinem Koffer befinde sich eine einzigartige Lebensform. Riker möchte sie sich nicht ansehen, aber der Admiral besteht sehr energisch darauf und wirft den Commander durch den Raum als sei er eine Puppe (nicht schlecht für einen Mann in den Sechzigern). Riker benachrichtigt die Sicherheit, bevor er bewußtlos wird. Kurz darauf tauchen Worf und Geordi auf, mit denen Quinn ebenfalls kurzen Prozeß macht. Bevor Quinn verschwinden kann, erscheint Beverly und feuert einen Phaser auf den Mann. Schockierenderweise sind mehrer Schüsse nötig, bevor der Admiral das Bewußtsein verliert.

In der Krankenstation untersucht Beverly den Mann und erklärt, daß er tatsächlich Admiral Quinn ist, doch irgend etwas stimmt offenbar nicht mit ihm. Dann findet sie an seinem Hals ein kleines, zuckendes Objekt, das einer Art von Wurm gleicht. Als der Captain mit ihr Kontakt aufnimmt, erzählt sie ihm von dem Parasiten und dem unverkennbaren Zeichen am Hals des Opfers. Die Phaser müssen auf Töten eingestellt sein, um irgendeine Wirkung zu zeigen.

Picard setzt sich mit dem Rat zum Essen nieder und findet eine Schale voller Würmer. Mit Ekel beobachtet er, wie die anderen die lebendigen Kreaturen verschlingen und ihm

erklären, daß sie wissen, warum er gekommen ist. Obwohl sie nicht viele Fragen beantworten, machen sie klar, daß es ihnen vor allem um Eroberungen geht und daß die Menschen so einfache Ziele sind. Der Captain will den Raum verlassen, als Riker eintritt und sagt, es sei nur eine Frage der Zeit, bis auch Picard einer von *ihnen* wird. Ein Ratsmitglied überprüft Rikers Nacken und findet den Schwanz des Parasiten. Alle setzen sich zum Essen nieder, aber gerade als Riker eine Handvoll Würmer verschlingen will, zieht er seinen Phaser und schießt auf die Ratsmitglieder. Als sie zu Boden sinken, kriechen die skorpionartigen Parasiten aus ihren Mündern und machen sich in Richtung Korridor davon. Riker, der offenbar nur eine Rolle gespielt hat, und Picard folgen einer Kreatur in einen anderen Raum, wo sie sehen, wie sie in Remicks Mund kriecht. Da sie kaum eine andere Wahl haben, eröffnen die beiden Männern das Feuer mit ihren Phasern, reißen die Brust des Mannes auf, bringen seinen Kopf zum Explodieren und legen eine Mutterkreatur frei, die sie dann zerstören. Dadurch werden alle, die von den Wesen besessen waren, geheilt.

Die Folge endet mit vielen offenen Fragen und der beunruhigenden Nachricht, daß Remick ein Funksignal in einen unerforschten Sektor der Galaxis schicken konnte, der es der Parasitenrasse erlauben könnte, eines Tages wieder zur Erde zu reisen und einen weiteren Eroberungsversuch zu unternehmen.

Interessanterweise dringen die Parasiten in der ersten Drehbuchfassung nicht in Remick ein. Statt dessen begeben sich Picard und Riker in den äußeren Raum, wo sie eine Riesenkreatur finden – Tausende von Kreaturen haben sich zu einer einzigen verbunden –, die das Funksignal aussendet, bevor die Männer sie durch gemeinsames Phaserfeuer zerstören können.

Es ist eigentlich unnötig zu sagen, daß „Conspiracy" selbst in der gesendeten Fassung eine verdammt gute Episode ist, die sich von allen vorherigen unterscheidet und auch von allen, die später kommen sollten. Indem er die Prämissen der Serie mit einer gesunden Dosis *Invasion of the Body Snatchers* [*Die Dämonischen*] verband, gab Tracy Torme den Zuschauern ein furchterregendes Beispiel dessen, wozu die Serie fähig war.

„'Conspiracy' begann als eine Folge mit dem Titel 'The Assassins' ['Die Attentäter'], die mehrere Fassungen durchlief und nie dem nahe kam, was sie eigentlich haben wollte", erklärt Torme. „Ich stimmte zu, die Geschichte unter der Bedingung zu übernehmen, daß ich das Ganze umdrehen und im Grunde eine neue Geschichte machen konnte. Ursprünglich machte ich eine Geschichte wie *Seven Days in May* [*Sieben Tage im Mai*] über ein Coup innerhalb der Sternenflotte, den eine Reihe von Offizieren starten, weil sie das Gefühl haben, die Hauptdirektive sei zu restriktiv und führe dazu, daß die Föderation zu weich werde. Sie glauben, der Frieden mit den Klingonen habe uns zu selbstzufrieden gemacht, und irgendwann würden wir auf eine Bedrohung treffen, der wir nicht gewachsen sind. Die Anführer des Coups sind allesamt Freunde von Picard. Ich mochte diese Idee wirklich sehr, weil da nichts Außerirdisches drin war. Es ging um Paranoia. Gene wies sie zurück. Er mochte sie, aber er fürchtete, es werde Probleme geben.

Also wußte ich, ich mußte die Geschichte ändern. Dann wurde mir klar, daß dies die vorletzte Episode der Staffel sein würde, und ich fand, daß die Serie sich zwar verbessert hatte, daß wir aber immer noch sehr bequem waren und uns nicht auf die Möglichkeiten einließen, die wir tatsächlich hatten. Es ist vor allem Robert Justman und Rick Berman zu verdanken, die wirklich hinter der Idee standen, daß 'Conspiracy' 95 Prozent seiner ursprünglichen Härte behalten konnte. Aus diesem Grund ist es für mich eine ganz besondere Folge. Ich bin stolz auf *Star Trek*, weil sie bereit waren, dieses Risiko einzugehen. Die absoluten Fans, die immer ein liebes, nettes, bequemes Universum haben wollen, fühlen sich durch diese Geschichte vielleicht etwas gestört, aber damit kann ich leben."

Leider wurden die Dinge mit der nächsten Folge und einem Teil der zweiten Staffel zu nett. Außerdem wurden die Parasiten seit dieser Episode nicht mehr erwähnt, und das ist wirklich sehr schade, wenn man bedenkt, was für einen Eindruck diese Folge hinterließ.

* * *

Im März 1988 traf Hollywood ein großer Streik der Writer's Guild of America, der vor allem auf die Fernsehindustrie einen behindernden Einfluß hatte. Aus diesem Grund versuchten alle Studios verzweifelt, ihre Episoden-Quote für diese Staffel zu vervollständigen.

Das Resultat dieses verzweifelten Gedrängels kann man in der letzten Folge der ersten Staffel von *The Next Generation* bewundern. „The Neutral Zone" erscheint wie eine Mischung aus zwei Skripts, die einfach nicht zusammenkommen. Zuerst findet die Enterprise ein altes irdisches Raumschiff aus dem 20. Jahrhundert, das eine Reihe cryogenischer Gefriereinheiten mit Menschen darin enthält. Man bringt sie an Bord der Enterprise, und Beverly erklärt, jeder von ihnen sei an einer Krankheit gestorben, und sie wurden tiefgefroren, bis man eine Heilung für sie finden konnte. Irgendwie haben sie den Erdorbit verlassen und treiben seitdem durchs Weltall. Beverly heilt sie von ihren Krankheiten, und dann richtet sich die Aufgabe darauf, diese Menschen ins 24. Jahrhundert zu assimilieren, was keine einfache Sache ist, wenn man bedenkt, daß die Gruppe repräsentativ sein soll für die Menschen, die heute auf der Erde leben.

Inzwischen untersucht die Enterprise die Zerstörung einer Reihe von Föderations-Außenposten in der Nähe der Neutralen Zone, und man hat die Romulaner in Verdacht. Während der spannenden und großartigen letzten zehn Minuten der Folge erscheint ein romulanisches Schiff, und sein Commander erklärt, sie hätten nichts mit der Zerstörung der Außenposten zu tun, da sie im Augenblick mit eigenen Problemen beschäftigt seien (man kann nur annehmen, daß es sich dabei um die parasitäre Bedrohung aus „Conspiracy" handelt). Ihre letzten Worte jagen dem Zuschauer einen Schauer über den Rücken: „Wir sind nur hier, um ihnen eine Mitteilung zu machen, Captain. Wir sind wieder da!"

Ehrlich gesagt, diese letzten fünf Minuten hätten der Teaser der Folge sein sollen, und nach der Werbeunterbrechung hätte eine Enterprise/Romulaner-Geschichte folgen müssen. Statt dessen bekommen wir einen müden und dümmlichen Aufguß der „Space Seed"-Episode aus der Originalserie, die allerdings kaum eine Aufgabe erfüllt und nur ein wenig grauenhafte „befreiende Komik" bietet. Das war mit Sicherheit keine besonders günstige Art, die erste Staffel zu beenden.

* * *

Wie Bob Lewin am Anfang dieser Sektion erklärte, durchläuft jede Fernsehserie eine Probezeit, während der die Schauspieler und die Crew damit kämpfen, die besonderen Stärken und Schwächen ihrer Serie herauszufinden.

Im Fall von *Star Trek: The Next Generation* kann man mit Sicherheit sagen, daß jede Folge zumindest kompetent produziert wurde und ein paar den *Versuch* unternahmen, etwas Neues zu schaffen, was die Entwicklung der Geschichten und der Figuren anging. Aber nur sehr wenige waren tatsächlich erfolgreich. Von 24 gesendeten Folgen während der ersten Staffel kann man kaum ein Fünftel als Dynamit betrachten, ein paar mehr darf man gelungene Leistungen nennen, und der Rest rangiert von mittelmäßig bis okay. Während das als Gesamtergebnis gar nicht so schlecht erscheinen mag, ist die Anzahl der Erfolge doch sehr enttäuschend, und man muß über die Gründe dafür nachdenken.

Ist es einfach die Tatsache, daß es keine guten, soliden Skripts gibt? Das scheint nicht der Fall zu sein, denn viele nicht produzierte Geschichten und frühere Fassungen produzierter Folgen waren den gesendeten Episoden weit überlegen. Spezialeffekte und Bühnendesign? Nein, die Effekte und die Sets von *The Next Generation* sind einfach hinreißend und übertreffen alles, was im Augenblick auf diesem Feld geschieht. Das liegt vor allem daran, daß *Industrial Light and Magic* die Effekte macht und daß die Setdesigner aus der Enterprise ein funktional erscheinendes Raumschiff entwickelt haben. Zusammen genommen präsentieren diese Elemente eine realistische Vision des 24. Jahrhunderts, wie es aussehen könnte.

Wo liegt dann das Problem?

Vielleicht beruht es auf der Einstellung: „Wenn etwas nicht kaputt ist, muß man es auch nicht reparieren."

Die ursprüngliche *Star Trek*-Serie war ein Überlebenskünstler. Wie dem fiktiven Helden Rocky Balboa gelang es der Serie, ihren Weg zu gehen und drei Staffeln lang auf Sendung zu bleiben, obwohl alles gegen sie zu sein schien. Dazu gehörten Zensur von Seiten der Sender, schlechte Sendezeiten und niedrige Einschaltquoten. Die Serie befand sich in einer Situation, wo sie *gezwungen* war, um ihr Überleben zu kämpfen. Sonst wäre sie untergegangen. So war die Wahl ganz einfach, und aus diesem Grund gaben die Leute vor und hinter der Kamera ihr Bestes, um diese Serie anders zu machen als alles, was damals noch im Fernsehen lief. Die Skripts hatten ein hohes Niveau, das Ensemble präsentierte eine realistischere Figuren-Familie, als man es lange gesehen hatte. Die Zuschauer spürten immer, daß die Leute von *Star Trek* mehr als alle anderen versuchten, gutes Fernsehen zu machen.

Star Trek: The Next Generation hingegen hat es zu einfach. Die Serie strahlt ein gewisses Selbstbewußtsein aus. Die Schauspieler und die Crew wissen einfach, daß die Serie ein Quotenerfolg sein und relativ lange laufen wird. Man scheint kaum eine Herausforderung zu empfinden, Skripts zu produzieren oder Ideen einzubringen, die sich von dem unter-scheiden, was schon früher gelaufen ist. Die Serie gibt einem ein gewisses Gefühl des Vertrauter, des Altbekannten.

Autor Tracy Torme, der vom Story Editor zum Creative Consultant der Serie aufstieg, faßt die Probleme von *The Next Generation* zusammen: „Es wäre schön, wenn die Leute anfingen, beim Fernsehen mehr Risiken einzugehen, denn wir kratzen kaum die Oberfläche unserer Möglichkeiten an. Das Medium ist sehr gut darin, Sport und Nachrichten zu präsentieren, doch was dramatische Geschichten angeht, so waren die Serien vor 20 oder 30 Jahren besser. Jeder guckt nur nach Formeln, und das wird mit der Zeit wirklich langweilig. Die Gelegenheiten sind da, wenn man sie als Autor ergreifen darf und wirklich etwas anderes macht, das die Leute etwas aufrüttelt. Aber kaum jemand macht so etwas." Und dazu gehört seiner Meinung nach auch *Star Trek*. „Das Format der Serie öffnet einem viele dieser Türen, aber es hängt von *Star Trek* selbst ab, ob sie den Mut haben, tatsächlich etwas Ungewöhnliches zu *machen*, etwas Herausforderndes oder etwas, das künstlerisch stimuliert. Aber daß man die Gelegenheit hat, heißt noch lange nicht, daß man sie auch ergreift. Es gibt da diese konservative Haltung, die sich bis zum heutigen Tag fortsetzt, man solle das Boot nicht zu sehr zum Schaukeln bringen, man solle nicht zu viele Risiken eingehen. Meine Position in bezug auf dieses Denken ist wohl bekannt. Ich bin die einzige Person, die versucht, ungewöhnliche, unerwartete oder hoffentlich sogar progressive Sachen in der Serie durchzusetzen. Aber da scheint es stets Widerstand zu geben. Es ist immer wieder ein Kampf, etwas zu machen, das neue Möglichkeiten auftut. Aber das liegt wieder daran, daß die Serie so erfolgreich ist. Die allgemeine Haltung ist: 'Warum Risiken eingehen?'"

TEIL V
EIN LANGER WEG – VOM SKRIPT ZUM BILDSCHIRM

Die folgende Abteilung enthält einen detaillierten Blick auf die Entwicklung einiger der frühesten Episoden von *Star Trek: The Next Generation* von der ursprünglichen Fassung der Geschichte bis zur gesendeten Episode. So wird der Leser selbst Zeuge der Metamorphose dieser Geschichten, kann beobachten, wo sie verbessert wurden und wo sie gelitten haben.

"ENCOUNTER AT FARPOINT"

Obwohl man teilweise mit den gleichen Problemen zu kämpfen hatte, die auch der erste *Star Trek*-Film lösen mußte, gelang *The Next Generation* mit „Encounter at Farpoint" ein aufregender Start. Das Skript, das von Dorothy Fontana stammt und von Gene Roddenberry umgeschrieben wurde, bietet auf dem Papier den Anblick einer seltsamen Mischung. Fontanas Abschnitte erweisen sich mit ihrer intellektuellen Prämisse als sehr innovativ, während Roddenberrys Sequenzen als Wiederholungen von „The Squire Of Gothos" und einigen anderen Episoden der alten Serie daherkommen. Glücklicherweise konnten die Schauspieler, unter ihnen auch Gaststar John DeLancie, und Regisseur Corey Allen die Geschichte zum Leben erwecken.

Die ursprüngliche Rohfassung der Geschichte „Meeting at Farpoint" [„Treffen auf Farpoint"], geschrieben von Dorothy Fontana und auf den 5. Dezember 1986 datiert, unterscheidet sich sehr stark von dem späteren Drehbuch: Die Enterprise hat gerade eine Mission erfolgreich beendet. Captain Julien Picard lobt den Ersten Offizier Kyle Summers und die Sicherheitschefin Macha Hernandez für ihre gute Arbeit. Die Mission hat sich für Summers als krönende Leistung seiner bisherigen Karriere erwiesen, und er wird jetzt das Kommando eines Wissenschaftskreuzers der Föderation übernehmen. Der Transfer der Ersten Offiziere soll auf Farpoint Station stattfinden, einem Planeten auf ihrem Weg, der zum Wiederauftanken verwendet wird, zum Aufstocken der Vorräte, zum Transfer von Passagieren und Personal, et cetera. Die Enterprise und die Starseeker gehen in den Orbit um den Planeten und bereiten den Personaltransfer vor. Unter anderem kommt Lieutenant Commander William Ryker von der Starseeker herüber, der Summers als Ersten Offizier ablösen soll; außerdem Lieutenant Commander Data, Dr. Beverly Crusher und ihre fünfzehnjährige *Tochter* Leslie. All diese Leute haben sehr unterschiedliche Gefühle, wenn sie an die Arbeit auf der Enterprise denken. Während einige ganz aufgeregt sind vor Freude und es kaum erwarten können, sind andere sehr nervös. Das Treatment notiert: „Auf dem Shuttle zwischen den Schiffen fallen einige bissige Bemerkungen über den 'Androiden', die von Ryker nicht nur abgeblockt, sondern auch gegen die 'Witzbolde' gewendet werden. Es ist klar, daß er Data schon sehr lange kennt und daß zwischen ihnen eine tiefe Freundschaft besteht."

Kaum hat der Personaltransfer stattgefunden, als die Hauptfiguren zum ersten Mal aufeinandertreffen. Gleich ergeben sich die geplanten Beziehungen. Ein Gefühl sofortiger Kameradschaft entwickelt sich, doch sie werden von der Meldung unterbrochen, ein weiteres Raumschiff nähere sich Farpoint Station. Das Schiff sendet nur eine einzige Botschaft: „Geben Sie auf! Schicken Sie Ihr Personal auf die Oberfläche des Planeten, oder Sie sterben!" Auf dem Bildschirm entpuppt sich das andere Schiff als eine riesige Geschützplattform, deren Waffen alle direkt auf die beiden Raumschiffe und auf die Station gerichtet sind. Der Captain der Starseeker, der als recht mutig und vielleicht etwas zu waghalsig beschrieben wird, versucht, seine Photonentorpedos abzufeuern, doch bevor er eine Chance dazu bekommt, wird sein Schiff vernichtet. Picard hat die Zerstörung auf dem Bildschirm beobachtet und schließt, daß die Geschützplattform mehr Feuerstärke besitzt als selbst die Enterprise. Da er keine Alternative sieht, befiehlt er der Mannschaft, sich zu ergeben. Es ist sein Plan, daß die Crew die Schwächen des Gegners erkundet, um diese baldmöglichst auszunutzen. Der Mannschaft fällt es zugegebenermaßen schwer, sich auf dieses Wartespiel einzulassen, aber Picard *ist* der Captain.

Sobald die Enterprise-Crew auf den Planeten heruntergebeamt hat, erscheint ein Repräsentant des Feindes. Sie erfahren, daß ihre Gegner die Annoi sind, eine affenähnliche Rasse, die die Technologie entwickelt hat, all ihre Drohungen wahrzumachen. Das Ziel der Annoi ist es, ein Mineral namens Balmin abzubauen, das in großen Mengen auf Farpoint zu finden ist. Es ist für die Bewohner des Planeten sehr wichtig. Alle Mitglieder der Enterprise-Mannschaft und alle Bewohner von Farpoint Station werden gezwungen, das Material abzubauen und das Erz zur Geschützplattform zu transportieren. Die Enterprise wird jetzt nur von wenigen Menschen und einer kleinen Annoi-Crew kontrolliert. Zusammen können sie das Schiff im Orbit halten.

Als Picards Leute in den Minen erfahren, daß ihre Wachen Teil eines Kastensystems sind, das ihnen selbst nicht ge-

Jonathan Frakes als Commander William T. Riker,
Erster Offizier der Enterprise. Ursprünglich sollte
er die *Next Generation*-Version des frühen Captain
Kirk darstellen.
(Copyright © Gene Trindle/Shooting Star)

Brent Spiner als der Android Data, Wissenschaftsoffizier
der Enterprise. Während der ganzen Serie war es sein
größter Wunsch, menschlicher zu werden.
(Copyright © Gene Trindle/Shooting Star)

Vorherige Seite: Ein frühes Treffen von wichtigen
Crewmitgliedern der neuen Enterprise: Brent Spiner,
Levar Burton, Marina Sirtis, Jonathan Frakes und Patrick
Stewart.
(Copyright © Gene Trindle/Shooting Star)

Marina Sirtis als die Beraterin auf der Enterprise, die Empathin Deanna Troi. Sie ist eine halbe Betazoidin und kann die Gefühle anderer Wesen fühlen.
(Copyright © Crosby/Shooting Star)

Von links nach rechts: Jonathan Frakes (Commander William T. Riker), Gates McFadden (Dr. Beverly Crusher) und Patrick Stewart (Captain Jean Luc Picard)
(Copyright © Gene Trindle/Shooting Star)

Die Botschafter einer reptilischen Rasse aus der Episode „Lonely Among Us".
(Copyright © George Rose)

Denise Crosby als Sicherheitschefin Tasha Yar. Diese Figur blieb nicht während der ganzen ersten Staffel dabei, da die Schauspielerin enttäuscht war, daß sie so wenig Material bekam. Tasha starb in der Episode „Skin of Evil", doch s e sollte in der Folge der dritten Staffel „Yesterday's Enterprise" [„Die alte Enterprise"] in einem anderen Zeitstrom zurückkehren.
(Copyright © Gene Trindle/Shooting Star)

Wil Wheaton als Fähnrich Wesley Crusher, eine Figur, die die Fans entweder liebten oder haßten – es gab nichts dazwischen. Hier ist er in der Folge „Justice" zu sehen, wo er zum Tode verurteilt wird, wei er ein einfaches Gesetz auf einem fremden Planeten gebrochen hat.
(Copyright © Crosby/Shooting Star)

Brent Spiners Data basierte auf einer Figur aus Gene Roddenberrys früherem Pilotfilm *The Questor Tapes*. Data sollte im Kinofilm *Star Trek: Generations* schließlich Gefühle bekommen.
(Copyright © Gene Trindle/Shooting Star)

Hier posieren für die Kamera (von links nach rechts): Denise Crosby (Tasha Yar), Jonathan Frakes (Will Riker) und Marina Sirtis (Deanna Troi).
(Copyright © George Rose)

Vorhergehende Seiten:
Michael Dorn als Lt. Worf, der erste Klingone, der in der Sternenflotte dient.
(Copyright © Gene Trindle/Shooting Star)

Patrick Stewart als Captain Jean Luc Picard. Produzent Robert Justman hatte den Schauspieler ursprünglich für die Rolle des Data vorgesehen.
(Copyright © Gene Trindle/Shooting Star)

fällt, versuchen sie diese auf ihre Seite zu ziehen. Inzwischen bemerkt Troi, daß sie jemanden weinen hört, aber Ryker nimmt an, daß es nur ein Arbeiter ist, der Schwierigkeiten hat, mit der Situation umzugehen. Sowohl ihm als auch Macha wäre nichts lieber, als die Geschützplattform anzugreifen. Picard hört sie an und erklärt, er sei vollkommen dafür – wenn sie gegen alle Eventualitäten abgesichert sind.

Da das Balmin mit einem Shuttle zur Plattform gebracht wird, dessen Mannschaft aus einem Piloten, bewaffneten Annoi-Wachen und sechs Gefangenen besteht, wäre es Ryker und seinen Leuten möglich, die Geschützplattform mit Sprengstoff auszuschalten, den sie gesammelt haben. Das Problem bei diesem Plan besteht darin, daß sie die genaue Konstruktion des Kriegsschiffes nicht kennen. Leslie Crusher, die als „Läuferin" dient, als Kontaktperson zwischen der Brücke, der Geschützplattform und der Mine, hat die Konstruktion des gesamten Schiffes im Kopf. Obwohl die anderen Mannschaftsmitglieder diese Aussage bestenfalls bezweifeln, überzeugt Beverly den Captain, daß ihre Tochter einen ganz besonderen Verstand hat und daß sie sich gut vorstellen kann, daß sie bereits das Layout des gesamten Schiffes im Kopf hat. Picard ist bereit, das Risiko einzugehen.

Das Gefängnisteam, bestehend aus Ryker, Macha, Troi, Data und zwei weiteren Leuten, geht an Bord des Shuttles, bekommt es ohne größere Mühe in seine Gewalt und bringt das kleinere Fahrzeug zur Ladefläche, wo das Erz abgeliefert wird. Data stellt zu seinem Erstaunen fest, daß schon sehr viel Erz auf die Plattform gebracht wurde, daß man aber nur sehr wenig davon sehen könne. Er zweifelt daran, daß es so schnell verbraucht werden kann.

Mit dem Sprengstoff bewaffnet versucht das Team den Maschinenraum der Geschützplattform zu lokalisieren, aber es kann ihn nicht finden. Das Schiff hat keine Maschinen! Plötzlich taumelt Troi unter einem gewaltigen Ansturm emotionalen Leids, als unzusammenhängende Gedanken in ihren Verstand eindringen. Sie erklärt, es werde ihnen unmöglich sein, die Geschützplattform zu zerstören. Es sei ein lebendes Wesen!

Schließlich erfahren wir, daß diese Kreatur die Basis der Geschützplattform und ihre Antriebskraft ist – doch gegen seinen Willen. Anscheinend wanderte dieses Wesen in geschwächtem Zustand in Annoi-Gebiet, und die Affenwesen fanden schnell heraus, daß es Balmin zur Ernährung benötigt. Obwohl es auf ihren eigenen Planeten große Mengen des Minerals gab, hielten sie dies für die perfekte Gelegenheit, ihr Imperium auszudehnen. Als es noch schwach war, konstruierten sie die Geschützplattform um das Wesen herum und nahmen es damit gefangen. Die Annoi waren bereit, ihm Balmin zu füttern (jedoch nur so viel, wie es zum Überleben benötigte), wenn es zuließ, daß man es als Waffe mißbrauchte.

Nachdem Troi diese Geschichte erzählt hat, wird das Team von den Annoi entwaffnet und festgenommen.

Während Picard sich noch um das Team auf der Planetenoberfläche Sorgen macht, kommuniziert Troi weiter mit dem Wesen auf der Geschützplattform. Sie erfährt schließlich, daß es sanftmütig ist und die Dinge verachtet, zu denen es gezwungen wird. Ryker sagt Troi, sie solle dem Wesen klar machen, daß es in einem unbewohnten Gebiet auf dem Planeten landen kann. So könnten seine Waffen nicht gegen die Enterprise oder den Planeten eingesetzt werden. Wenn es dann dort liegen bleibt, sind die Annoi hilflos und beinahe wehrlos. Das Wesen stimmt diesem Plan zu und schlägt so heftig auf dem Boden auf, daß das Gefängnis aufbricht und das Team freikommt. Zusammen mit anderen Gefangenen können sie die Annoi überwältigen. Picard gelingt es, die Enterprise zurückzugewinnen. Das Wesen wird befreit, und man erklärt, die Föderation werde sich mit den Annoi beschäftigen.

Die Enterprise und ihre Mannschaft haben ihre Probemission erfolgreich beendet, und sie machen sich auf zu neuen Abenteuern.

[NOTIZ: Wenn man „Meeting at Farpoint" liest, kommt einem zuerst der Gedanke, daß die Geschichte viel stärker auf Action orientiert ist als die spätere Pilotfolge oder die folgende Serie. Wenn man sich vergegenwärtigt, daß Gene Roddenberry erklärt hatte Star Trek: The Next Generation werde sich weniger auf die militärischen Aspekte des Lebens in einem Raumschiff konzentrieren, dann ist klar, woher das Herunterspielen der Action in späteren Fassungen kam. Diese Geschichte war tatsächlich ein Rückfall zu „Where No Man Has Gone Before", dem Pilotfilm der Originalserie, wo der Zuschauer eine intellektuell stimulierende Prämisse bekam, die in eine Action/Abenteuer-Geschichte eingewickelt wurde.

Die Annoi wurden in der ersten Fassung des Drehbuchs zu den Annae, den Leuten, die auf Farpoint Station lebten. In ihrer ersten Version waren sie offenbar eine Homage Dorothy Fontanas an die populäre Planet der Affen-Filmreihe. Man kann nur hoffen, daß Roddy McDowall den Führer der Affenrasse gespielt hätte.

Wir trafen nie Kyle Summers, und wir sahen auch nicht, wie ein anderes Raumschiff von einer fremden Macht zerstört wurde. Es ist interessant, daß Beverlys Sprößling im Anfangskonzept eine Tochter war. Auch etabliert diese Fassung eine Freundschaft zwischen Ryker und Data, die sehr nach Kirk und Spock klingt. Als die „Farpoint"-Geschichte schließlich gefilmt wurde, hatten sich die beiden vor dieser Mission noch nie getroffen.

Alles in allem wäre dies ein wunderbarer Anfang für The Next Generation geworden, aber es sollte sich noch einiges ändern, bevor die Kameras zu laufen begannen.]

Die erste Fassung von „Encounter at Farpoint" von Dorothy Fontana, datiert auf den 17. Februar 1987, beginnt mit dem Raumschiff Belvedere, das im Orbit um den Planeten kreist, auf dem sich Farpoint Station befindet. Die Stadt der Annae liegt neben dem luxuriösen Raumhafen, während beide eine unwirtliche Landschaft umgibt. Commander William Ryker trifft sich mit dem Annae-Verwalter Elzever und macht ihm Komplimente wegen der hervorragenden Station. Gleichzeitig möchte er herausfinden, wie genau die Annae diesen Ort so schnell und so effizient haben konstruieren können. Elzevers Antworten sind ausweichend.

Beverly Crusher und ihr Sohn Wes sehen sich im Einkaufszentrum der Annae um und sprechen über den Captain der Enterprise, Julien Picard. Wes möchte wissen, was er für ein Mensch ist, aber Beverly will eigentlich nicht darüber sprechen. Sie sagt nur, daß er und Wes' Vater Jack zusammen auf der Stargazer gedient haben.

Andernorts auf der Station beobachten Lieutenant Geordi LaForge und Fähnrich Sawyer Markham die Monitore und halten Ausschau nach der Enterprise. Ryker trifft die beiden zum ersten Mal, und sie sprechen kurz darüber, daß sie alle auf das größte Raumschiff der Sternenflotte beordert wurden. Ryker bemerkt Geordis Sichtprothese. Er befragt den Lieutenant und erfährt, daß Geordi ohne Sehnerven geboren wurde. Doch der „Visor" erlaube ihm, besser zu sehen, als Menschen es könnten. Ihr Gespräch wird unterbrochen, als sich das Bild der Enterprise auf dem Monitor nähert.

[NOTIZ: Diese einführenden Szenen ähneln sehr stark denen, die schließlich in der gesendeten Episode verwendet wurden. Aber sie unterscheiden sich auch in einigen wichtigen Punkten. Die Sequenz zwischen Ryker und Elzever (später Riker und Verwalter Zorn) kommt der gefilmten Szene sehr nahe. Die einzige Zutat in späteren Fassungen ist jener seltsame Eindruck, auf Farpoint Station gehe es nicht mit rechten Dingen zu, als eine Schale mit Äpfeln auf rätselhafte Weise erscheint.

Auch ist offensichtlich, daß Wesley nichts über die Beziehung zwischen seinem Vater und Captain Picard weiß und scheinbar zum ersten Mal erfährt, daß sie gemeinsam auf der Stargazer gedient haben. In der gesendeten Version erzählt Wes Commander Riker, daß Picard die Leiche seines Vaters zu ihnen nach Hause gebracht hat.

Fähnrich Markham schaffte es nicht in die letzte Fassung, und Geordi spricht niemals mit Riker über seinen Visor. Ein Großteil seines Dialogs hier wurde später auf eine Szene mit Doktor Crusher übertragen.]

Sobald diese Leute, die von der Belvedere auf die Enterprise versetzt wurden, auf das Raumschiff gebeamt haben, begrüßt Picard sie im Konferenzraum. Dort erfahren wir, daß ganze Familien die Reise auf der Enterprise während ihrer zwanzigjährigen Mission mitmachen werden. Der Captain tut sein Bestes, so freundlich wie möglich zu erscheinen und informiert seine Leute, daß für Zivilpersonen, die noch nie an Bord eines Raumschiffes gewesen sind, Führungen durch die Enterprise arrangiert werden können.

Später bestellt der Captain Ryker in seinen Bereitschaftsraum, wo sie sofort zur Sache kommen: die Situation auf Farpoint Station. Ryker erklärt, die Technologie der Annae sei so weit fortgeschritten, daß sie nur einen kleinen Schritt von Wundern entfernt scheine. Picard stellt fest, daß die Sternenflotte die Enterprise aus genau diesem Grund geschickt hat, um Nachforschungen anzustellen. Vor nur anderthalb Jahren gab es auf der Oberfläche des Planeten allein diese eine Stadt. Es scheint, daß Elzever klar wurde, was es für sie bedeuten würde, die Föderation als Verbündete zu gewinnen, und so hat er sich offenbar entschieden, die Station zu bauen, um die Sternenflotte zu beeindrucken. Es sei jetzt ihre Aufgabe, das Geheimnis von Farpoint Station zu ergründen. Falls sie Erfolg hätten, sollten sie die Annae überreden, weitere solcher Stationen auf dem Gebiet der Föderation zu konstruieren. Dann sagt Picard, es sei eine gute Idee, wenn Ryker seine Nummer Zwei, Lieutenant Commander Data, und die Sicherheitschefin Macha Hernandez kennenlerne. Der Erstere müsse allerdings etwas warten, da er mit Sicherheit etwas Zeit benötige: er eskortiere den „Admiral".

Der orientalisch aussehende Data kommt einen Korridor herunter. Begleitet wird er von dem ältlichen (er ist 137 Jahre alt) Admiral McCoy (früher Leitender Medizinischer Offizier der Enterprise unter James T. Kirk – eine lebende Legende). Data kontaktiert den Transporterraum, was McCoy nicht besonders gefällt.

„Jetzt paß mal auf, Junge", schimpft der alte Mann. „Du wirst sofort aufhören mit diesem Transportergerede. Ich hab' mich von denen nur befördern lassen, damit ich ein Shuttle fordern kann, wenn ich eins will... und jetzt will ich eins! Hat mir noch nie gepaßt, wenn die meine Atome durch den Raum blitzen und am anderen Ende wieder zusammenkleben. Diese verdammten Maschinen können Fehler machen."

Data ist da anderer Meinung. Er weist darauf hin, daß eine Maschine zwar nicht funktionieren mag, aber ein Fehler sei jenseits ihrer Fähigkeiten, es sei denn, natürlich, daß das Grundprogramm einen Fehler aufweise. McCoy kann es kaum glauben und ist überrascht, daß Data kein Vulkanier sondern ein Android ist.

„Dann müssen dich aber Vulkanier hergestellt haben", kontert er. Ihr Gespräch geht weiter, und der Doktor merkt an, daß das Schiff einen guten Namen trage. Wenn sie es wie eine Dame behandelten, werde es sie auch immer nach Hause bringen.

Ryker kommt in die Sporthalle des Schiffes, wo er Hernandez beim Training mit ihren Leuten antrifft. Sie sprechen über die körperliche Fitneß des Teams, und Macha sagt, die Sicherheitsmannschaft der Enterprise habe dreimal hintereinander die Meisterschaft der Sternenflotte gewonnen.

Inzwischen wird Dr. Crusher von ihrem Assistenten Dr. Asenzi durch die medizinische Abteilung geführt. Er weist gerade darauf hin, daß er für den Abend ein informelles Treffen des Stabes arrangiert habe, als Picard eintritt. Asenzi geht und läßt die beiden allein. Der erste Moment ist etwas unangenehm. Im folgenden Gespräch erfahren wir, daß es Picard war, der vor zwölf Jahren Jack Crushers Leiche zu Beverly zurückgebracht hat. Außerdem gibt Picard zu, er fühle sich schuldig am Tod des Mannes.

„Ich habe ihn das Außenteam auf dem Planeten leiten lassen", sagt er leise. „Ich hätte ihn nicht gehen lassen dürfen."

„Jack war dickköpfig", entgegnet Beverly. „Er war vielleicht mutiger als gut war für ihn. Er hat nur getan, was damals jeder Captain tat. Er leitete das Kontaktteam. Er brachte sein eigenes Leben in Gefahr, anstatt Verantwortung für sein Schiff zu übernehmen."

Picard bietet ihr an, die Enterprise zu verlassen, falls es für sie zu schwer sein sollte, mit ihm zu arbeiten. Sie lehnt ab.

[NOTIZ: Die Sequenz im Konferenzraum dient zur Erinnerung daran, daß die Enterprise ganze Familien an Bord hat und daß ihre Mission zwanzig Jahre dauert. Dieser besondere Auftrag, Farpoint Station zu untersuchen, gleicht sehr stark der ersten Mission der Enterprise in der gesendeten Version.

Wie auch dort ist die Szene zwischen Data und Admiral McCoy wundervoll. Es überrascht ein wenig, daß sie schon in einer so frühen Fassung der Story auftaucht. Bones ist noch mürrischer als sonst. Der Satz, er habe die Beförderung zum Admiral nur akzeptiert, damit er gelegentlich ein Shuttle anfordern könne, ist charmant und humorvoll. Interessanterweise war Data am Anfang als Orientale konzipiert.

Macha Hernandez, die später zu Tasha Yar wurde, basierte ursprünglich auf Jenette Goldsteins Figur aus Aliens. Tatsächlich versuchten die Produzenten sogar, Goldstein zu bekommen, aber sie war in andere Projekte eingebunden. Als man die Rolle mit Denise Crosby besetzte, wurde die Figur offensichtlich etwas weicher gestaltet, aber es tut gut, sie hier in Aktion zu sehen, wie sie ihren Leuten einheizt.

In der Fernsehfassung hat Dr. Crusher keinen Assistenten. Auch gibt ihr Dialog mit Captain Picard uns mehr Details über ihren Hintergrund, als wir schließlich bekommen sollten. So erfahren wir zum Beispiel, daß Picard auf der Stargazer unter Jack Crusher diente (das sollte in der späteren Folge „The Battle" widerlegt werden: Picard war Captain der Stargazer), und wir bekommen einen Kommentar auf etwas, das man als einen Fehler der Originalserie empfand: die Tatsache, daß der Captain ständig in feindliches Gebiet hinunterbeamt und dabei sein eigenes Leben und sein Schiff riskiert. Dies wurde korrigiert, als man die neue Serie entwarf. Riker leitete jetzt die meisten Außenteams, und Picard blieb auf der Enterprise zurück.]

Wieder auf der Brücke erklärt Picard seinem Ersten Offizier, er werde auf den Planeten beamen, um sich mit Elzever zu treffen. Lieutenant Deanna Troi, die als zu einem Viertel Betazoidin beschrieben wird, betritt ebenfalls die Brücke und wird Ryker vorgestellt. Es ist offensichtlich, daß sie sich bereits kennen, und die Situation wird noch klarer, als sie ihre Gedanken in seinen Verstand projiziert und ihn ihren Imzadi nennt. Der Captain möchte sie mit sich auf den Planeten nehmen, wo sie so viel Informationen wie möglich über Elzever sammeln soll. Ryker stellt laut die Frage, ob das die richtige Art sei, mit einem Verbündeten umzugehen. Picard antwortet, die Sternenflotte sei sich durchaus nicht sicher, ob die Annae Verbündete seien. Deshalb untersuche man ja überhaupt erst Farpoint.

Auf dem Planeten trifft sich das Duo mit Elzever, und Picard stellt ihm verschiedene Fragen über die Station. Er möchte wissen, ob die Sternenflotte die verwendeten Baumaterialien erwerben könne oder ob die Annae solche Stationen in der ganzen Galaxis bauen könnten. Elzever geht nicht auf die Fragen ein und erklärt, die Annae würden keine weiteren Stationen bauen, und falls die Föderation dies nicht akzeptieren könne, dann sollten die Annae sich vielleicht mit der Allianz der Ferengi unterhalten. Da das Gespräch nirgendwo hinführt und weil ihm die heimliche Drohung in Elzevers Worten nicht gefällt, verläßt Picard mit Deanna das Büro. Der Annae ist offenbar von der Konfrontation sehr verstört.

Als sie im Korridor alleine sind, erzählt Troi dem Captain, sie habe jemanden verzweifelt weinen gefühlt, aber diese Eindrücke seien nicht von Elzever gekommen. Der, so sagt sie: „lügt wie gedruckt".

Data kehrt zur Brücke zurück und entschuldigt sich für sein langes Fortbleiben. Der Admiral habe ihm einen Pfefferminzlikör angeboten, aber er trinke nicht. Ryker lächelt und sagt, der Captain habe gewußt, daß er eine Zeitlang unpäßlich sein würde. Der Erste Offizier sagt, aus irgendeinem Grund habe er angenommen, Data sei ein Außerirdischer, worauf dieser antwortet: „Damit haben sie fast recht, Sir. Ich bin ein Android, der von einer Spezies geschaffen und programmiert wurde, die der ihren fremd ist. Es ist nur eine Frage des Standpunkts, nicht wahr?"

Ryker gibt zu, daß er sich etwas unwohl fühle, mit einer Maschine zusammenzuarbeiten, doch Data weist ihn auf die

Unlogik eines solchen Denkens hin: Ist nicht auch die Enterprise eine Maschine? Und arbeitet er nicht auch mit dem Schiff? Ryker kann dem nichts entgegensetzen.

Auf dem Holodeck des Schiffes laufen Wes, Mike und Adam durch die Simulation eines tropischen Monsuns und lassen es zu, daß sie mit Schlamm und Wasser bespritzt werden. Sie wollen gerade einen Schneesturm generieren, als Wesley bemerkt, wie spät es ist, ein „oh, Tribbles" ausstößt und erklärt, er müsse gehen. Auf dem Weg zur Krankenstation erzählt er seiner Mutter in allen Details, was er auf dem Schiff entdeckt habe. Schließlich fragt er sie, ob sie einen Besuch auf der Brücke für ihn arrangieren kann. Sie zögert, dieses Thema gegenüber Picard auch nur anzuschneiden, denn der Captain läßt Kinder auf der Brücke nicht zu. Aber Beverlys Gesichtsausdruck sagt, daß sie ihr Bestes tun wird.

Auf der Brücke diskutieren Picard, Ryker, Troi, Macha und Data die Situation auf Farpoint Station. Macha weist darauf hin, daß es eine ernsthafte Bedrohung für die Föderation bedeuten könnte, wenn es den Annae ernst damit wäre, die Station der Fernegi Allianz anzubieten. Picard denkt darüber nach, und obwohl er immer noch sehr unzufrieden ist mit dem, was er über die Station herausbekommen – oder besser nicht herausbekommen – hat, erklärt er, es sei die richtige Zeit für einen Landurlaub. Die Mannschaftsmitglieder und ihre Familien sollen sich nach Farpoint Station hinunterbeamen, während Ryker heimlich versucht, so viel wie möglich über diesen seltsamen Ort herauszufinden. Er schlägt Data, Troi und Macha für das Außenteam vor, und Ryker fügt noch Geordi der Liste hinzu.

Nachdem sie fort sind, kommt Beverly auf die Brücke und bittet Picard um einen persönlichen Gefallen: Er möchte ihrem Sohn einen kurzen Blick auf die Brücke erlauben. Der Captain antwortet mit nein und weist darauf hin, daß die Brücke kein Ort für Kinder sei.

„Er ist ein verantwortungsvoller Teenager", sagt Beverly bestimmt, „und er ist Jacks Sohn. Er kann etwas mehr von dir erwarten als die meisten Kinder."

Auf Farpoint Station benutzt Geordi seine besonderen Fähigkeiten, um die verschiedenen Gebäude um sie herum zu untersuchen, aber er stellt nichts besonderes fest. Macha entdeckt einen Tunnel unter der Station und schlägt vor, sie sollten da weitersuchen. Sie können sich dort freier bewegen, und alle Maschinen auf der Oberfläche werden von unten kontrolliert. Troi erklärt, sie fühle wieder Verzweiflung und Unglück wie schon zuvor.

Auf der Enterprise hat Wesley die Brücke betreten dürfen und ist überwältigt von dem, was er sieht. Picard tut sein Bestes, freundlich zu sein und erlaubt dem Jugendlichen, sich in seinen Kommandosessel zu setzen, wo er ihm die Bedie-

nung der verschiedenen Kontrollpanels in der Armlehne erklärt. Wes zeigt eine unglaubliche Intelligenz und ein Wissen, das jeden auf der Brücke beeindruckt. In diesem Augenblick nimmt Ryker mit dem Captain Kontakt auf, um ihm zu sagen, daß sie nicht Ungewöhnliches haben finden können, doch sie würden ihre Suche fortsetzen. Es ist sein Plan, das Außenteam zu teilen, denn getrennt können sie vielleicht mehr in Erfahrung bringen.

Picard bricht das Gespräch ab, als der Schiffscomputer meldet, daß sich ein anderes Schiff dem Planeten nähert, – ein Schiff, das keinem gleicht, daß sie je zuvor getroffen haben. Auf dem Planeten gerät Elzever in Panik, als er Nachricht von diesem Schiff bekommt. Er verlangt zu wissen, was es ist und was es will. Niemand hat eine Antwort für ihn. Er kontaktiert die Enterprise und fragt Picard, ob er den Eindringling dazu zwingen könne, sich zu identifizieren. Die Enterprise versucht es auf allen Grußfrequenzen, erhält aber keine Antwort.

In einem Tunnel gleitet ein glühendes Licht über Troi und Macha hinweg. Deanna sagt, es habe sich angefühlt, als habe jemand direkt in ihrem Gehirn gesprochen und ihr eine Frage gestellt. Im Weltraum feuert das andere Schiff einen phaserähnlichen Strahl ab, der ein Gebäude zerstört und mehrere Annae desintegriert. Es folgen weitere Attacken.

Picard befiehlt alle Leute von der Enterprise sofort zurück zu ihren Transportpunkten, so daß man sie hochholen kann, bevor die Situation für sie gefährlicher wird. Auf dem Planeten sammelt das Außenteam die Besatzungsmitglieder zusammen.

Als das Team wieder zurück auf der Brücke ist, bricht Troi beinahe vor Schmerz zusammen, als sie einen mentalen Schrei auffängt. Die Konsolen auf der Brücke werden plötzlich dunkel, und Data meldet, alle Sensoren seien ausgefallen. Die Scanner funktionieren allerdings noch. Picard versucht mit dem anderen Schiff Funkkontakt aufzunehmen. Es formt sich das Bild einer Brücke, die starke Ähnlichkeit mit jener der Enterprise hat, doch im Kommandosessel sitzt ein „furchterregend aussehender Humanoid". Das Wesen blickt sie direkt an. Dann verschwindet das Bild. Troi versucht, mit ihrem Verstand danach zu greifen, doch ihre Versuche werden von etwas zurückgehalten, bei dem es sich ohne Zweifel um eine überlegene Intelligenz handelt. Als man die Situation eingehender diskutiert, stellt Troi fest, daß das Schiff nur Annae getötet hat. Niemand von der Enterprise ist verletzt worden. Picard schließt daraus, daß dies der Schlüssel zu Elzevers Lügen sein könnte. Er sagt Ryker, er wolle den Annae so schnell wie möglich an Bord haben.

Macha und Ryker materialisieren in Elzevers Büro und erklären, daß er sie begleiten wird. Der Mann bettelt sie nur an, sie sollten dafür sorgen, daß das andere Schiff verschwindet. Er sagt allerdings, er wisse nicht, wer die Fremden seien und was sie wollten. In dem Augenblick, als das Trio hochbeamt, trifft ein Energiestrahl den Platz, wo Elzever gerade noch stand.

Auf der Brücke verlangt Picard von Elzever, daß er ihm sagt, wer die Leute auf dem anderen Schiff sind. Wieder sagt der Annae, er habe keine Ahnung. Etwas, das als „ein ganz anderer Transporter-Effekt" beschrieben wird, streicht über die Leute auf der Brücke, ergreift dann Elzever, und der Annae verschwindet. Picard schließt, daß der Mann sich auf dem anderen Schiff befinden muß. Wieder bricht Troi unter Schmerzen zusammen. Der Schmerz kommt scheinbar von Farpoint Station selbst.

Picard befiehlt, den Orbit zu verlassen und die Enterprise zwischen das andere Schiff und Farpoint Station zu manövrieren. Die Schilde stehen auf maximaler Kraft. Er bittet Troi noch einmal, das andere Schiff abzutasten, um zu sehen, ob sie Elzever helfen können, aber leider „drückt" die außerirdische Intelligenz sie weg. Die einzigen Gefühle, die sie ausmachen kann, sind Wut und Haß, die aber nur auf die Annae gerichtet sind. Außerdem scheint es ihr, als versuche jemand auf dem Schiff, jemanden auf der Station zu erreichen.

Die Enterprise geht auf eine Position zwischen dem Schiff und dem Planeten, doch das andere Schiff tut sein Bestes, sich aus diesem Arrangement herauszumanövrieren. Picard hat die Grußfrequenzen geöffnet und erklärt, man werde nicht zurückschlagen, wenn das außerirdische Schiff sie mit ihren Waffen angriffe, aber man werde auch nicht untätig zusehen, wie weitere Annae getötet werden. Es kommt keine Antwort. Das Schiff versucht nur ein weiteres Mal, an der Enterprise vorbeizukommen. Macha, die sich Sorgen um die Annae macht, bittet um Erlaubnis, ein Sicherheitsteam auf den Planeten zu beamen, um ihn zu evakuieren. Ryker will mit einem Team auf das andere Schiff gehen, um zu sehen, ob sie nicht ein paar Antworten bekommen und Elzever befreien können. Er will Troi, Data und LaForge mitnehmen. Er und Tasha erhalten Erlaubnis für ihre Aktionen.

Das fremde Schiff bewegt sich direkt auf die Enterprise zu, aber Picard weigert sich, mit seinem Raumschiff aus dem Weg zu gehen und erklärt: „Wenn sie mit uns zusammenstoßen, kommen sie bestimmt auch nicht ohne ein paar Kratzer davon". Im allerletzten Moment dreht das Schiff ab und erspart der Enterprise und höchstwahrscheinlich auch sich selbst die sichere Zerstörung.

Auf dem fremden Schiff erkennt Geordi, daß die Wände aus einem beinahe organischen Material sind. Data benutzt einen Tricorder und bestätigt diese Einschätzung. Schließlich finden sie Elzever, der in einer Art von Kraftfeld schwebt und offenbar große Schmerzen erleidet. Die Phaser erweisen sich als nutzlos gegen das Energiefeld. Da sie keine Alternative haben, zieht das Team weiter und versucht herauszufinden, „wer diesen Buggy fährt". Sie treffen auf die gleiche fremde Gestalt, die sie schon vorher auf dem Bildschirm gesehen haben. Data stellt zu seiner Überraschung fest, daß die Gestalt für den Tricorder nicht als Lebensform erkennbar ist, die Wand hinter ihr jedoch scheint zu leben. Tatsächlich handelt es sich bei dem ganzen Schiff um eine Lebensform. Troi versucht, Kontakt aufzunehmen und als Mittlerin zwischen dem fremden Wesen und Elzever zu dienen. Glücklicherweise nimmt das Geschöpf Troi als rein und ehrlich wahr und läßt ihre Vermittlung zu.

Auf der Oberfläche des Planeten stellt Macha fest, daß die Wände von Farpoint Station leben. Auf dem fremden Schiff erzählt Troi Elzever, daß die Annae deshalb getötet werden, weil sie den Gefährten des Wesens verletzen. Sie haben ihn auf dem Planeten versklavt, und er stirbt an der Energie, die sie ihm füttern. Schließlich stellt sich heraus, daß Farpoint Station selbst das fremde Geschöpft ist, das auf dem Planeten leidet. Die Annae gaben dem Wesen gerade genug Energie, um am Leben zu bleiben, doch als sie seine gewaltigen Verwandlungsfähigkeiten entdeckten, nahmen sie es gefangen und zwangen es dazu, ihnen jeden Wunsch zu erfüllen. So schuf es die großartige Raumstation, mit der die Annae die Föderation beeindrucken wollten. Toi fügt hinzu, daß der Fremde nur seinen Gefährten zurück haben will, und wenn man ihn frei gibt, werde er die Annae in Ruhe lassen. Natürlich wird jetzt so gehandelt.

Als die beiden fremden Wesen wieder vereinigt sind und in den tiefen Raum davonschweben, blickt Elzever traurig auf den Bildschirm der Enterprise und sagt, sie hatten gehofft, die Station würde sie mit anderen Welten verbinden. So hätten die Annae als Kultur wachsen und gedeihen können. Jetzt müssen sie sich selbst um ihre Zukunft kümmern.

Picard sieht die Dinge nicht ganz so schwarz. „Vielleicht wird Ihnen diese Zukunft sehr viel mehr bringen", sagt er. „Die Föderation ist immer noch an Farpoint interessiert. Mit Ihrer Arbeit und der Hilfe der Föderation könnten Sie eine wertvolle Station für uns werden. Was meinen Sie?"

„Ich glaube, mein Volk ist bereit, es zu versuchen", sagt Elzever.

[NOTIZ: Deanna Troi wird als zu einem Viertel Betazoidin beschrieben. Schließlich sollte sie eine halbe Außerirdische werden. Auch ist die frühere Romanze zwischen Ryker und Troi etwas sperrig und erinnert stark an die Decker/Ilia-Romanze aus Star Trek: The Motion Picture. Sie fügt der Geschichte nichts hinzu, und da sie während der ganzen ersten Staffel ignoriert wurde,

muß man sich fragen, warum dieses Element überhaupt im Pilotfilm Erwähnung fand.

In dieser Fassung treffen sich nur Picard und Troi mit Elzever. In der letzten Version sollte Riker sie begleiten. Das Gespräch aber bleibt im Grunde das gleiche und kulminiert darin, daß Zorn (Elzever) seine Ferengi-Drohung ausspricht. Wir erfahren außerdem, daß Data von einer fremden Rasse geschaffen wurde, womit wir wieder die Verbindung zu The Questor Tapes haben, die bereits angesprochen wurde.

Eine interessante Zutat ist der Blick auf den Captain des fremden Schiffes, den wir erhalten, bevor wir „rausgeworfen" werden. Nichts von dieser Art schaffte es in die gesendete Episode. Diese Sequenz hat eine gewisse Ähnlichkeit mit 2010, wo eine Sonde in die Atmosphäre des Jupiter eintritt, einen kurzen Blick auf Leben erhält und dann in den Weltraum zurückgeworfen wird.

Hier entführt das fremde Schiff Elzever von der Brücke der Enterprise und nicht aus seinem Büro, und die Enterprise selbst spielt eine viel aktivere Rolle bei der Rettung der Annae-Stadt vor den Energiestrahlen.

In der Endfassung dieses Skripts wird Zorn mit Phaserfeuer aus seiner „Energiezelle" befreit. Auch Trois telepathische Verbindung zu dem Wesen und ihre Rolle als Vermittlerin wurde schließlich weggelassen. Dieses dramatische Mittel erinnert sehr stark an Spocks Gedankenverschmelzung, und man kann nur annehmen, daß die Produzenten es aus diesem Grund fallenließen. Wenn man einmal eine Figur mit einer derartigen Kraft etabliert hat, ist es sehr schwierig, sie nicht immer wieder zu verwenden. Wer diese Entscheidung auch getroffen haben mag, es war eine gute Entscheidung.

Das Ende dieser Fassung ist etwas positiver als in der gesendeten Form, denn Picard erklärt, die Föderation sei noch immer daran interessiert, mit den Annae zu arbeiten und gibt der Rasse damit etwas Hoffnung. In der Fernsehfassung ist von weiterer Zusammenarbeit keine Rede.]

Die zweite Fassung von „Encounter at Farpoint" beginnt damit, daß Ryker sich ein wenig auf den Schlips getreten fühlt, weil niemand ihm sagen will, wodurch genau Farpoint Station in der Lage ist, ihm jeden Wunsch zu erfüllen. Er tritt nur mit einem „futuristischen Handtuch" bekleidet aus der Dusche und kommt in den Wohnraum, wo eine Bandi (vorher Annae) sein Frühstückstablett wegräumt. Sie bemerkt, daß er seine Eier nicht gegessen hat und sagt, das Frühstück scheine ihm nicht geschmeckt zu haben. Ryker entgegnet, er hätte vielleicht besser etwas Obst bestellen sollen. Die Frau geht. Ryker, der das Zimmer kurz verlassen hat, kehrt zurück und findet zu seinem Erstaunen einen Korb mit frischem Obst vor.

Später trifft er sich mit Zorn (vorher Elzever) und versucht ein weiteres Mal, ein paar Antworten zur Magie die-

ses Ortes zu erlangen. Als Test erwähnt er einen Maler, den er einem anderen vorzieht, und als er sich umdreht, haben sich die Gemälde in Zorns Büro tatsächlich nach seinen Wünschen verändert. Zorn scheint das nicht wahrzunehmen. Ryker verabschiedet sich, und sobald er allein ist, blickt Zorn in die leere Luft und schimpft: „Man hat dir gesagt, du sollst das nicht tun. Kannst du nicht verstehen? Es wird ihren Verdacht erregen, und das lasse ich nicht zu."

Wie in der vorherigen Fassung trifft Ryker Beverly, Wes, Geordi und Markham im Einkaufszentrum der Station, doch diesmal wird Jack Crusher nicht erwähnt.

Bald darauf wird gemeldet, daß das Kommandomodul der Enterprise im Orbit um den Planeten eingetroffen sei. Ryker möchte wissen, was mit der Kampfsektion ist, aber er erfährt nur, daß es kein Zeichen von ihr gäbe. Der Klingone Lieutenant Worf nimmt Kontakt mit Ryker auf und erklärt ihm wütend, daß die Enterprise von einem fremden Schiff abgefangen und geentert wurde. Die unbekannten Fremden glauben offenbar, sie hätten das Recht, die Mannschaft der Enterprise vor Gericht zu stellen, „einfach weil sie existieren". Worf bekam den Befehl, die Zivilisten so schnell wie möglich fortzuschaffen, und so wurde das Schiff getrennt.

Ryker kommt auf die Brücke, und bald darauf kontaktiert ihn Picard und sagt, sie würden gegen 17 Uhr eintreffen. Sobald die Kampfsektion angekommen ist, beamt Ryker hinüber und trifft Tanya Yar (vorher Macha Hernandez), die sagt, Captain Picard wolle ihn sofort sehen. Sobald sich die beiden Männer einander vorgestellt haben, erklärt Picard, die Enterprise und die gesamte Menschheit stünden vielleicht vor der Strafe: „nie wieder ihr eigenes Sternensystem verlassen zu dürfen. Die Frage ist: Wie beweisen wir, daß wir es wert sind? Und wissen wir, wann man uns den Prozeß macht? Wie auch immer, es scheint, als sei Farpoint Station der Ort, an dem wir getestet werden."

Dann erhält Ryker seine erste Aufgabe als Erster Offizier der Enterprise: Er soll die beiden Sektionen des Raumschiffs wieder miteinander verbinden. Er erledigt seinen Job ohne Probleme. Danach trifft er den Captain in dessen Arbeitsraum, und die nächsten Szenen spielen sich genauso ab, wie in der ersten Drehbuchfassung. Mit einer Ausnahme: Als das fremde Schiff die Bandi-Stadt unter Feuer nimmt, erhält Dr. Crusher den Auftrag, mit einem medizinischen Team hinunterzubeamen, um den Verwundeten zu helfen. Bis auf diese Sequenz ist die Geschichte die gleiche.

Die nächste Fassung und alle nachfolgenden enthalten die rätselhafte Figur des Q, des Wesens aus einem anderen Raum/Zeit-Kontinuum, das in unsere Dimension geschickt wurde, um die Verbreitung der menschlichen Krankheit zu verhindern. Er hat seinen ersten Auftritt auf der Brücke der

Enterprise, wo er Picard befiehlt, mit seinem Schiff sofort umzudrehen, ansonsten würde es zerstört. Er und seine Mit-Qs halten die Menschheit für nicht mehr als eine Rasse von Wilden, die so damit beschäftigt sind, sich gegenseitig zu vernichten, daß sie es nicht verdienen, das Weltall weiter zu erforschen. Der Captain verteidigt seine Rasse, und die Brückenmannschaft findet sich schließlich in einem Gerichtssaal des 21. Jahrhunderts wieder, wo Q, in der Uniform eines Richters dieser Zeitperiode, ihnen den Prozeß machen will. Wieder versucht Picard klarzumachen, daß die Menschheit, von der der Fremde spricht, ein Teil der Vergangenheit ist. Der Mensch ist reif geworden, und aus diesem Grund erforscht er das Weltall. Der Captain ist teilweise erfolgreich, als Q zustimmt, daß die Mannschaft seines Schiffes getestet werden soll. Sie soll versuchen, Picards Behauptungen zu beweisen. Der Test wird auf Farpoint Station stattfinden.

Im wesentlichen entwickelt sich die Geschichte genauso wie in der zweiten Fassung bis zu den letzten Minuten, als Q wieder auf der Brücke auftaucht und die Mannschaft dazu ermuntert, das feindliche Schiff zu zerstören. Picard wird klar, daß dies der Test ist und Qs Erscheinen dafür spricht, daß nicht alles so ist wie es sein sollte. Die Wahrheit stellt sich heraus, als sie erfahren, daß das Schiff in Wirklichkeit ein lebendes Wesen ist. Die Enterprise hilft, seinen Gefährten zu befreien. Die Menschheit hat ihre Reife bewiesen, und Q nimmt dieses Testergebnis an. Er verschwindet, wie er es versprochen hatte, aber er sagt nicht, daß er nicht zurückkehren werde.

Und so endet das erste Abenteuer von *Star Trek: The Next Generation*. Die Pilotepisode ist wirklich ein toller Anblick. Die Spezialeffekte sind wunderschön, die Schauspieler hervorragend, und die Geschichte wird in einer Weise zum Leben erweckt, wie es auf dem Papier noch nicht funktionierte. Das liegt mit Sicherheit auch an den schauspielerischen Talenten von Gaststar John DeLancie als Q. Im ganzen bewies diese Folge, daß *Star Trek: The Next Generation* mehr war als eine verwässerte Version der Originalserie und betonte, daß das Thema und die Ideale der Serie mehr zählen als jeder andere Faktor.

"THE NAKED NOW"

Gene Roddenberrys „Revelations" [„Offenbarungen"] beginnt mit dem Raumschiff Tsilkovsky im Orbit um eine kollabierende Sonne. Eine männliche Stimme sendet ein Notsignal an die Enterprise, bittet um Hilfe und erklärt, sie könnten den Orbit nicht verlassen. Diese Botschaft wird von einer weiblichen Stimme unterbrochen: „Also setz dein Ärschchen in Bewegung, süße Enterprise. Habt ihr ein paar hübsche Jungs an Bord für uns?" Zwischen den beiden Stimmen kommt es zum Streit.

Die Enterprise erreicht das kleinere Schiff, und Riker bittet die Mannschaft, mit ihnen Bildkontakt aufzunehmen, damit sie feststellen können, worum es sich bei dem Notfall handelt. Die Anfrage wird ignoriert, und mit Picards Zustimmung stellt der Erste Offizier ein Außenteam zusammen, zu dem auch Data und Geordi gehören. Tasha Yar (die noch immer Macha Hernandez genannt wird) bittet darum, sie begleiten zu dürfen, doch Picard antwortet, er wolle nur drei Mannschaftsmitglieder riskieren, bis man genau wisse, worum es sich bei dem Notfall auf der Tsilkovsky handle. Troi versucht, die Gedankenmuster der anderen Crew aufzufangen und nimmt dort Gefühle von Trunkenheit wahr – vielleicht sogar von Wahnsinn.

Im Transporterraum hört das Außenteam eine Übertragung von dem anderen Schiff, wo jemand aufgefordert wird, die Ausstiegsluke in Ruhe zu lassen. Dann folgt eine Explosion, dann Stille. Der Transporterchef erklärt, alle Lebenserhaltungssysteme auf der Brücke seien ausgefallen. Riker befiehlt dem Mann, sie in einen sicheren Korridor zu beamen, und so geschieht es.

Die Tsilkovsky wird vom Traktorstrahl der Enterprise gepackt, während das Außenteam das Schiff erforscht. Sie finden schließlich die Leichen der Crew. Viele von ihnen sind erfroren, während sie bekleidet duschten. Riker erinnert sich vage an eine andere Situation, wo Leute in ihrer Kleidung geduscht haben, aber er kann nicht sagen, woher er diese Erinnerung hat. Geordi berührt inzwischen eine gefrorene Leiche, und eine gerinnende Flüssigkeit tropft auf seine Hand. Die Stelle fängt sofort an zu jucken. Das Außenteam beamt zurück auf die Enterprise.

Wieder „zu Hause" bricht die Krankheit bei Geordi aus, der versucht, Tasha „anzumachen", es dann aber als Scherz abtut. Er hat sie jedoch berührt. Beverly ist sofort gerufen worden, doch als sie ankommt, hat die Krankheit auch schon Tasha betroffen, und sie erklärt der Ärztin, es habe sich um einen falschen Alarm gehandelt. Nachdem Beverly wieder verschwunden ist, schlägt Tasha vor, sie und Geordi sollten sich in die Turnhalle begeben, um dort ein wenig „Sport zu treiben".

Picard ruft seine Schlüsseloffiziere zusammen, um die Situation an Bord des anderen Schiffes zu besprechen. Und hier endet Roddenberrys Material.

[NOTIZ: Ein großer Teil dieses Skripts wurde schließlich gesendet, doch nicht bevor Dorothy Fontana einen mutigen Versuch unternommen hatte, die Geschichte weitgehend zu verändern und ihr eine härtere Note zu geben. Zunächst einmal wollte sie mit der Sexbesessenheit aufräumen, die Roddenberrys Seiten suggerierten. So will in der ersten Meldung der Tsilkovsky eine Stimme wissen, ob es an Bord der Enterprise hübsche Jungs gäbe. Dann wird Geordi „scharf" auf Tasha, und sie empfindet umgekehrt genauso für ihn. Sie verschwinden zusammen. All das ist etwas verstörend, da es uns nichts über die Figuren verrät, außer der Tatsache, daß sie ein „geiler Haufen" sind.]

Dorothy Fontana übernahm diese Geschichte und produzierte zum 27. April 1987 ein erstes Exposé. Unter dem Titel „The Naked Now" beginnt es genauso wie „Revelations": Die Enterprise rast durch den Weltraum, um die Tsilkovsky zu erreichen. Sie hören eine weibliche Stimme, doch diesmal bittet sie um Hilfe. Sie hat sich scheinbar im Transporterraum eingeschlossen, und die Leute auf der Brücke der Enterprise werden Ohrenzeugen, als Phaser, die auf Töten eingestellt sind, abgefeuert werden. Die Stimme der Frau bricht ab, und eine männliche Stimme übernimmt, die erklärt, das Raumschiff solle sich von ihnen fernhalten, es sei denn, Engel hätten sie geschickt. Die Sünder an Bord der Tsilkovsky würden bereuen oder zur Hölle fahren. Der Mann denkt einen Augenblick darüber nach und meint dann, er habe sich entschieden, sie auf jeden Fall zur Hölle zu schicken. Zuletzt hört man das Geräusch einer explodierenden Notluke. Die Übertragung ist beendet.

Als sie das andere Schiff erreichen, befiehlt Picard ein Außenteam hinüberzuschicken, das aus Riker, Data, Geordi und einigen Sicherheitsoffizieren besteht. Als sie dort ankommen, sehen sie auf einem Bildschirm, über die Konsolen verteilt, die Überreste der Leichen, die auf der Brücke explodierten, als die Luke weggesprengt wurde. Die Lebenserhaltungsysteme in anderen Gegenden des Schiffes sind auf 40 Grad unter Null eingestellt, so daß die Mannschaftsmitglieder dort erfroren sind.

Irgendwo hört Geordi eine laufende Dusche. Als er der Sache nachgeht, findet er die Leiche einer Frau, die vollkommen bekleidet geduscht hat. Die gleiche gerinnende Flüssigkeit wie in Roddenberrys Fassung tropft auf seine Hand und beginnt sofort zu jucken. Das Außenteam beamt zurück auf die Enterprise. Geordi wird schließlich auf die Brücke gerufen, aber er ignoriert den Befehl und besucht statt dessen Wesley. Der Junge erklärt, daß er einen Weg gefunden hat, die Machinen der Enterprise zu „frisieren". Geordi scheint wirklich beeindruckt und sagt, er könne es nicht abwarten, das Endergebnis zu sehen. Plötzlich tut es ihm leid, das Wort „sehen" benutzt zu haben. Er streichelt traurig Wesleys Wange und verläßt den Raum.

Auf der Brücke empfiehlt Data, die Enterprise sollte besser weit entfernt sein, falls Materiebrocken von dem kollabierenden Stern wegsprengten. Picard befiehlt, das Schiff in eine sichere Entfernung zu bringen und fragt sich, wo Geordi ist. Wir erfahren, daß Geordi in der Schiffsbar sitzt, von „Schmerz und Wut" erfüllt. Tasha trifft ihn dort und versucht, ihm zu helfen. Er fängt an zu weinen und greift sie an. In einem Akt der Selbstverteidigung schlägt sie ihn bewußtlos und ruft die Sicherheit. Später auf der Krankenstation untersucht ihn Beverly, aber sie kann nichts finden. Tasha geht und wischt sich den Schweiß von der Stirn. Die Krankheit hat auch sie erreicht.

Riker sitzt am Bibliothekscomputer und findet heraus, wo er schon einmal davon gehört hat, daß jemand voll bekleidet duschte: auf der ersten Enterprise unter Captain James T. Kirk. Er findet Aufzeichnungen über alles, eingeschlossen der Heilung. Picard versucht sofort, Beverly zu erreichen, bekommt aber eine merkwürdige Antwort. Er geht zur Krankenstation.

Tasha kommt in Trois Büro und sucht Rat, was für Sachen sie tragen könnte, um ihr Image zu verändern. Troi ist davon etwas überrascht und spürt Gefühle von „Unsicherheit und Hilflosigkeit". Beruhigend hält sie Tashas Hand und fragt, ob sie ihr helfen könne. Aber Tasha entscheidet sich, selbst in den Läden des Schiffes nach Kleidern zu suchen.

Picard kommt zur Krankenstation und findet die beiden Sicherheitsoffiziere, die Geordi hierhin gebracht haben, hysterisch lachend vor. Als er in Beverlys Büro kommt, fängt sie sofort an, ihm darzulegen, wie hart es ist, die Witwe eines Helden zu sein. Man hält sie für „heilig und unberührbar", und aus diesem Grunde hätten Männer im allgemeinen Angst, sich ihr als Frau zu nähern. Und dabei *brauche* sie jetzt einen Mann. Picard weiß irgendwie nicht, was er dazu sagen soll, deshalb ändert er das Gesprächsthema und erzählt ihr, Riker habe eine Heilung für die Krankheit gefunden, die sie möglicherweise alle infizieren könnte. Beverly stellt ihre Gefühle zur Seite und konzentriert sich auf das anstehende Problem. Sie studiert die Information, die Picard auf ihren Computer holt. Picard glaubt ihr, als sie sagt, sie werde sich sofort darum kümmern, doch kaum ist er gegangen, fängt sie wieder an zu weinen.

Im Maschinenraum sind die Chefin und ihr Assistent recht überrascht, als der Captain ihnen befiehlt, auf die Brücke zu kommen. Sie gehorchen, und sobald sie verschwunden sind, schlüpft Wesley in den Raum. Das Duo erfährt schließlich,

daß der Captain einen derartigen Befehl niemals gegeben hat. In diesem Augenblick hört man Wesley über das Kommunikationssystem des Schiffes. Er behauptet, er sei nun Captain und der Warpantrieb werde jetzt „Männchen machen und ein paar Tricks vorführen".

Riker und die Chefingenieurin begeben sich zum Maschinenraum, um Wesley zu entfernen, während Data Berichte erhält, die ihn an der geistigen Gesundheit der Crew zweifeln lassen. Der Captain versucht, Tasha zu erreichen, doch sie meldet sich nicht. Data soll nachprüfen, was los ist. Er findet Tasha in ihrer Kabine und ist überrascht, sie „in einem hellblauen, durchscheinenden Kleid anzutreffen. Ihr Haar ist locker arrangiert und sie trägt attraktives Make-up." Sie kommt auf ihn zu und erklärt, dies sei die Art, wie sie von Männern wahrgenommen werden wolle. Die rauhe äußere Schale, die sie um sich aufgebaut habe, sei nur ein Schutzpanzer gegen die Grausamkeiten ihres früheren Lebens. Sie berührt ihn, aber Data erklärt, er könne ihr mit ihren menschlichen, emotionalen Bedürfnissen nicht helfen, obwohl er natürlich wünscht, er könne das.

Picard wird von der Chefingenieurin informiert, daß Wesley die komplette Kontrolle über den Warpantrieb übernommen und gleichzeitig den Eingang zum Maschinenraum von innen versiegelt hätte.

Als er in Trois Büro kommt, findet Riker sie in einer fötalen Haltung zusammengerollt vor. Sie schreit vor Schmerz. Er nimmt sie in die Arme und versucht, sie zu trösten, während sie ihm offenbart, daß die Gefühle der Menschen um sie herum ihr Schmerzen bereiten, und daß sie es haßt, in ihrem Kopf niemals allein zu sein. Riker trägt sie zur Krankenstation. Dort trifft er Beverly, die sich hat kontrollieren können und einem kranken Crewmitglied das scheinbare Gegenmittel verabreicht. Doch offenbar handelt es sich bei dieser Krankheit nicht um genau die gleiche, von der Kirks Enterprise betroffen war. Andernorts versuchen Mannschaftsmitglieder mit Phaserfeuer in den Maschinenraum vorzudringen, wo Wesley noch immer mit dem Warpantrieb herumspielt.

Data kehrt auf die Brücke zurück. Picard befiehlt gerade, die Enterprise aus dem Orbit zu bewegen. Das Schiff ist schwerfällig und reagiert nicht. Der Android nimmt die Hand des Captains und fragt ihn, ob er ein richtiger Menschenjunge werden könne, wenn er gut ist.

Beverly arbeitet trotz ihrer eigenen Erkrankung an einer Heilung. Sie findet schließlich heraus, daß der Organismus, der Kirks Leute angriff, sich in irgendeiner Weise verändert hat und den Zucker im Blut nun in Alkohol verwandelt, wodurch sich eine sehr starke Trunkenheit entwickelt. Nachdem ihr dies klar geworden ist, kann sie möglicherweise die

Krankheit isolieren und hoffentlich eine Heilung finden.

Riker ist jetzt ebenfalls infiziert und erzählt Troi, er solle nicht versuchen, ihr aus dem Weg zu gehen, sondern sie in die Arme nehmen und ihr seine Liebe erklären. Tief in ihm vergraben liegt die Furcht, daß er den Weg so vieler potentieller Raumschiffcaptains gehen könnte, die allein, ohne die Wärme einer Frau leben. „Manchmal hat er das Gefühl, das Schiff warte nur darauf, von ihm Besitz zu ergreifen", formuliert Fontanas Treatment. „Und Gott weiß, daß er sich davon anziehen läßt. Er muß irgendwann aufhören und die Liebe einer Frau für sich finden, bevor er für immer verloren ist."

Picard, der ebenfalls unter den Einfluß der Krankheit gerät, ist verzweifelt, als er erfährt, daß ein Brocken aus der Sonne auf sie zu fliegt und das Schiff bewegungsunfähig ist. Er sucht Datas Hilfe, doch als er sich umblickt, sitzt dieser auf der hufeisenförmigen Reling der Brücke und benimmt sich wie ein „guter Junge": Er läßt seine Beine schlenkern und singt ein Kinderlied. Die Dinge entwickeln sich zum Schlechteren, als die Chefingenieurin mit dem Captain Kontakt aufnimmt und ihm berichtet, sie seien zum Maschinenraum durchgebrochen, doch Wesleys Experimente hätten die Dilithiumkristalle durcheinandergebracht. Der Schiffscomputer verkündet, sie hätten noch vierzehn Minuten bis die Enterprise von der Sonnenmaterie getroffen wird und es gäbe keine Möglichkeit, die Kristalle in dieser Zeit wieder richtig anzuordnen. Der Captain begibt sich zum Maschinenraum, während Data hinter ihm her hüpft. Die Analogie zu Pinocchio und Gepetto ist klar.

Im Turbolift leidet Picard nun unter dem vollen Einfluß der Krankheit, und er gesteht Data, er fürchte um das Leben der Mannschaft und ihrer Familien. Er weiß nicht, ob er es ertragen könnte, wenn den Kindern an Bord etwas passiert.

Beverly findet schließlich ein Heilungsmittel auf der Krankenstation. Sie behandelt sich selbst und Riker damit, und den beiden gelingt es beinahe sofort, sich zusammenzureißen. Als er herausfindet, daß der Captain auf dem Weg zum Maschinenraum ist, greift Riker sich ein Hyposprayz mit dem Gegenmittel und begibt sich dorthin. Picard ist angesichts der hoffnungslosen Situation mit dem Warpantrieb verzweifelt, versucht allerdings sein Bestes, sich so lange zusammenzunehmen, bis sie eine Lösung finden können. Wesley ist wütend darüber, daß man ihm seine Experimente weggenommen hat und meint recht herablassend, sie müßten einfach nur die normalen Startprozeduren kurzschließen. Das ergibt Sinn. Der Captain folgt dem Vorschlag augenblicklich, da es keine Alternative gibt.

Der Captain und Data werden von der Krankheit geheilt.

Riker erscheint, und sie kehren zusammen mit ihm auf die Brücke zurück. Im letzten Augenblick startet der Warpantrieb, und sie können der Sternenmaterie entkommen, die statt dessen die Tsilkovsky zerstört und so die Krankheit mit sich nimmt.

In kurzer Zeit sind alle an Bord der Enterprise wieder normal. Picard verkündet, sie würden eine Begräbniszeremonie für die Crew der Tsilkovsky abhalten, bevor sie zu ihrem nächsten Auftrag verschwinden.

Diese Version von „The Naked Now" ist weit effektiver als die spätere Form, obwohl es sich eigentlich um die gleiche Geschichte handelt. Der Ton der Story funktioniert besser als Gene Roddenberrys vorherige Fassung und seine spätere Überarbeitung. Das liegt, wie schon angemerkt, daran, daß Fontanas Treatment nicht so sehr mit Sex beschäftigt ist, sondern sich statt dessen auf das konzentriert, was die Geschichte eigentlich bewerkstelligen sollte: Einblick in die neuen Figuren zu geben.

Während Geordi und Wesley letztlich in der gleichen Weise von der Krankheit betroffen sind wie in der Bildschirmfassung, wird Tasha nicht zu einer „heißen Tusse". Statt dessen möchte sie als Frau wahrgenommen werden und nicht als Sicherheitsoffizierin; sie möchte ihr hartes Äußeres ablegen und eine weichere Seite offenbaren. Obwohl Beverly sich auch hier nach der Liebe eines Mannes sehnt, beklagt sie sich sehr überzeugend, daß sich kein Mann der Witwe eines Sternenflotten-Helden nähern will, weil man sie als „heilig und unberührbar" betrachtet. Das ist eine wunderbare Figurenzeichnung, und es ist schade, daß sie verlorenging.

Der Effekt der Krankheit auf Troi ist wundervoll und zeigt, wie schwierig es für eine Empathin sein muß, von den verwirrenden Gefühlen der Menschen umgeben zu sein. Picards Furcht, den Kindern könnte etwas zustoßen, paßt hervorragend zu seinem Charakter und bestätigt seine Erklärung aus „Encounter at Farpoint", er sei *kein* Familienvater und fühle sich in der Gegenwart von Kindern unwohl. Trotzdem sorgt er sich um sie, und seine Angst um ihr Leben ist ein sehr schöner Zug.

Datas Wunsch, ein richtiger Junge zu sein, entwickelt sich ganz natürlich aus seinem Charakter, hat er doch gesagt, er würde all seine überlegenen Fähigkeiten aufgeben, wenn er dafür die Chance bekäme, ein Mensch zu sein. Rikers Reaktion auf die Krankheit ist allerdings die beste. Wir erfahren, daß er glaubt, sich auf dem gleichen Weg zu befinden wie Captain Kirk oder Picard. Und er hat Angst davor. Eine Hälfte von ihm sucht die Einsamkeit eines Raumschiffkommandos, während die andere Hälfte sich nach einer Gefährtin sehnt. Der Kampf zwischen diesen beiden Seiten wird weitergehen und ihn ohne Zweifel den Rest seines Lebens begleiten.

Nun vergleiche man diese Situation mit dem Effekt, den die Krankheit in Roddenberrys umgeschriebener Version auf die Mannschaft hat. Geordi und Wesley bleiben in etwa gleich. Tasha geht es nur um Sex, und sie ist bereit, sich mit einem Mannschaftsmitglied auf dem Korridor oder mit Data einzulassen. Der Android sehnt sich nicht danach, ein Mensch zu sein, sondern verhält sich nur dämlich und beweist, daß er *alles* kann, was ein richtiger Mann auch kann. Beverly ist scharf auf Picard, und der Captain wiederum verhält sich wie ein schwärmender Teenager. Riker wird nicht wesentlich von der Krankheit betroffen, genausowenig Troi. Wo bleibt die Entwicklung der Figuren? Was erfahren wir über ihr Inneres? Nichts. Alles weg!

Man kann die beiden Versionen nicht wirklich miteinander vergleichen. Fontanas Original ist bei weitem überlegen, und es ist sehr schade, daß ihre Fassung in der endgültigen Folge nicht verwendet wurde.

"CODE OF HONOR"

„Code of Honor" ist ein typisches Beispiel für ein Star Trek-Skript, das sehr viele Änderungen durchmachte, bevor es auf den Bildschirm kam und trotzdem den Kern seiner Geschichte bewahren konnte. Das ursprüngliche Exposé von Katharyn Powers und Michael Baron schien für eine Serie geschrieben worden zu sein, die der alten Serie näherstand als der demilitarisierten Next Generation.

Ihre Fassung, die auf den 6. März 1987 datiert ist, beginnt mit einer ganzen Seite Notizen zum Planeten Tellis. Die Bewohner sind von reptilischer Art und „ein Volk, das von starken Kontrasten geprägt ist. Aufgrund der geologischen Instabilität ihrer Inseln war der Tod immer ein zentraler Faktor in ihrem Leben. Um das Überleben zu sichern, wurden die Tellisianer eine sehr fruchtbare Rasse. Das führte zu einer dichten Bevölkerung, die eine sehr begrenzte Landschaft bewohnt. Diese Faktoren spielten zusammen und schufen eine Kultur, die Wege finden mußte, mit dem Tod umzugehen, friedlich miteinander zu leben, und schließlich mußten sie ihre Grenzen in den Weltraum ausbreiten und andere Planeten kolonisieren."

Die Rasse entwickelte ihre eigene Kriegerkaste, die Kadim, deren Entwicklung derjenigen der Samurai in Japan ähnelt. Die Tellisianer besitzen starke Vorstellungen von Treue und Stolz, und sie legen großen Wert auf die Ehre. „Ein Krieger nimmt ein Leben rigiden Trainings bis zur Perfektion auf sich, und ihm ist klar, daß dieser Weg stets in den Tod führt. In diesem Wissen erlebt er jeden Augenblick sehr intensiv. Er genießt die Perfektion eines Regentropfens genauso so sehr wie einen Sieg im Kampf."

Die Geschichte beginnt auf einem Urlaubsplaneten, in dessen Orbit sich mehrere Schiffe befinden, darunter auch solche der Föderation und der Tellisianer. Tasha (die zu diesem frühen Zeitpunkt immer noch Macha heißt) nimmt an einem Schaukampf teil, in dem ein Zweikampf-Training demonstriert wird. Sie und der sechzehnjährige Sohn des Präfekten betreten den Ring. Zur gleichen Zeit wird Picard Lutan vorgestellt, dem Captain des tellisianischen Schiffes. Die beiden Männer tauschen Freundlichkeiten aus und widmen sich dann dem Kampf vor ihren Augen. Es ist offensichtlich, daß Lutan von Tasha sehr angetan ist.

Die Sicherheitsoffizierin gewinnt und wird bald von Riker und Picard wegen ihrer Uniform aufgezogen, die sehr sexy ist und wenig verbirgt. Sie entschuldigt sich, um etwas formellere Kleidung anzuziehen. Als sie ihre Garderobe betritt, wird sie von zwei Tellisianern gepackt. Der Junge, mit dem sie gerade „aufgetreten" ist, öffnet die Tür, als er Kampfgeräusche hört und muß zu seinem Schrecken sehen, wie

die Tellisianer und Tasha in einem Transporterstrahl verschwinden. Er geht zu Picard.

Der Captain ist von dieser Situation natürlich wenig angetan und versucht, Kontakt mit dem tellisianischen Schiff aufzunehmen. Sie erhalten aber keine Antwort, und die Tellisianer verlassen den Orbit. Die Enterprise nimmt die Verfolgung auf, und die Mannschaft versucht einen Plan zu entwickeln, um Tasha zu retten. Der Computer gibt an, Lutan gelte als sehr ehrgeizig und außerdem gefährlich. Zudem war Lutans Großvater einmal in eine Konfrontation mit der Enterprise unter dem Kommando von James T. Kirk verwickelt, in der der Föderations-Captain siegreich blieb. Data weist auf den Ehrenkodex der Tellisianer hin und meint, vielleicht sei Tashas Entführung ein Versuch der Tellisianer, ihre Ehre zurückzugewinnen. Picard ist anderer Meinung. Für ihn ist dies einfach nur eine Entführung, eine kriminelle Handlung. Deanna Troi, die den Captain studiert hat, spürt seine Gedanken, und ihr wird klar, daß sie beide etwas mit allen auf der Brücke gemeinsam haben: Jeder von ihnen wünscht, daß er anstelle von Tasha entführt worden wäre, weil die Sicherheitschefin eine so schreckliche Kindheit hatte.

Später in seiner tellisianischen Burg muß Lutan Tashas Wachen verdoppeln, denn sie weiß sich zur Wehr zu setzen. Trotzdem versucht er, ihr gegenüber gastfreundlich zu sein, aber seine Angebote treffen auf taube Ohren. Tasha kann seine Erklärung nicht akzeptieren, ihre Entführung stelle die Ehre seines Volkes wieder her, die ihnen der Sieg der anderen Enterprise genommen hatte.

Riker, Data, Troi und Geordi beamen auf den Planeten hinunter und werden von Lutans Frau Yarena empfangen. Sie teilt ihnen mit, man werde ihnen jetzt, da die Ehre wiederhergestellt sei, Tasha wieder zurückgeben. Man bereite ein Bankett für die Zeremonie vor. Sie geht, und Riker nimmt sofort Kontakt mit Picard auf, informiert ihn über die Situation und meint, daß Datas Theorie offenbar korrekt gewesen sei.

Bei dem Bankett verkündet Lutan seinem Volk, daß eine alte Schuld zwischen ihnen und der Föderation jetzt beigelegt sei, und er bietet Riker große Reichtümer an. Wir erfahren schließlich, daß es seine Absicht ist, Tasha zu kaufen. Riker ist empört, verlangt ihre Rückgabe und nennt alles andere einen kriegerischen Akt. Lutan sagt, es sei ein Akt der Liebe und nicht des Krieges. Das schlägt ein wie eine Bombe, vor allem für Tasha und Yarena. Riker gibt der Enterprise Anweisung, sie sofort hochzubeamen, aber er erhält keine Antwort. Sie werden von Lutans Wachen gefangengenommen.

Zu Picards Erstaunen hat das Schiff nicht nur den Kontakt mit dem Außenteam verloren, sondern auch mit der ganzen Insel. Irgendwie ist sie verschwunden. Im Bankettsaal sind Lutan und Yarena jetzt allein, und sie fühlt sich betrogen. Sie bittet ihn, sie nicht in dieser Weise zu entehren, aber er antwortet ihr nur mit kalter Grausamkeit.

Im Kerker der Burg sucht das Außenteam nach einem Fluchtweg. Sie treffen auf einen treuen Tellisianer namens Hinun. Er ist zum Tode verurteilt, weil er herausgefunden hat, daß Lutan Yarenas Onkel, den höchsten Kriegsherrn der Burg, langsam vergiftet. Da er in den Menschen eine Chance zur Rettung sieht, erzählt er ihnen, daß nur noch Yarena Lutan im Weg steht. Die Rechte an dem gesamten Land und Besitz auf Tellis gehören den Frauen, und die einzige Art, wie Männer sie unter ihre Kontrolle bringen können, ist durch Heirat. Sollte die Königin sterben, würde all ihr Besitz auf Lutan übergehen. Es sei denn, man könnte beweisen, daß sie – direkt oder indirekt – durch seine Hand starb. Das Außenteam wundert sich, warum Lutan eine Frau loswerden will, nur um eine andere zu heiraten.

In den Gasträumen der Burg besucht Lutan Tasha und tut sein Bestes, charmant und romantisch zu sein. Sie hat kein Interesse an ihm und hält sich nicht zurück, ihm das klar zu machen. Doch durch ihre Abweisung entflammt sein Begehren nur noch mehr. Als er schließlich sehen muß, daß er nicht weiterkommt, erklärt Lutan, das Leben ihrer Freunde hänge davon ab, daß sie sich ihm unterwerfe. Tasha wird klar, daß er diese Drohung ernst meint, und sie läßt ihre Verteidigung herunter und erlaubt ihm widerwillig, sich ihr zu nähern. Er umarmt sie gerade, als sich die Tür öffnet und Yarena eintritt. In ihrer Wut fordert sie Tasha zum rituellen Zweikampf der Frauen heraus.

Im Kerker entdeckt Geordis Visor einen schwachen Punkt in einem der Gitterstäbe ihres Gefängnisses. Mit seiner außerordentlichen Kraft kann Data ihn herausreißen, und wenige Augenblicke später sind sie frei und nehmen Hinun mit. Die Wachen stellen kein Hindernis da. Das Team läßt sie bewußtlos zurück, sobald es Tashas Aufenthaltsort erfahren hat. In der Meinung, ihre Chancen zu erhöhen, schickt Riker Troi und Data mit Hinun zum Onkel der Königin, denn der Tellisianer meint, die Kriegsherren würden eher dem alten Mann folgen als Lutan. Riker und Geordi werden inzwischen versuchen, Tasha zu befreien und das Gerät lahmzulegen – was immer es auch sein mag –, das die Verbindung zur Enterprise unterbricht.

Riker und Geordi räumen sehr schnell mit den Wachen vor Tashas Tür auf. Sie erklärt, die Tellisianer hätten ein Kraftfeld entwickelt, daß die Kommunikation mit dem Schiff verhindert. Sie glaubt, sie könne sie zum Kontrollzentrum bringen. Auf dem Weg dorthin treffen sie auf Yarena, und Tasha ergreift sofort die Gelegenheit, ihre Unschuld zu beschwören

und zu erklären, sie habe kein Interesse an Lutan. Die Königin glaubt ihr nicht und ruft die Wachen. Es brächte Schande über ihre Familie, wenn sie den Gefangenen helfen würde und Lutan würde sie hassen. Sie glaubt wirklich, daß ihr Kampf mit Tasha ihn zurückgewinnen wird.

Während er sich gerade auf den Kampf der Frauen vorbereitet, erfährt Lutan, daß Data, Troi und Hinun noch immer nicht gefunden sind. Der König verflucht sich, daß er den Tellisianer nicht sofort hinrichten ließ. Im Augenblick sieht er nur die Lösung, daß seine Männer Yarenas Onkel sofort töten. Nach dem Kampfritual will er, daß sie Tasha und die Enterprise-Leute umbringen. Seine Untergebenen sind schockiert und weisen darauf hin, daß so eine Aktion zum Krieg zwischen ihnen und der Föderation führen würde. Der Herrscher sagt, er habe sich mit Feinden der Föderation verbündet, und durch einen Krieg würden er und seine Gefolgsleute mehr Macht gewinnen.

Nachdem Tasha für den Kampf gekleidet ist, trifft sie sich mit den anderen, und Riker bittet sie, den Kampf zu verlieren. Es ist seine Überlegung, es würde Yarenas Ehre retten und Lutan davon überzeugen, daß es keinen weiteren Grund gibt, sie festzuhalten. Tasha würde das gerne tun, aber es ist ein Kampf auf Leben und Tod.

Hunin führt Troi und Data durch geheime Tunnel der Burg zum Zimmer des Onkels. Laut Exposé weiß der Onkel: „...daß seine Krankheit von Lutan verursacht wurde. Er ist schwach, doch entschlossen, mit ihrer Hilfe das Ritual zu verhindern, seine Nichte zu retten und dem Thronräuber das Handwerk zu legen."

Im Bankettsaal erklärt Riker Tasha, er wisse zwar, sie würde ihr Leben freiwillig für sie alle opfern, doch dies sei nicht der richtige Zeitpunkt dafür. Er möchte, daß sie so gut kämpft wie sie kann und das Ritual so lange wie möglich hinzieht. Der Kampf beginnt, ein Wettstreit, der mehr mit Kunstfertigkeit und Präzision ausgefochten wird als mit Stärke. Riker macht sich Sorgen, daß Tasha mit dieser Form des Kampfes nicht zurechtkommt.

Auf der Enterprise möchte Captain Picard Phaserfeuer auf das tellisianische Kraftfeld eröffnen, doch das könnte angesichts der besonderen Energieform zu einer nuklearen Reaktion führen. Er benutzt Wesleys brillanten wissenschaftlichen Verstand, um die Phaser des Schiffes so umzupolen, daß sie das Kraftfeld durchdringen können. Laut Exposé: „Picards Weisheit und Erfahrung zeigen sich in der Art und Weise, wie er den Jungen unterstützt – und in der Ruhe, die er ausstrahlt, damit der Junge sich intensiv auf seine Arbeit konzentrieren kann, ohne die Nerven zu verlieren."

[NOTIZ: Obwohl wir dieses Exposé gleich mit der gesendeten Version vergleichen werden, ist diese Szene doch jetzt schon in-

teressant. Sie wirkt ironisch, wenn man bedenkt, daß während der ersten Folgen Wesley ständig gesagt wird, er solle den Mund halten und die Brücke verlassen. Und das ist wiederum ironisch, denn schließlich hat er seine Fähigkeiten immer wieder bewiesen. Es wäre vielleicht logischer, wenn man die Figur so entwickelt hätte, daß Picard und sein geschultes Personal schon in der dritten oder vierten Folge die Tatsache akzeptiert hätten, daß der Junge brillant ist.]

Während des Kampfes gewinnt Tasha überraschenderweise die Oberhand und steht kurz davor, Yarena den Todesstoß zu versetzen. Sie zögert allerdings, und Lutan droht damit, Riker und Geordi töten zu lassen, wenn sie das Ritual nicht fortführt. Riker ruft dem Volk von Tellis zu, daß Tasha ehrenvoll gekämpft habe und daß es Lutan sei, der sich wie ein Dieb und Mörder verhalte. In diesem Moment betritt Yarenas Onkel zusammen mit Data, Hunin und Troi den Raum, und alle Leute erfahren die Wahrheit über Lutan. „Wie alle Tyrannen in der Geschichte benutzte er die Ehre im Namen von Verrat und Betrug."

Lutan wird festgenommen, und Riker erzählt dem Onkel, daß die Föderation ihnen die Hilfe geben kann, die sein Volk so offensichtlich braucht. Der alte Mann hört diesen Worten zu und denkt über die Möglichkeit nach, mit der Föderation Verhandlungen aufzunehmen.

[NOTIZ: Es gibt viele Unterschiede zwischen dieser und der gesendeten Version. So kommen Lutan und seine Untergebenen zum Beispiel an Bord der Enterprise, weil die Föderatin hofft, von ihnen ein Heilmittel gegen ein sehr ernstes Virus zu bekommen, das viele Planeten bedroht. Wie im Exposé glaubt Lutans Volk stark an Ehre und ist schnell beleidigt. Auch hier wird Tasha entführt, doch jetzt muß Picard auf den Planeten herunter und um ihre Rückgabe bitten, da dies die einzige ehrenhafte Handlungsweise ist. Picard folgt den Regeln, doch dann verkündet Lutan, er habe sich in Tasha verliebt und könne sie nicht gehen lassen. Feine Drohungen werden hin und her geworfen, bis Lutan erklärt: „Dann gibt es keinen Vertrag, keine Medizin und keinen Lieutenant Yar."

Yarena fordert auch hier Tasha zum Kampf auf Leben und Tod heraus, und sie wird dabei getötet, doch von Beverly Crusher wieder zum Leben erweckt. Die Leute von der Enterprise erfahren, daß Lutans Liebe für Tasha nur eine List war. Er wollte, daß die Sicherheitschefin Yarena tötet, so daß er alle Reichtümer seiner Frau an sich nehmen und mit ihnen machen könnte, was er wollte. Am Schluß aber leben beide Frauen, und Lutan wird zu Yarenas „Zweitem Ehemann" heruntergestuft. Die Enterprise bekommt den Impfstoff und erhält ihre Sicherheitschefin zurück.

Zweifellos ließ man Lutans Burg und die komplexen Sets aus Budgetgründen fallen, und die Tellisianer wurden von einer Reptilienrasse zu Schwarzen.

Wie schon am Anfang bemerkt, war die Originalversion von „Code of Honor" viel stärker auf Action orientiert. Das ließ man fallen, als klar wurde, daß sich das Format dieser Star Trek-Serie sehr von ihrer Vorgängerin unterscheiden würde. In der gesendeten Fassung funktioniert die Episode recht gut und läßt nur leichte Erinnerungen an die Episode „Amok Time" aus der alten Serie aufkommen.]

"THE LAST OUTPOST"

Die Ferengi hatten ihren ersten persönlichen Auftritt in Richard Krzemiens „The Last Outpost", einem Exposé, das schließlich von einem Produzenten der Serie, Herb Wright, zum Drehbuch verarbeitet wurde.

Das Exposé ist auf den 1. Mai 1987 datiert. Zu Anfang verfolgt die Enterprise ein Kriegsschiff der Ferengi, das eine Bergarbeiterkolonie auf Gamma 12 angegriffen und den T-4 gestohlen hat, ein Gerät, das selbst geringe Spuren von wertvollen Metallen, die sich Meilen im Inneren von Gestein befinden, ausmachen und lokalisieren kann.

Die Jagd geht weiter, und das viel kleinere Ferengischiff steuert in einen Asteroidengürtel hinein, um die Enterprise abzuhängen. Schließlich versteckt sich das feindliche Schiff auf der anderen Seite eines kleinen Planeten. Die Enterprise folgt ihm und will gerade die Grußfrequenzen öffnen, als hinter dem Raumschiff ein Ferengi-Schlachtkreuzer auftaucht, der dreimal so groß ist wie das Föderationsschiff. Die Schilde werden hochgezogen, als das größere Schiff das Feuer eröffnet. Doch bevor irgendein Schaden angerichtet werden kann, kommen alle drei Schiffe plötzlich zum Halt. Picard versucht, sein Schiff dort weg zu bekommen, aber anscheinend werden sie von einem starken Traktorstrahl der Ferengi festgehalten. Er will die Phaser abfeuern lassen, doch er erfährt, daß auf irgendeine Weise alle Computerspeicher, die sich auf die Verteidigungssysteme des Schiffes beziehen, gelöscht worden sind. Das gleiche ist der Biologie-Sektion passiert, und die Geschichtsabteilung meldet schließlich das selbe Problem. Die Schilde befinden sich auf Maximum, was ihnen laut Computer etwa zwei Stunden gibt, bis sie wieder verwundbar sind. Der Captain möchte, daß die Phaser bereit gemacht werden, doch Data erinnert ihn daran, daß sie ihre Schilde runterfahren müßten, um sie zu benutzen, und falls auch die taktischen Computer gelöscht sein sollten, würden sie sich möglicherweise selbst zerstören. Man versucht, mit den Ferengi zu kommunizieren, doch am anderen Ende antwortet ihnen nur Schweigen.

Bei einem Treffen des Stabes schlägt Tasha vor, sie sollten ihr Bestes versuchen, um zu kämpfen. Sie weist darauf hin, daß es vielleicht ein Fehler war, ganze Familien auf dem Raumschiff zuzulassen. Picard ist da anderer Meinung und erklärt, sie sollten jetzt nicht über eine Entscheidung der Vergangenheit streiten. Er werde alles in seiner Macht stehende tun, um die Familien vor Schaden zu bewahren, selbst wenn das bedeutet, sich zu ergeben.

Man schickt eine Kapitulationserklärung an das Ferengischiff. Augenblicke später erscheint ein blendendes Licht auf dem Bildschirm und das Bild von Picards gleichrangigem Gegenpart Taar. Laut Exposé haben die Ferengi „schlechte Augen, so daß sie stets in Umgebungen mit intensivem Licht operieren". Bevor Picard seine Kapitulationsbedingungen nennen kann, unterbricht ihn Taar, der nicht verstehen kann, wie es diesem kleinen Föderationsschiff gelungen ist, zwei Ferengischiffe lahmzulegen. Sie werden den T-4 zurückgeben und bieten das Leben der Offiziere an, um den Rest der Mannschaft vor Schaden zu bewahren, wie es bei den Ferengi in Ehrenfragen Brauch ist. Verständlicherweise ist Picard nun etwas verwirrt, aber er fängt sich schnell. Er sagt, er werde darüber nachdenken und beendet den Kontakt. Data weist sofort darauf hin, daß die Gefahr noch immer existiert, doch ihre Quelle sei jetzt ein Rätsel.

Geordi findet heraus, daß der Planet selbst Energie von den drei Schiffen absorbiert. Gleichzeitig entwickelt Data die Theorie, sie könnten sich im T'kon Reich befinden, einem Gebiet, das vor etwa 200.000 Jahren von einer Supernova zerstört wurde. „Um das Imperium zu betreten", schreibt Krzemien, „hatte man einen Wachplaneten zu passieren. Wer eintreten wollte, mußte etwas anbieten. Konnte man das nicht, bedeutete es den Tod. Was aber der Tarif war, was man anbieten mußte, um in das Reich zu kommen, das weiß niemand mehr." Riker beginnt sich zu fragen, ob Mitglieder des T'kon Reiches noch auf dem Planeten unter ihnen leben.

Im nächsten Augenblick nehmen die Ferengi mit der Enterprise Kontakt auf. Taar ist wütend, und vielleicht ist ihm die Situation auch peinlich. Gleichzeitig macht er Picard Komplimente wegen seines „Pokergesichts". Auch sie haben inzwischen in Erfahrung gebracht, daß der Planet für ihre Situation verantwortlich ist und nicht das Föderationsschiff. Letek, der Captain des kleineren Schiffes, spricht als nächster mit Picard, und die beiden kommen überein, daß ein gemeinsames Außenteam allen beteiligten Schiffen am Besten dienen werde. Sollte das Team erfolgreich sein, so verspricht Letek, werde die Enterprise ihr T-4-Gerät zurückerhalten.

Inzwischen nimmt unter der Oberfläche des Planeten eine kristalline Struktur die Form eines Wesens namens Dilo an und beobachtet ein holographisches Bild der Enterprise und der Ferengischiffe.

Aufgrund der seltsamen Energien, die der Planet ausstrahlt, landet das Außenteam nach dem Beamen an verschiedenen Orten. Doch alle haben überlebt, und die Gruppe findet wieder zusammen. Riker versucht sofort, mit dem Schiff Kontakt aufzunehmen. Er erhält keine Antwort, und wir sehen eine Reihe von Kristallen, die zu wachsen beginnen, als sie die Energie des Kommunikators absorbieren. Auf der Enterprise läßt Picard die Kommunikationssignale auf volle Stärke stellen, so daß sie das Außenteam von den Ereignissen informiert halten können, auch wenn diese nicht in der Lage sind, mit ihnen zu sprechen. Der Captain erfährt außerdem, daß es nur eine Frage der Zeit ist, bis der fortgesetzte Energieabzug auch die Lebenserhaltungssysteme des Schiffes betreffen wird.

Auf der Planetenoberfläche hat Riker einen der seltsamen Kristalle in die Hand genommen, und als er leise Picards Stimme vernimmt, beginnt der Kristall zu wachsen. Er hört erst auf, als die Kommunikation abbricht. Data hat die Theorie, die Kristalle seien eine Art elektronischer Schwämme und schienen Teil einer Zivilisation zu sein, die nicht mehr existiert. Geordi entdeckt einen elektromagnetischen „Wasserfall", der gen Himmel schießt. Sie nehmen an, daß es sich hierbei um den Traktorstrahl handelt, der die drei Schiffe im Orbit festhält. Als sie sich dorthin begeben wollen, werden sie von den Ferengi angegriffen. Letek richtet eine Waffe auf Riker und sagt, es sei leicht gewesen, die Menschen zu finden, denn sie hätten einen besonderen Geruch. Tasha versucht, sie anzugreifen, und der Ferengi feuert, aber der Strahl bewegt sich auf wunderbare Weise um Tasha herum. Ohne Fragen zu stellen feuert sie ihren Phaser ab, aber auch dieser verfehlt sein Ziel. Die Kristalle, die sie umgeben, absorbieren die abgegebene Energie. Es kommt zu einem Faustkampf, den das Außenteam gewinnt.

Riker ist wütend, weil sich der T-4 nicht wie versprochen in der Nähe befindet. Letek sagt, sie hätten ihn versteckt, doch befände sich alles Recht auf ihrer Seite, denn die Bergarbeiter hätten auf *ihrem* Planeten gegraben. Tasha sagt, die Föderation hätte nicht gewußt, wem der Planet gehört. Das interessiert die Ferengi nicht. Riker und Letek schließen ein Bündnis und hoffen, ein paar Antworten zu finden.

Auf dem Weg werden sie von einer Kreatur angegriffen, die aussieht wie eine Mischung aus einem irdischen Hund und einem Ferengi Uvex (ein nicht zu beschreibendes Geschöpf). Einer der Ferengi schubst Tasha aus dem Weg, bevor sie merken, daß es sich bei der Kreatur nur um eine Illusion handelt. Als der Ferengi aufsteht, sehen alle, daß er sich den Arm aufgeschnitten hat. Grünes Blut tropft aus der Wunde. Dann fängt sie zum allgemeinen Schrecken an, sich zu kristallisieren. Letek besteht darauf, daß Beverly ihm hilft, aber sie weist darauf hin, daß sie keine medizinische Ausrüstung hat, um die Wunde richtig zu untersuchen, bevor sie sie behandelt. Sie sieht sie sich allerdings genauer an und vergleicht sie mit einer Virusinfektion. Die Ärztin benutzt ein einfaches Anti-Virus-Mittel, um die Verbreitung der Kristallisation zu verhindern.

In seiner Höhle beobachtet Dilo das holographische Bild der beiden Teams. Dann berührt er eine Reihe von Kristallen.

Die Landeteams befinden sich auf einem Plateau und werden von den hundeähnlichen Kreaturen angegriffen, denen sie schon früher begegnet sind. Sie sind wild, doch die Menschen und die Ferengi helfen sich gegenseitig. Schließlich kommen sie zu der Überzeugung, daß es nur Illusionen sind, und die Tiere verschwinden. Dann befinden sich die Leute plötzlich in einer Kristallzelle. Nach Datas Meinung werden sie einem Test unterzogen, und sollte das der Fall sein, könnte es sich auch bei den Ferengi um Illusionen handeln. Diese wiederum weichen vor den Menschen zurück und bedenken die Möglichkeit, daß *diese* nicht real sind. In diesem Augenblick hört Riker Picards Stimme aus seinem Kommunikator, die erklärt, ein holographisches Bild von Dilo sei erschienen und habe verkündet, daß sie im Tor stünden und daß ihnen der Eintritt verweigert würde. Obwohl sie die Tests, denen er sie unterzogen habe, nicht bestanden hätten, sei er doch von den Ergebnissen verwirrt und noch nicht recht bereit, sie zu zerstören. Diese Verwirrung liegt an der Tatsache, daß die Menschen und die Ferengi sich zuerst gegenseitig umbringen wollten und dann anfingen zusammenzuarbeiten. Dilo kommt mit diesem Widerspruch in ihren Handlungen nicht klar. Um seine Fragen zu beantworten, muß er den Sitz des Wissens konsultieren.

Als Data dies hört, kommt er zu dem Schluß, daß diese Welt der letzte Planet des T'kon Reiches sei und daß Dilo zweifellos der letzte überlebende Torwächter sein müsse, dessen Aufgabe darin bestehe, nur diejenigen in das Imperium zu lassen, die es tatsächlich verdienen. Es ist Letek, der auf die Idee kommt, daß Dilo sich der Zerstörung des Reiches vielleicht noch gar nicht bewußt ist. Riker versucht nun herauszufinden, was der nötige Tarif sein könnte.

Ihr Gespräch wird unterbrochen, als Letek zu Boden fällt. Offenbar hat er große Schmerzen. Als sie ihn untersucht, entdeckt Beverly einen Schnitt an seinem Handgelenk, der auf diesem seltsamen Planeten tödlich ist. Sie zieht ihr Hypospray und will dessen letzten Rest verwenden. Doch der Ferengi überrascht alle, als er ihr sagt, sie solle es für ihre Flucht benutzen. Sie zögert einen Augenblick und wendet die Injektion dann auf die Wände an, die den kristallinen Infektionen ähneln. Die Kristalle werden brüchig und brechen zusammen.

Sie verlassen die Zelle und bemerken wieder den Energie-Wasserfall, den sie schon vorher gesehen haben. Riker schließt, daß dies die einzige Energiequelle ist, die tatsächlich den Planeten verläßt. Deshalb ist es ein logischer Schluß, daß hier die Kommunikation mit der Enterprise möglich sein sollte. Als sie dorthin kommen, finden sie zu ihrer Überraschung Dilo vor. Er versucht hier, mit dem Sitz des Wissens zu sprechen, aber es gelingt ihm nicht. Riker kontaktiert Picard und bittet ihn, die Schilde zu senken, so daß die Computer von dem Planeten in seiner unendlichen Suche nach Wissen gescannt werden können. Widerwillig stimmt Picard zu, und noch widerwilliger gibt Letek auf seinem Schiff einen ähnlichen Befehl.

Dilo ist traurig, da er gerade eben vom Tod seines Volkes erfahren hat. Was soll jetzt aus all dem Wissen werden, das auf diesem Planeten existiert. Riker meint, wenn Dilo wirklich an den Wert von Wissen glaube und an die Verbreitung dieses Wissens, dann solle er es mit anderen teilen. Er schlägt vor, Dilo könnte der Verwalter dieses großartigen Bibliotheks-Planeten werden.

„Laß jede Nation an dem Wissen von tausend Jahrhunderten teilhaben", sagt Riker. „Hilf uns, unsere Vorurteile abzulegen, damit wir uns der Weisheit und der höheren Wahrheit öffnen."

Diese Worte haben den erwünschten Effekt, und Dilo stimmt ihm zu.

Zurück auf der Enterprise informiert Riker den Captain, daß Letek sich bereit erklärt habe, beim Aufbau des großen Bibliotheks-Planeten mitzuhelfen. Die Föderation und die Allianz der Ferengi würden gleichberechtigten Zugriff darauf haben. „Jede Kultur wird nur so viel Information erhalten, wie sie ihrer Weisheit nach gebrauchen kann", sagt er.

[NOTIZ: Alles spricht dafür, daß „The Last Outpost", wäre die Geschichte in dieser Form verfilmt worden, mehr als dreimal so viel gekostet hätte wie eine normale Episode von The Next Generation. Obwohl die Story im wesentlichen erhalten blieb, gab es doch eine Reihe von Änderungen zwischen diesem ersten Exposé und dem letzten Skript.

So verfolgt die Enterprise zwar immer noch ein Ferengischiff, um das gestohlene Gerät wieder in ihren Besitz zu bringen, doch es nimmt kein Ferengi-Schlachtschiff an der Jagd teil. Die Idee der kristallinen Strukturen wurde fallen gelassen, ebenso die Hund-Kreaturen. Auch die Ferengi selbst verwandelten sich stark. Das ist auch physisch gemeint. Hier bekommt man das Gefühl, sie seien so groß wie normale Menschen. Auch machen sie den Eindruck eines Volkes mit starkem Charakter, wie Leteks Befehl beweist, daß Beverly den letzten Rest des Anti-Virus-Mittels gegen die Wände ihrer Zelle richten soll, anstatt ihn zu retten. In der gesendeten Version und in den folgenden Episoden erscheinen sie als kleinwüchsige Leute, die belustigend wirken und den anderen Figuren oft sehr auf die Nerven gehen können. Ehre besitzen sie keine.

Auch Dilo würde sich stark verändern, denn der Torwächter des T'kon Reiches ist in der Bildschirmfassung eine viel mächtigere Gestalt. Er ist allmächtig – tatsächlich wirkt er wie eine Imitation des allmächtigen Oz -, und man sollte nicht mit ihm spaßen. Er findet sowohl die Menschen als auch die Ferengi interessant, doch am Ende wird ihm der Edelmut der Enterprise-Leute klar, und er empfindet nur Verachtung für die Händlerrasse. Er schlägt Riker sogar vor, sie zu vernichten, falls er dies wünscht. „Aber dann würden sie nichts gelernt haben", antwortet der Commander. Man muß jedoch annehmen, daß diese Schonung ihr Ziel nicht erreicht hat, denn die Ferengi zeigten schließlich keine Anzeichen von Veränderung.

Alles in allem war „The Last Outpost" eine vergnügliche Episode. Trotzdem gab es auch diesmal wieder Ähnlichkeiten mit einer Folge der Originalserie, in diesem Fall „Errand of Mercy". Doch die Autoren Krzemien und Wright und der Regisseur Russ Mayberry haben einen guten Job erledigt, der Geschichte ihr eigenes Profil zu geben.]

"WHERE NO ONE HAS GONE BEFORE"

Zu Beginn des Exposés von Diane Duane und Michael Reaves, datiert auf den 17. Februar 1987, bereitet sich die Enterprise darauf vor, einen neuen Subraum-Antrieb zu testen. Der Erfinder Peter Kosinski ist mit seinem kleinen Sohn Karl an Bord. Laut Theorie sollte diese Schöpfung einem Schiff erlauben, direkt *durch* ein Wurmloch zu reisen und damit in wenigen Sekunden Hunderte von Lichtjahren zurückzulegen. Besonders Riker ist sehr neugierig auf den neuen Antrieb, der ihnen seiner Meinung nach erlauben wird, die gesamte Galaxis zu erforschen. Der Captain pflichtet ihm bei und denkt darüber nach, daß man durch diese Erfindung eines Tages herausfinden könnte, ob das Universum von einer göttlichen Kraft geschaffen wurde oder ob es durch Zufall entstand.

Kosinski ist stolz auf das Gerät, das möglicherweise seine größte Errungenschaft werden könnte, doch sein Sohn scheint mit irgend etwas unzufrieden zu sein und tut den Subraum-Antrieb als unwichtig ab. Das Gerät wird in Betrieb genommen, die Enterprise taucht ein in ein Wurmloch und verläßt es „ein paar Lichtjahre vom Kern der Galaxis entfernt. Vor ihnen steht eine vielfarbige dichte Ansammlung von Millionen Sonnen, die so nah beieinander stehen, daß man die Dunkelheit des Raums zwischen ihnen nicht mehr sehen kann. Es ist, als schwimme man in einem Meer leuchtender Juwelen."

Trotz eines leichten Schwindelgefühls, das alle erfaßt, macht sich ein feierliches Gefühl auf der Brücke breit. Aber das gute Ergebnis verwandelt sich sofort in ein schlechtes, als die Konsolen nicht mehr richtig funktionieren. Data studiert die Situation und informiert den Captain, daß die Gravitation der Sternenmasse alle Schiffssensoren vollkommen aus dem Gleichgewicht gebracht hat. Es ist ihnen unmöglich, einen Kurs zurück ins Föderationsterritorium festzulegen. Picard erklärt Kosinski, er müsse von ihrem jetzigen Standort aus einen neuen Kurs durch den Subraum finden. Karl Kosinski versucht, mit seinem Vater zu sprechen, aber der ist zu beschäftigt. Das macht den Jungen wütend.

*[NOTIZ: Die meiste Zeit bemüht sich Karl vergeblich um die Aufmerksamkeit seines Vaters. Seine Eltern sind geschieden, und er findet, er hätte auf der Erde bei seiner Mutter bleiben sollen. Er haßt es, daß sein Vater stets zu beschäftigt ist, um sich um ihn zu kümmern, und seine brodelnde Wut wächst so lange an, bis er irgendwann einfach wegläuft und durch die Enterprise wandert. Es ist ihm egal, wo er auskommt. Dies ist das einzige Element des Exposés, das etwas fußlahm daherkommt und der Ge-*schichte nichts Wesentliches hinzufügt. Dieser Plot ist voller Klischees und langweilt den Zuschauer.]*

Kosinski macht sich an die Arbeit, aber Riker verkündet ein neues Problem: Eine radioaktive Welle von einem explodierenden Stern nähert sich der Enterprise. Sie wird das Raumschiff in zehn Minuten erreichen und „durch unsere Schilde schneiden wie ein Laser durch Butter".

Es gibt nur eine Möglichkeit, sich zu retten: Kosinski muß den Subraum-Antrieb aktivieren, ohne daß man einen neuen Kurs festlegen konnte. Dies geschieht, und sie entgehen nur knapp der Zerstörung. Als sie aus dem Wurmloch wieder herauskommen, wirkt die Mannschaft stärker angegriffen als beim ersten Mal. Besonders Riker scheint betroffen, und als der Captain ihn nach seinem Zustand befragt, vergleicht der Erste Offizier ihn mit einem Alptraum, der sich um seine Erinnerungen windet. Aber er weigert sich, das genauer zu erklären. Dann schmerzt plötzlich sein Arm, und als er den Ärmel hochrollt, erkennt man Bißspuren. Leider ist keine Zeit, dies genauer zu erforschen und herauszufinden, was es damit auf sich hat.

Als sie den Bildschirm betrachten, erkennen sie, daß sie sich im intergalaktischen Raum befinden und auf eine Galaxis herabblicken. Picard möchte, daß Kosinski einen Heimatkurs festlegt, doch der Ingenieur erklärt, das sei ihm nicht möglich. Da ihr letzter Sprung rein zufällig war, muß er erst genau wissen, wo sie sind, bevor er eine Heimreise eingeben kann. Riker gibt den Befehl, nach wiedererkennbaren Pulsaren zu suchen, die ihnen eine Ahnung von ihrem Standort geben könnten.

Inzwischen ruft Beverly Crusher die Brücke und informiert den Captain, daß sie eine Reihe von Patienten mit blauen Flecken und Quetschungen hat, die sich nicht erinnern können, wo die Verletzungen aufgetreten sind.

Data wirft ein, die Nachwirkungen des letzten Sprungs hielten länger an als bei dem ersten. Außerdem erklärt Deanna Troi, das mentale „Hintergrundgeräusch", das sie normalerweise wahrnimmt (und das von den Gehirnen von Milliarden intelligenter Wesen der bewohnten Galaxis herrührt), sei offenbar unhörbar geworden.

Picard und Kosinski werden auf die Krankenstation gebeten, wo sie eine Kalium-Injektion erhalten, da die Sprünge dieses Mineral aus den Körpern der Mannschaftsmitglieder zu ziehen scheinen. Mit Ausnahme von Data ist jeder davon betroffen. Bald darauf entwickeln einige Leute Halluzinationen und Verfolgungsängste. Picard erklärt, wenn der neue Antrieb so auf seine Leute wirke, wären sie gezwungen, ihn abzustellen und mit Hilfe des Warpantriebs wieder in ihr eigenes Gebiet zurückzukehren, was allerdings Jahre dauern würde.

Als Picard und Kosinski wieder auf die Brücke kommen, informiert sie Riker, daß es *keine* erkennbaren Pulsare gibt. Offenbar befinden sie sich in einer vollkommen anderen Galaxis, und sie können auch nicht sagen, in welchem Universum sie sich aufhalten.

Die Krankheit beginnt, sich auf dem Schiff auszubreiten. Es kommt zu Halluzinationen, die so real sind, daß Leute körperlich auf sie reagieren. So erwähnt das Exposé jemanden, der einen Kampf wiedererlebt, bei dem er einen Schlag auf die Nase bekam, und plötzlich beginnt seine Nase zu bluten. Auf der Brücke findet Picard zu seinem Entsetzen den leblosen Körper von Jack Crusher. Dann ist er wieder verschwunden. Er erzählt Beverly davon, und dabei kommen die alten Gefühle wieder an die Oberfläche. Als er noch einmal auf die Bißspuren an seinem Arm blickt, erinnert sich Riker, daß er einmal von einer drakonischen Sandkatze gebissen wurde.

Da sie keine Alternative sehen und nicht gerade begeistert sind von der Idee, den Rest ihres Lebens auf einem Raumschiff zu verbringen, versuchen sie einen weiteren Subraum-Sprung. Während der Reise verstärken sich die Halluzinationen. Beverly befindet sich plötzlich auf der Brücke der zerstörten Stargazer, und vor ihr steht Captain Picard und hält die Leiche von Jack Crusher in seinen Armen. Jeder auf der Enterprise hat seine eigenen Halluzinationen. Am Ende dieses letzten Sprungs finden sie zu ihrem Entsetzen nur Finsternis auf dem Bildschirm. Sie sind an einen Ort gekommen, wo nichts existiert. Schließlich entdeckt das Schiff weit entfernte „Lebenszeichen", und als man den Bildschirm auf maximale Vergrößerung stellt, erkennt die Crew einen „verschwommenen Punkt", bei dem es sich scheinbar um das Universum handelt – „von *außen* betrachtet".

Wieder befindet sich die Crew mit der Ausnahme von Data in geschwächtem Zustand. Das Kalium geht aus, und Beverly weiß nicht, was sie als nächstes tun soll.

Kosinski begibt sich in den Maschinenraum, um den Subraum-Antrieb zu kontrollieren, der laut Exposé von einem Schwarzen Loch auf Quantenbasis angetrieben wird. Während das Schiff damit problemlos klarkommt, deaktivieren sich die Anti-Materie-Gondeln aufgrund der sich ständig ändernden Realitäten, durch die sie reisen. Nach Meinung von Kosinski haben sie noch die Möglichkeit zu *einem* Subraum-Sprung. Jeder weitere würde alle Energie des Schiffes verbrauchen, auch die der Lebenserhaltungssysteme.

Sie machen den letzten Sprung, obwohl sie fürchten, das Schwarze Loch könnte das Raumschiff zerstören. Im Wurmloch beginnt das Schiff sich heftig zu schütteln, und die Halluzinationen fangen wieder an.

Nach dieser Reise befindet sich das Schiff inmitten „eines flammenden Infernos aus Licht und fließenden Farben". Nur die Schilde bewahren sie vor der Zerstörung. Kosinski kommt zu dem Schluß, daß sie in einen Monoblock geraten sind, in ein kosmisches Ei, ähnlich jenem, das nach Meinung mancher Leute explodierte und unser Universum erschuf. Troi erzählt Picard, sie fühle wieder eine Hintergrundintelligenz. Beverly meldet mehr als 200 Fälle von Delirium, und der Zustand breitet sich aus wie eine Infektion.

Die Situation wird verzweifelt. Riker hat die Idee, das Schiff sollte versuchen, Energie von dem Monoblock abzuzapfen, um die Maschinen wieder aufzuladen. Kosinski meint, das könnte möglicherweise funktionieren, aber er weist darauf hin, daß sie damit vielleicht den Monoblock zur Explosion bringen, was ein neues Universum schaffen würde. Doch da der Monoblock außerhalb des normalen Raum/Zeit-Kontinuums existiert, könnte die erfolgende Explosion sie in ihr eigenes Universum zurückwerfen.

Picard gibt sein Okay zu der Energieabschöpfung. Die Enterprise macht den Sprung, und der Monoblock explodiert hinter ihnen. Im Fahrwasser des Schiffes ersteht ein neues Universum, genau wie Kosinski vorhergesagt hat.

Schließlich taucht die Enterprise wieder im Föderationsraum auf. Der Mannschaft ist unbeschreiblich schlecht, doch ansonsten scheint alles ziemlich in Ordnung zu sein. Obwohl sie dankbar sind, wieder zu Hause zu sein, finden sie es merkwürdig, daß sie wieder genau dort ausgekommen sind, von wo sie gestartet waren.

„Vielleicht hatten wir Hilfe", sinniert Picard. „In diesem Augenblick der Schöpfung hat vielleicht etwas oder jemand erkannt, daß wir nicht dorthin gehören und uns nach Hause geschickt."

„Oder wir waren selbst die Schöpfer", entgegnet Riker.

Auf diese Aussage gibt es keine Antwort. Data informiert die beiden, daß sie exakt sechs Tage fort waren. Picard entgeht die Ironie dieser Tatsache nicht, und er fügt hinzu: „Ich glaube, wir sollten uns den siebten Tag frei nehmen."

[NOTIZ: Eine sehr phantasievolle Geschichte mit einer wunderbaren Lösung. Abgesehen von der Grundidee des Monoblocks und der Erschaffung eines neuen Universums, liegt einer der größten Unterschiede zur Bildschirmfassung in der Tatsache, daß Kosinski hier als ein netter Mensch erscheint. Er ist ein hochgeachteter Wissenschaftler, dessen Leistungen ihm eine Position geben, in der Picard und Riker ihm vertrauen, mag seine Erfindung auch noch so phantastisch sein.

Die Grundstruktur der Halluzinationen funktioniert hier ganz anders. Die Menschen reagieren körperlich auf ihre Visionen. In der gesendeten Version wurden die Illusionen kurze Einbrüche in die Realität, doch hier schienen sie die Figuren viel stärker zu treffen.]

Zu Anfang der zweiten Version des Exposés, die auf den 24. März 1987 datiert ist, erfahren wir, daß Peter Kosinski auf der Akademie ein Zimmer mit Picard geteilt hat. Es gibt also eine besondere Nähe zwischen den beiden, als der Mann an Bord beamt.

Riker spricht mit dem Wissenschaftler über den Subraum-Antrieb und gibt zu, er fühle sich etwas unwohl dabei, die Enterprise diesen Experimenten anzuvertrauen. Data andererseits kann es kaum erwarten, mit den Tests zu beginnen.

Das Gerät wird installiert, und die Enterprise setzt ihren Auftrag fort, Aufzeichnungen von einer sterbenden roten Sonne zu machen, die kurz davor steht, zu einem Schwarzen Loch zu kollabieren. Leider waren die Berechnungen falsch. Es kommt früher als erwartet zu der „Zusammenziehung", und die Enterprise wird mit großer Geschwindigkeit in das Loch hineingezogen. Kosinski gelingt es, seine Schöpfung zu aktivieren, doch da sie auf einem Partikel eines Schwarzen Loches basiert und das Schiff in ein Schwarzes Loch hineinstürzt, erhöht sich die Leistung nicht wie geplant um sieben Prozent sondern irgendwo im Bereich von siebenhunderttausend Prozent.

Als sie aus dem Sprung herauskommen, befinden sie sich innerhalb der Sternhaufen, die die Milchstraße umgeben. Sie erfahren, daß das Raumschiff Hunderte von Lichtjahren von Zuhause entfernt ist.

Kosinski weist darauf hin, daß das Schwarze Loch, das der Warpantriebs-Verstärker benutzt, beschädigt worden sein könnte. Sollte das der Fall sein, müßten sie einen Weg finden, die Energie des kollabierenden Sterns zu duplizieren, wenn sie wieder nach Hause wollen. Der Wissenschaftler begibt sich in den Maschinenraum, und Picard begleitet ihn. Die beiden Männer erzählen sich gegenseitig aus ihrem Leben, da sie sich seit Jahrzehnten nicht mehr gesehen haben. Der Captain erfährt, daß Kosinskis ungeborener Sohn an einer Krankheit starb, die selbst die Medizin des 24. Jahrhunderts nicht heilen konnte. Er wirkt abwesend, als er davon spricht, doch Picard spürt den tiefen Schmerz seines Freundes. Um die Situation noch zu verschlimmern, wurde Kosinski von seiner Frau verlassen, als sie herausfand, daß er Träger der gleichen Krankheit ist. Der Wissenschaftler hat jetzt das Gefühl, er habe sich zu sehr geöffnet. Er entschuldigt sich und geht wieder an die Arbeit. Man unternimmt einen weiteren Sprung.

Das Ergebnis ist das gleiche wie in der vorherigen Fassung. Die Mannschaft wird noch weiter von Zuhause fortgetragen, und alle fangen an, Dinge zu sehen, die in Wirklichkeit nicht existieren. Die Leute sind desorientiert, und die Gesetze von „Ursache und Wirkung" scheinen hier nicht zu funktionieren, wo immer *hier* auch sein mag. Kosinski selbst

ruht sich ein wenig in seiner Kabine aus und wird von einem kleinen Jungen besucht, der sich als sein toter Sohn identifiziert. Da er weiß, daß das Kind eine Illusion ist, erzählt Kosinski niemandem davon. Er reißt sich aus der Halluzination heraus. Da die Realität in einem Schwarzen Loch zusammenbricht, kommt er zu dem Schluß, daß der Warp-Verstärker „leck" sein könnte. Also wird sich dieser bizarre Zusammenbruch der Realität fortsetzen, solange das Gerät an Bord ist. Leider können sie die Maschine nicht los werden, denn sie ist ihre einzige Möglichkeit, wieder nach Hause zu kommen.

Die Halluzinationen gehen weiter. Picard betritt sein Quartier, wo er glaubt, Beverly Crusher „in einem aufreizenden Nachtgewand" anzutreffen. Doch als sie sich umdreht, hat sie kein Gesicht. Er weiß nicht, was das bedeuten soll. Als er mit Beverly Kontakt aufnimmt, um sich zu beruhigen, erfährt er, daß sie eine Halluzination hatte, in der die Leiche ihres Mannes auf die Brücke der Stargazer gebracht wurde, doch das Gesicht des Toten gehörte Picard.

Der Captain geht zu Troi, um die Situation mit ihr zu besprechen. Sie sagt ihm, die Mannschaft leide unter *projektiven* Halluzinationen. In anderen Worten, sie projizieren nicht ihre eigenen Ängste, sondern sie erfahren die Ängste anderer Menschen. Picard denkt darüber nach, und ihm wird klar, das er und Beverly „ein paar interessante Fragen zu besprechen haben, was ihre Gefühle füreinander betrifft."

Bald ist Kosinski bereit, einen weiteren Sprung zu versuchen. Er wird wieder von dem Sohn besucht, den er niemals hatte, kann aber nicht damit umgehen und flieht aus seiner Kabine. Der Junge folgt ihm und erweist sich als real, da andere Mannschaftsmitglieder auf ihn reagieren.

Die Enterprise springt noch einmal, und nun ist das Ergebnis noch katastrophaler. Die Instrumente funktionieren nicht mehr, es kommt zu physischen Veränderungen der Schiffsstruktur, und die Halluzinationen sind stärker als zuvor. Tasha (die hier Tanya heißt) findet sich auf die Höllenwelt zurückversetzt, wo sie die ersten Jahre ihres Lebens verbrachte. Kosinski kommt zu dem Schluß, daß sie mit einem weiteren Warpsprung wieder nach Hause kommen müßten.

Inzwischen sucht das Kind, das offenbar Kosinskis ungeborener Sohn ist, weiter nach seinem Vater. Es trifft schließlich auf Wesley, und sie machen sich gemeinsam auf die Suche nach Kosinski. Mitten in einem Schritt verschwindet das Kind und läßt einen erstaunten Wesley zurück. Auf der Brücke schreit Kosinski plötzlich, er müsse seinen Sohn finden. Dabei weiß jeder, daß er kinderlos ist. Picard hat keine andere Wahl, als den offenbar verrückt gewordenen Wissenschaftler festnehmen zu lassen. Doch die brennende Frage bleibt zurück: Wenn Kosinski sie nicht wieder nach Hause bringen kann, wer dann?

Später kommt Beverly auf die Brücke, um von weiteren Zusammenbrüchen in der Mannschaft zu berichten, und Wesley erscheint fast gleichzeitig. Die Erwachsenen sprechen darüber, daß Kosinski keinen Sohn hat, aber Wesley sagt, er habe das Kind gesehen. Troi ist erstaunt und weist darauf hin, daß dies das erste Anzeichen für eine geteilte Vision ist. Kosinski wird freigelassen und darf wieder auf die Brücke. Kaum trifft er dort ein, als auch sein „Sohn" auftaucht. Sie versuchen, ihn auszufragen, doch der Elfjährige hatte keine Erinnerungen, die vor diesen Tag zurück reichen. Er weiß nur, daß er seinen Vater gesucht hat, und jetzt hat er ihn gefunden. Dann wird das Kind wieder durchsichtig, doch Kosinski umarmt ihn und sagt: „Ich möchte dich nicht noch einmal verlieren. Du bist real, und du bleibst bei mir." Der Junge wird wieder fest, was Troi zum dem Schluß bringt, daß etwas real wird, sobald man es als real akzeptiert. Sie müssen nur daran *glauben*. Sie entscheiden, daß sie dies in die Lage versetzen sollte, wieder nach Hause zu kommen.

Kosinki weist darauf hin, daß sein Sohn zweifellos verschwinden wird, sollten sie es schaffen. Picard antwortet, das Leben des Jungen stehe gegen das Leben aller an Bord der Enterprise. Kosinski wird klar, was er tun muß.

Sie versuchen einen weiteren Sprung, doch sie bewegen sich nicht von der Stelle. Statt dessen schwebt eine Miniaturversion der Enterprise in der Luft. Nach Datas Meinung spiegelt diese Enterprise ihre eigene wieder. Ihnen wird klar, daß dieses Miniaturraumschiff ebenfalls ein Gerät mit einem Schwarzen Loch besitzen muß, und wenn man die beiden Schiffe verbindet, wird vielleicht eines von ihnen verschwinden und das andere taucht wieder im Föderationsraum auf. Natürlich kann niemand sagen, welcher Enterprise das gelingen wird.

Nachdem man das Miniaturschiff vorsichtig in den Maschinenraum manövriert hat, verbinden sich die beiden Schwarzen Löcher, und die richtige Enterprise erscheint wieder an ihrem Ausgangspunkt. Alles ist wieder normal, mit einer Ausnahme: Kosinskis Sohn existiert noch immer!

Nachdem sie den Wissenschaftler und seinen Sohn auf dem Planeten Hamal abgesetzt haben, denkt Data darüber nach, warum das Kind real geblieben ist. Vielleicht ist diese seltsame Emotion namens Liebe stärker als die Wirklichkeit.

[NOTIZ: Diese Version des Exposés funktioniert bei weitem nicht so gut wie das Original. Sie scheint komplizierter als notwendig und ist deshalb manchmal etwas verwirrend und unlogisch. Eine Sache, die bei der Weiterentwicklung der Geschichte erhalten bleiben würde, war die Idee, daß Gedanken etwas mit Raum, Zeit und Realität zu tun haben.

Kosinskis Sohn würde es nicht auf den Bildschirm schaffen. Bei seiner Geschichte wurde auch niemals die Logik in Frage gestellt, daß das Kind real blieb, als die Enterprise in unser Universum zurückkehrte. Der Wissenschaftler ist in dieser Version sogar noch sympathischer, weil er früher auf der Akademie ein Zimmer mit Picard geteilt hat. Es ist verwunderlich, wie aus ihm der „pompöse Esel" des letzten Skripts werden konnte.]

Die erste Drehbuchfassung von „Where No One Has Gone Before", datiert auf den 17. April 1987, folgt der gleichen Storyline wie die letzte Exposéfassung. Die Halluzinationen sind etwas ernster, ebenso die physischen Schäden der Enterprise, doch im Grunde bleiben alle wesentlichen Punkte der Geschichte dieselben. Die zweite Fassung des Drehbuchs vom 22. Juni 1987 steht der Version, die es schließlich auf den Bildschirm schaffte, weit näher, doch bleibt sie ihr irgendwie unterlegen. Man kann unmöglich feststellen, ob diese Fassung von Duane und Reaves stammt, oder ob es sich hier um Roddenberrys ersten Versuch handelt, die Story in den Griff zu kriegen.

Diese Fassung beginnt mit einem Logeintrag Captain Picards, der uns informiert, Captain Amula vom Raumschiff Resolute habe ihm die Dienste eines Reisenden angeboten, der sich als fähig erwiesen hat, die Effizienz ihres Warpantriebs zu erhöhen. Der Captain bespricht die Situation mit Amula über den großen Bildschirm auf der Brücke und wird informiert, daß der Reisende ursprünglich vom Kommandanten der Valiant, Captain Jans, empfohlen wurde, der ihn von der Constitution bekam. Picard fragt, was der Reisende als Gegenleistung verlangt und erfährt, der Außerirdische suche nur eine Reisemöglichkeit. Er will durch die Galaxis reisen und auf andere Schiffe überwechseln, wann immer dies möglich ist. Als Bezahlung für seine Reise ist er gerne bereit, den Warpantrieb des Schiffes zu verbessern.

Riker ist etwas mißtrauisch, als er hört, daß die Geschwindigkeit der Resolute um 3 Prozent verbessert worden sei, und er möchte wissen, wie der Reisende das macht. Amula weiß es ehrlich gesagt nicht. Deshalb hat die Föderation den Wissenschaftler Paul Kosinski beauftragt, den Reisenden zu begleiten und seine Theorien zu erlernen. Picard hat sich noch nicht entschieden, ob er das Risiko eingeht, jemand Fremdem zu erlauben, mit den Maschinen zu experimentieren. Kosinski „verbürgt" sich für den Reisenden, doch das lindert Picards Sorgen nicht. Data weist darauf hin, falls ein Problem vorläge, so wäre es schon auf den drei anderen Schiffen aufgetreten. Der Captain holt die Meinung von Riker ein. Nummer Eins meint, es sei einen Versuch wert, doch er wolle jeden Aspekt der Operation überwachen. Picard pflichtet ihm bei.

Kosinski und der Reisende beamen auf die Enterprise,

und Picard beginnt den Alien über seine Fähigkeiten zu befragen. Der Reisende erklärt, er tausche sein Wissen gegen die Reise, doch wenn der Captain nicht wünsche, daß er den Warpantrieb verbessere, dann werde er es lassen. Riker führt die beiden schließlich zum Maschinenraum. Als sie fort sind, erzählt Troi dem Captain, sie habe in Kosinski ein starkes Gefühl von Selbstzweifel entdeckt und den brennenden Wunsch, sich persönlich zu bereichern. Doch beim Reisenden habe sie überhaupt nichts gespürt, so als sei der Fremde gar nicht da.

Im Maschinenraum stellt sich der Reisende als Hamalki vor und trifft auf Wesley Crusher. Die beiden mögen sich vom ersten Augenblick an. Gleichzeitig kommt es zu einem Gespräch zwischen Riker und Kosinski, und wir hören die Feindschaft in ihren Worten. Während der Commander jedes Detail der Operation verstehen will, bevor er es *irgend jemandem* erlaubt, mit den Maschinen zu spielen, ist der Wissenschaftler so arrogant in seinem Eigendünkel, daß er versucht, Riker wie ein Kind zu behandeln, das zu dumm ist, die Prinzipien hinter den Gleichungen zu begreifen. Nachdem der Reisende alle Formeln ausgesprochen hat, setzt Riker großes Vertrauen in Wesleys Verstand und fragt ihn nach seiner Meinung. Der Junge schlägt vor, das Experiment durchzuführen. Riker denkt darüber nach und informiert den Captain, sie seien bereit.

„Auf das Wort dieses Jungen hin!" Kosinski ist verblüfft. „Was, wenn er abgelehnt hätte?"

Riker entgegnet: „Wenn ich auf seine Meinung keinen Wert legen würde, hätte ich ihn nicht gefragt. Nachdem er sie mir gegeben hat, warum sollte ich sie nicht annehmen?"

[NOTIZ: Wir können jetzt schon eine Reihe von Unterschieden zwischen dieser Version und den früheren Exposés wahrnehmen. Zunächst einmal ist Kosinski nicht mehr Picards alter Mitbewohner, sondern jemand, dem der Captain noch nie begegnet ist. Außerdem erfüllt ihn nicht tiefe Traurigkeit über den Verlust seiner Familie, sondern er erscheint sehr großspurig und unsympathisch. Und besonders produktiv ist er auch nicht. Er hat überhaupt nichts mit den Warpantriebs-Experimenten zu tun. Diese fallen in die Hände der neuen Figur, Hamalki, des Reisenden. In der letzten Version arbeitet diese Figur als Kosinskis Assistent (obwohl er immer noch für die Warp-Experimente verantwortlich ist), und er erklärt, sein Name sei für Menschen unaussprechlich.

Wir werden ein weiteres Mal Zeuge, wie Wesleys Verstand mit Respekt behandelt wird, und man ihn nicht als kleines Kind abtut. Das ist erfrischend im Vergleich zu den gesendeten Versionen einiger früherer Folgen, bei denen jeder ihm entweder sagt, er solle den Mund halten und die Brücke verlassen oder bei denen man seine Warnungen einfach ignoriert, obwohl er schon mehr-

mals das Schiff gerettet hat. In der Bildschirmversion von „Where No One Has Gone Before" erkennt der Reisende Wesleys Intelligenz und vergleicht ihn mit einem Mozart oder einem Einstein. Er überzeugt Picard davon, daß man den Jungen ermutigen sollte, seinen Verstand zu entwickeln. Aus diesem Grund macht der Captain Wesley am Ende der Episode zum Fähnrich ehrenhalber.]

Der Reisende geht an die Arbeit. Riker bemerkt, daß der Alien nichts anderes macht, als das, was sie normalerweise auch tun. Wesley sagt, das stimmt. Er mache es nur *besser.* Hamalki hört dies und blickt den Jungen für einen Moment an, doch dieser Augenblick ist lange genug für einen Rechenfehler. Die Enterprise macht ihren ersten Sprung. Als das Schiff wieder zum Halt kommt, hat es innerhalb weniger Minuten 380.000 Lichtjahre zurückgelegt. Picard beruft ein Treffen ein. Dort entschuldigt sich der Reisende und erklärt, er habe sich ablenken lassen. Kosinski ist begeistert, daß sie einen Ort erreicht haben, wo die Menschheit erst in Äonen hinkommen wird, aber niemand sonst scheint so beeindruckt. Sie machen sich mehr Sorgen darüber, wie sie wieder nach Hause kommen.

Kosinski plädiert dafür, die Formeln zu studieren, die sie hierhin gebracht haben und nicht die Gegend selbst. „Dieser Teil der Galaxis und jeder andere Ort im Universum wird bald so einfach zu erreichen sein wie ihre eigene Kabine. Bitte, versuchen wir diesen Vorgang zu verstehen. Dann können wir jederzeit wieder hierhin zurückkommen. So oft wir wollen."

Riker stimmt ihm zu, und Picard folgt seiner Einschätzung. Der Reisende macht sich wieder an die Arbeit. Vorher bittet er Wesley, sich auf ihn zu konzentrieren. In dem Augenblick vor dem nächsten Sprung, scheinen Teile des Fremden zu flackern, zu verschwinden und wiederzuerscheinen. Am Ende der nächsten Reise hat sich die Enterprise insgesamt 1.840.000 Lichtjahre vom Kern ihrer eigenen Galaxis entfernt. Erstaunt geht der Captain in den Maschinenraum. Kaum hat er die Brücke verlassen, als Lieutenant Worf (der endlich auch zur Mannschaft gehört) einen klingonischen Hund auf der Brücke bemerkt. Er lächelt – was noch niemand je zuvor bei dem finsteren Offizier gesehen hat.

Picard befindet sich inzwischen im Turbolift. Als die Türen sich öffnen, tritt er fast in die endlose Weite des leeren Raumes. Er weicht zurück in den Lift, die Türen schließen sich. Als sie sich wieder öffnen, findet er sich im Maschinenraum wieder, wo er auch hin wollte.

Auf der Krankenstation untersucht Beverly den jetzt bewußtlosen Reisenden, der offenbar unter extremer Erschöpfung leidet. Auf der Brücke hat Tasha inzwischen das Gefühl, sie befinde sich wieder auf dem Höllenplaneten ihrer Geburt und werde von den Vergewaltigerbanden verfolgt. Dann endet die Vision genauso schnell, wie sie begann. Tasha ist wieder auf der Brücke. Picard tritt ein. Ohne zu fragen, wo er herkommt, befiehlt er, „den Hund" von der Brücke zu entfernen.

Der Captain wendet sich an Data und Troi und erklärt, alles, woran sie dächten, würde real. Er möchte wissen, ob es dafür irgendeine wissenschaftliche Theorie gibt. Ihm wird gesagt, er gäbe keine. Picard geht und übergibt Riker das Kommando über die Brücke. Der Commander bestätigt den Befehl und befindet sich im nächsten Moment in einer Turnhalle, mitten in einem Ballspiel. Er fängt den Ball auf, und dieser verwandelt sich plötzlich in Sand. Als er wieder auf der Brücke ist, rinnt zu Rikers Erstaunen noch immer Sand durch seine Finger auf den Boden.

Picard muß über diese Situation nachdenken und ist auf das Beobachtungsdeck gegangen. Dort trifft er seine Mutter, die schon lange tot ist. Sie geraten in ein Gespräch, doch schließlich unterdrückt der Captain die Illusion. Er befiehlt Rotalarm für die Enterprise, und als die Reflexe einsetzen, wird die Crew aus ihren Phantasien herausgerissen. Er informiert sie, daß sie ihre Gedanken kontrollieren müssen, bevor sie nicht mehr zwischen Traum und Realität unterscheiden können. Picard geht zur Krankenstation und nimmt Troi mit. Er befiehlt, den Reisenden wieder zu Bewußtsein zu bringen, obwohl Beverly ihn warnt, das könnte den Alien töten. Hamalki überlebt und erklärt, daß im Grunde ihre Gedanken sie hierhin gebracht hätten: „Die Energie der Gedanken ist sehr stark, wenn man sie richtig konzentriert", sagt der Reisende leise. „Ich bin wie eine Linse, die diese Kraft bündelt." Er gibt zu, er habe ein paar Fehler gemacht, obwohl er eigentlich nur ein Beobachter hatte sein wollen. Picard möchte wissen, ob er sie zurückbringen kann, doch Kosinski unterbricht. Er ist der Meinung, sie dürften nicht gehen. Niemand werde je wieder so weit kommen wie sie.

Es sei von großer Wichtigkeit für die Wissenschaft, daß sie hier blieben. Picard ist anderer Meinung und wendet sich wieder an den Reisenden. Kosinski geht, und Troi meint, der Mann werde versuchen, sie hier zu halten. Für ihn stellt diese Situation eine Gelegenheit dar, aus seiner Mittelmäßigkeit herauszutreten, sich einen Namen in der Geschichte zu machen. Picard nimmt mit Tasha Kontakt auf, und befiehlt, überall nach Kosinski zu suchen.

Tasha und Geordi finden und überwältigen den Wissenschaftler. Der Reisende ist inzwischen wieder im Maschinenraum, wo er einen weiteren Sprung versuchen will. Picard richtet eine Botschaft an das gesamte Schiff und bittet die Mannschaft, sich auf den Reisenden und seine Aufgabe zu konzentrieren und ihren Verstand von allen anderen Gedanken zu reinigen. Zusammenarbeit ist die einzige Möglichkeit, wieder nach Hause zu kommen. Wieder springt die Enterprise, und diesmal kommen sie erfolgreich an ihren Ausgangsort zurück, doch es hat sie den Reisenden gekostet — er ist verschwunden.

Später wird Wesley auf die Brücke gerufen. Picard, der sich über die Verdienste des Jungen bei dieser letzten Mission im klaren ist, macht ihn zum Fähnrich ehrenhalber. Er fügt hinzu, der Junge würde sich die Position eines richtigen Fähnrichs *verdienen* müssen.

[NOTIZ: Obwohl diese Version zufriedenstellend ist, funktioniert sie bei weitem nicht so gut wie die gesendete Fassung, und das trotz der Tatsache, daß sich die beiden Geschichten eigentlich sehr stark gleichen. Die verfilmte Episode ist stromlinienförmiger. Die Illusionen werden besser eingesetzt und die Figuren voller entwickelt. Wir verstehen Wesley besser, und der Reisende ist geheimnisvoller.

Wieder war die Transformation, die diese Geschichte vom ersten Exposé bis zur gesendeten Episode durchmachte, sehr faszinierend zu beobachten. Beide Erden haben kaum Ähnlichkeit miteinander, doch beide funktionieren sehr gut.]

"LONELY AMONG US"

Michael Halperins Original-Exposé von „Lonely Among Us", datiert auf den 26. Mai 1987, legt gleich zu Anfang den Ton fest, für alles, was folgen wird: „Obwohl man seit dem Anfang der Raumfahrt große Fortschritte gemacht hat, kommt es auch im 24. Jahrhundert immer wieder zu kleinen Fehlern im Zusammenspiel zwischen Menschen, Außerirdischen und Computern. Solche Fehler können sogar im kalt-funktionierenden Antriebssystem eines Schiffes wie der Enterprise auftauchen."

Die Geschichte beginnt mit einer Notsituation. Picard erfährt, daß die Dilithiumkristalle des Schiffes aufgrund eines Defektes in ihrer ursprünglichen Struktur zusammenbrechen. Der nächste Ort, an dem der Schaden repariert werden kann, ist Capella V, ein etwa 72 Stunden entfernter Planet. Das Schiff hat gerade genug Energie, um diese Reise zu schaffen – wenn überhaupt. Auf dem Weg treffen sie auf eine Wolke im Weltraum, „die als flackernde, baumähnliche Struktur erscheint". Nach Worfs Meinung sollten sie dieses Phänomen studieren. Picard stimmt zu, solange die Reise nicht verzögert wird. Worf schlägt vor, ein Photonentorpedo auf die Wolke abzufeuern, damit die Sensoren die resultierenden Energien aufzeichnen können.

[NOTIZ: Den Maschinenfehler wird man später fallenlassen, und das aus gutem Grund. Das 24. Jahrhundert, wie es von Gene Roddenberry und seinen Mitarbeitern postuliert wurde, ist kein Ort, wo die Maschinerie „abstürzt". Außerdem klingt die „baumähnliche Struktur" sehr nach dem Kristallwesen, das man schließlich in der Episode „DataLore" verwenden würde. Und zu guter Letzt ist es nicht einzusehen, warum ein Photonentorpedo benutzt wird, um Informationen über die Wolke zu sammeln. Die Schiffssensoren können solche Daten auch ohne Unterstützung sammeln und haben dies in der Vergangenheit oft genug getan.]

Riker und Troi blicken über den Bildschirm auf die Wolke. Die Beraterin findet, sie ähnele einem Symbol der betazoidischen Philosophie, das dem brennenden Dornbusch gleicht. Von diesem Anblick bewegt, sendet Troi ihre Gefühle aus, die von Riker wahrgenommen werden. Für einen Augenblick, so schreibt Halperin, „spürt Riker ihren Wunsch, ihn zu erreichen". Es scheint, als kämen alte Gefühle wieder an die Oberfläche, wenn auch nur für einen Augenblick. Aber es ist Riker, der sich zurückzieht. Offenbar ist dies nicht der richtige Zeitpunkt.

Der Captain gibt Worf den Befehl, das Photonentorpedo abzufeuern. Es schießt los und explodiert, wobei es die Wolke aufreißt und für eine Lichtshow sorgt, wie niemand sie je zuvor gesehen hat.

[NOTIZ: Zu dem Zeitpunkt, als dieses Exposé geschrieben wurde, beschäftigte man sich noch mit der Riker/Troi-Romanze, obwohl diese Szene nicht in die gesendete Folge kommen sollte. Dies war ein ständiges Ärgernis in der ersten Staffel von The Next Generation. Die Mitarbeiter schienen nie zu wissen, ob die Figuren jetzt romantisch zusammen kommen sollten oder nicht. In einer Folge empfanden sie tatsächlich etwas füreinander, und in der nächsten bekam man das Gefühl, sie seien einfach nur Kollegen. Dieses Fehlen von Kontinuität stellte ein gewisses Problem für regelmäßige Zuschauer der Serie dar.]

Geordi LaForge und ein Mechaniker nehmen ein Shuttle, um die Austrittsöffnung des Traktorstrahls an der Außenhülle der Enterprise zu reparieren. Sie kann offenbar nicht mehr geschlossen werden. Während der Arbeit bemerken sie nicht, wie sich ein Partikel der Gaswolke auf sie zu bewegt. Der Mechaniker, der durch eine Rettungsleine mit dem Shuttle verbunden ist und an der physischen Reparatur des Traktorstrahls arbeitet, wird von der fremden Energie getroffen. Er hat sofort Probleme, und Geordi muß ihn retten. Als LaForge ihn erreicht, scheint der Mechaniker verrückt zu werden und wehrt sich, als versuche er, einem Feind zu entkommen. Geordi kann ihn schließlich überwältigen und bringt ihn zurück ins Shuttle. Als er das Raumschiff um Hilfe anfunkt, sieht Geordi zu seiner Überraschung eine Aura um den Körper des Mechanikers.

Das kleine Boot läuft im Shuttle-Dock ein und wird von Tasha Yar, Beverly Crusher und Troi empfangen. Die Betazoidin nimmt wahr, daß sich der Mechaniker wie ein verängstigtes Kind fühlt. Tasha bringt den Mann an einen Ort namens „Hochsicherheits-Krankenstation". Ohne, daß es jemand bemerkt, geht „eine leichte elektrische Entladung" von dem Mechaniker auf sie über.

Auf der Brücke informiert Troi den Captain über die Situation im Shuttle-Dock. Der Captain denkt einen Augenblick darüber nach und bittet dann Crusher, den Mann vollständig zu untersuchen und auch sein psychologisches Profil zu überprüfen. Vielleicht gibt es ja etwas in seiner Vergangenheit, das eine derartige psychotische Episode hat verursachen können.

Die Szene wechselt zur Sporthalle. Laut Skript ist sie „mit den radikalsten und fortschrittlichsten Fitneßgeräten gefüllt. Geordi und Wes benutzen eine Maschine, die sie in einen motivierenden Dialog verwickelt, der zu einem regelrechten Wortgefecht führt, als das Gerät sie überzeugen will, härter zu trainieren. Tasha unterrichtet eine Klasse in Selbstverteidigung. Die Leute tragen modifizierte Karate-Uniformen, die der Zeit angemessen sind."

Alles scheint normal und Tasha demonstriert ein Verteidigungsmanöver, als sie plötzlich von Wut erfüllt scheint. Dann sieht Geordi die Aura um sie herum, als sie den „Angriff" eines Partners zu ernst nimmt und sich mit einem Todesgriff verteidigt. Bevor es zu einem Unglück kommen kann, wird sie von Wes, Geordi und einigen anderen von dem Mann fortgezerrt. Einen Augenblick später ist sie wieder normal und kann nicht erklären, was geschehen ist.

Andernorts studiert Troi das psychologische Profil des Mechanikers und findet nichts, was auf eine psychotische Episode hinweisen könnte. Inzwischen hat Riker von dem Zwischenfall in der Turnhalle erfahren. Er und Troi besuchen Tasha auf der Krankenstation. Nach Trois beruflicher Meinung braucht Tasha unbedingt etwas Urlaub. Sowohl Picard als auch Riker stimmen dieser Einschätzung zu. Dann informiert Geordi sie über die Aura, die plötzlich erschien und ebenso schnell wieder verschwand.

Der Mechaniker darf die Krankenstation verlassen. Als er den Korridor hinunter in Richtung Turbolift geht, befindet er sich „unter der Fernkontrolle des Wesens, das sich jetzt in Tasha eingenistet hat".

[NOTIZ: Das Geschäft mit dem Traktorstrahl kommt vollkommen unerwartet. Wir erfahren nie, was das Problem ist und warum es existiert. Nimmt man den Zusammenbruch der Dilithiumkristalle hinzu, bekommt man den Eindruck, die neue und verbesserte Enterprise wiese noch einige technische Mängel auf.

Wir sehen jetzt, warum der Photonentorpedo nötig war: Die Wolke mußte gesprengt werden, damit ein Partikel auf die Enterprise zufliegen konnte. Zufälligerweise befindet sich dort das Shuttle, und noch zufälligererweise arbeitet der Mechaniker gerade am Traktorstrahl, damit er bequem von dem Partikel getroffen werden kann. Nur ein kleines bißchen zu konstruiert.

Interessant ist jedoch, daß das fremde Wesen von einer Person auf die andere hinüberwechselt und dabei jeden Gastkörper unter seiner Kontrolle behält. In der gesendeten Episode wird das Schiff infiziert, als es durch die Wolke fliegt, und die „Besessenheit" der Mannschaftsmitglieder bezieht sich immer nur auf eine Person.

Es ist schön, andere Bereiche des Schiffes, wie die Sporthalle, zu Gesicht zu bekommen. Dies hätte einen detaillierteren Blick auf die vielen Funktionen erlaubt, die die Enterprise erfüllt. Es ist schade, daß dieses spezielle Detail verlorenging.]

Troi und Riker studieren Tasha. Die Beraterin erklärt, sie fühle sehr viel Selbstvertrauen bei Tasha, doch das könnte man möglicherweise darauf zurückführen, daß sie ihre furchtbare Vergangenheit sicher bewältigt hat. Als die Sicherheitschefin die Krankenstation verläßt, äußert Troi die Vermutung, sie könnte an einem unentdeckten Virus leiden. Sie weist darauf hin, daß so etwas schon früher vorgekommen ist (und leider auch später immer wieder vorkommen sollte).

In der Krankenstation spricht Wesley mit seiner Mutter über Tashas Situation. Sie versucht, ihm seine Sorgen zu nehmen und sagt, alle Untersuchungen wiesen darauf hin, daß es sich nur um einen kurzzeitigen Anfall gehandelt habe, der mit größter Wahrscheinlichkeit nicht wieder auftreten werde. Da der Junge keine andere Wahl hat, als diese Aussage zu akzeptieren, geht er in den Navigationsraum, um seine Studien fortzusetzen. Dort angekommen hilft er Worf, die Gaswolke zu vermessen, die sie detoniert haben. Sobald der Klingone verschwunden ist, ruft Wes eine holographische Sternenkarte auf und studiert sie.

Auf der Brücke informiert Riker den Captain über Trois Meinung, es könnte sich ein Virus an Bord der Enterprise befinden. Picard beauftragt Beverly, sofort alle Symptome zu erforschen. Er nimmt an, die Krankheit sei durch das Shuttle an Bord gekommen und breite sich seitdem auf dem Schiff aus. Worf erscheint und gibt alle Informationen in der Computer, die er über die Wolke gesammelt hat. Augenblicke später hat Data seine Analyse der Daten beendet und erklärt, dieses seltsame Phänomen strahle ein Schwerkraftfeld aus, wie er es noch nie gesehen habe. Wäre die Enterprise auch nur etwas näher gekommen, dann hätten sie bei dem Versuch, der Kraft entgegenzuwirken, „wertvollen Treibstoff" verloren. Picard bittet Worf, den Fall genau zu dokumentieren. Das sollte die Sternenflotte dazu anspornen, das Phänomen genauer zu studieren.

In einem Bereich, der als „Reinigungsräume" bezeichnet wird, untergehen sowohl Tasha als auch Geordi einem Dekontaminierungs-Prozeß. Tasha ist dankbar, daß Beverly sie jetzt als normal einstuft. Als die beiden Frauen sich jedoch berühren, geht die fremde Energie auf die Ärztin über.

Gleichzeitig wandert der infizierte Mechaniker durch das Schiff und studiert soviel er nur kann. In der Krankenstation erhält die von dem Fremden kontrollierte Beverly geistige Bilder dessen, was der Mann sieht. Der Kontakt wird abgebrochen, als Wesley die Krankenstation betritt, doch schon nach kurzer Zeit geht das Wesen von der Mutter auf den Sohn über.

[NOTIZ: Die Figuren arbeiten offenbar fast alle nicht in den Bereichen, in denen sie eigentlich Experten sind. So kümmert sich Worf die ganze Zeit um Dinge, die zu Datas Aufgaben gehören. Der Wissenschaftsoffizier ist für solche Phänomene wie die Wolke zuständig. Und warum schließt Troi, daß Tasha das Opfer einer Krankheit sein könnte, wenn eigentlich Beverly so etwas herausfinden müßte?]

Der von dem Fremden kontrollierte Wesley sitzt wieder im Navigationsraum und studiert weiter die Sternenkarten. Mit Hilfe des Computers beginnt er, einen Kurs festzulegen, der die Enterprise wieder zu der Wolke zurückführen müßte. In diese Szene werden Bilder aus dem Computerraum hineingeschnitten, wo der Mechaniker die Kontrollen manipuliert. Inzwischen betritt Data den Navigationsraum, studiert die Sternenkarte und fragt Wesley, was er da mache. Die geplante Route verschwindet vom Bildschirm, und Wesley scheint wieder er selbst zu sein. Der Android sagt, es sei Zeit für ihre Schachstunde. Sie gehen in den Freizeitraum, wo sie an einem Hologramm dreidimensionales Schach spielen. Die Figuren werden durch Handkontrollen bewegt. Wesley beginnt, Data grundlegende Fragen über das Schiff zu stellen, über das Antriebssystem, über seine volle Kapazität und ähnliches. Data ist überrascht, solche Fragen von Wesley zu hören, denn er dachte, der Junge kenne alle Antworten. Wesley sagt, er kenne sich nur „im Groben" aus, und es wäre ihm sehr lieb, wenn Data sozusagen „seinen Horizont erweitern" könnte. Da Data der „Mensch" ist, der er nun einmal ist, steht er seinem Freund gerne zu Diensten.

Auf der Brücke informiert Riker den Captain, die Reise nach Capella V verlaufe genau nach Plan. Auf dem Planeten bereite man sich schon auf die Reparaturen vor. Im Freizeitraum gewinnt Wesley die Schachpartie, was Data sehr erstaunt. Es ist das erste Mal, daß ihn ein Mensch im Schach geschlagen hat. Wesley führt es darauf zurück, daß er so einen guten Lehrer hat. Die beiden schütteln die Hände, und der Fremde geht auf Data über. Der besessene Android geht wieder auf die Brücke, wo ihn Picard um gewisse Informationen bittet. Data hat Schwierigkeiten, mit seiner üblichen Effizienz zu antworten, und Troi spürt eine große Angst in ihm. Riker lacht darüber: Data sei eine Maschine und könne gar keine Angstgefühle haben. Troi ist nicht so recht davon überzeugt. Plötzlich spielt Data gewissermaßen verrückt, und Worf muß ihn überwältigen. Dabei kann der Fremde auf den Klingonen übergehen. Data scheint wieder normal zu sein und dankt Worf für seine Hilfe. Worf nickt mit einer Geste, die für ihn ungewöhnlich weich ist und geht zurück an seine Station.

[NOTIZ: Wieder liegt der Hauptkritikpunkt darin, daß die Figuren sich so unnatürlich benehmen. Es ist einfach nicht zu glauben, daß niemand Verdacht schöpft. Eine solche Naivität spricht nicht gerade für die Crew, die als die Beste der Sternenflotte gilt.]

Picard ist Worfs Benehmen unheimlich, und er schickt ihn auf die Krankenstation. Der Klingone weigert sich und erklärt, er wolle auf seinem Posten bleiben. Sicherheitsoffiziere werden gerufen und eskortieren ihn zur Krankenstation. Als sie fort sind, erklärt Troi, etwas oder jemand beeinflusse die Mannschaftsmitglieder. Picard kann das eigentlich nicht glauben, da sie doch schon seit einiger Zeit nicht mehr auf einen Planeten gebeamt haben. Warum, so meint er, sollte ein „blinder Passagier" so lange darauf warten, seine Anwesenheit kund zu tun. Trotzdem ist ihm klar, daß etwas seine Crew beeinflußt, und er will diesen Eindringling entdecken.

Er nimmt mit Beverly Kontakt auf und erfährt, daß sie bei niemandem ein medizinisches Problem gefunden habe.

Troi gesteht Riker gegenüber, daß sie von vielen Leuten doppelte Signale auffängt. Mit anderen Worten: Es ist, als wohnten zwei Persönlichkeiten in einem einzelnen Körper. Der Commander sagt, es gäbe schon seit Jahren keine Schizophrenie mehr auf der Erde. Wahrscheinlich mache sie sich nur zu viel Sorgen. Troi geht.

Andernorts spricht Data mit Geordi und beschreibt das bizarre Gefühl, das er erfahren hat. Er habe sich sehr einsam gefühlt und den Wunsch verspürt, wieder mit seinen eigenen Leuten zusammen zu sein. Es ist sehr verwirrend für ihn. Sie sprechen beide mit Picard darüber, der jetzt überzeugt ist, daß Troi recht hat. Riker macht sich Sorgen um sie. Er sagt, sie habe zu Worf gehen wollen.

Riker besucht Trois Büro, und sie erklärt ihm, mit Worf sei alles in Ordnung. Sie umarmen sich, und Riker bedauert, daß der Zeitpunkt nie richtig zu sein scheint. Die Betazoidin erinnert ihn an die Zeit, die sie miteinander verbracht haben, bevor sie sich trennten. Der Commander lächelt und sagt, er wünsche, sie könnten diese Augenblicke zurückholen. Troi hat eine Idee und führt ihn zum Holodeck, wo sie die Umgebung des irdischen Monument Valley aufrufen. Sie umarmen sich leidenschaftlich, vergessen ihre „berufliche" Beziehung und beginnen sich zu lieben. „Dabei fluktuiert das Wesen zwischen ihnen beiden als wären sie eine Person."

Auf der Brücke informiert Data den Captain, daß die Computerkontrollen sich scheinbar auflösen. Vielleicht liegt das am Zusammenbruch der Dilithiumkristalle. Er schlägt vor, sie umzuleiten, bis das spezielle Problem entdeckt ist. Picard stimmt zu.

Riker betritt die Brücke und befiehlt Data, den Kurs des Schiffes zu ändern. Sie sollen wieder zur Wolke zurückfliegen. Der Android gehorcht sofort und geht auf Warp Neun, was viel Treibstoff verbrauchen wird. (Man wünscht sich, daß das Wort „Treibstoff" für das Antriebssystem vermieden würde. So drängt sich einem das Bild einer Enterprise auf, die bei einer Tankstelle einfliegt, wobei Picard sagt: „Auftanken!") Der Captain verlangt zu wissen, warum Riker einen derartigen Befehl gegeben hat. Troi erscheint und erklärt, der Fremde habe jetzt Riker unter seiner Kontrolle. Picard möchte direkt zu dem Wesen sprechen, und Riker scheint in eine Art von Trance zu versinken. Das fremde Wesen spricht durch seinen Mund.

Es erklärt, es wolle die Enterprise nicht zerstören, doch müsse es selbst leben. Es hat aber nur zwei Wahlmöglichkeiten: entweder zerstört es sich oder die Enterprise. Picard versucht, das Schiff wieder auf den alten Kurs zurückzubringen, aber es gelingt nicht. Der Fremde hat die absolute Kontrolle, und das sagt er dem Captain auch.

Während sich das Schiff der Gaswolke nähert, erzählt Troi, der Fremde habe etwas erfahren, das er nicht vollkommen verstehen könne – Liebe. Das Wesen stimmt zu. Diese Erfahrung sei sehr verwirrend gewesen, aber auch seltsam erregend. Picard wirft ein, vielleicht könnten beide Rassen voneinander lernen.

Auf dem Holodeck bildet der besessene Riker die innere Struktur der Wolke ab, „ein wunderschönes kristallines Gebilde von der Komplexität einer Galaxis". Das Wesen verläßt Rikers Körper und erscheint als „ein Kristall fluktuierenden Lichts". Es erklärt, es müsse bald in seine heimatliche Umwelt zurückkehren oder es werde sterben. Es kann diesen Weg nicht allein zurücklegen und braucht das Raumschiff. Picard akzeptiert das, aber er argumentiert, das Leben eines einzelnen Wesens könne nicht das von 900 Menschen aufwiegen. Das Wesen wiederum nimmt diese Logik nicht an und erklärt, die Enterprise sei in seine Welt eingedrungen, als sie den Torpedo in der Wolke detonierte. In den Worten des Exposés: „Mehr als ein einzelnes Individuum wird sterben, wenn die Energie des Wesens vergeht. Es repräsentiert die Summe von Äonen überlegener Intelligenz. Die Enterprise würde ein inneres Universum zerstören, das auf einer höheren Ebene existiert." Das Wesen meint, der Captain sei dafür verantwortlich, es nach Hause zu bringen. Obwohl Picard dem zustimmt, weist er darauf hin, daß er für das Leben seiner Mannschaft verantwortlich ist und daß die menschliche Rasse nicht länger ein Volk von Zerstörern sei.

Das Wesen versteht, wovon der Captain spricht. Es hat die Liebe erfahren, die diese Menschen füreinander empfinden: das Band, das zwischen Beverly und ihrem Sohn oder zwischen Riker und Troi existiert.

„Die Menschen haben nicht den kalten Luxus einer emotionslosen Existenz", führt Picard aus. „Doch sie fühlen füreinander. Wir müssen einander vertrauen, wenn wir die Enterprise und dich retten wollen."

Picards Plan sieht vor, den „Steinschleuder-Effekt" zu verwenden, so daß sie zu einem früheren Zeitpunkt mit minimalem Treibstoffverlust auf Capella V ankommen (diese Methode wurde zuletzt in *Star Trek IV: The Voyage Home* benutzt, um die alte Enterprise in der Zeit zurückzuwerfen). Die „Schwungkraft" dieser Aktion sollte genügen, um das fremde Wesen zur Wolke zurückzubringen. Es sagt, es werde sein neugefundenes Wissen über die Menschen mit dem Bewußtsein der Wolke teilen. Vielleicht werde der nächste Kontakt zwischen ihnen unter besseren Bedingungen stattfinden.

Der „Steinschleuder-Effekt" wird angewandt, das Wesen kommt wieder nach Hause, und die Enterprise erreicht Capella V.

[NOTIZ: Obwohl der Anfang der Geschichte den Eindruck vermittelt, das fremde Wesen übernehme nacheinander die Mannschaftsmitglieder und setze ein Szenario wie in Invasion of the Body Snatchers [Die Dämonischen] in Gang, funktioniert das Ende doch recht gut. Es ist erfrischend, ein außerirdisches Wesen zu haben, das verzweifelt um sein Leben kämpft und nicht die gesamte Menschheit erobern oder die menschliche Rasse zerstören will, weil sie Barbaren sind.

Nachdem dies gesagt ist, muß man allerdings klarstellen, daß dieses Treatment eine Reihe von Problemen aufweist. Die meisten davon wurden bereits besprochen. Die Figuren sind einfach nicht so intelligent, wie sie eigentlich sein müßten. Sie verhalten sich teilweise recht lächerlich oder erkennen das Offensichtliche nicht.

Dorothy Fontana hat diese Geschichte später vollkommen umgeschrieben, dabei aber Halperins Thema und seine Grundstory beibehalten. In der gesendeten Fassung eskortiert die Enterprise zwei fremde Rassen, die sich bis auf die Knochen hassen, zu einem Parlamentsplaneten. Die Fremden haben Mord im Sinn, und es liegt an der Mannschaft des Raumschiffes, den Frieden zu wahren. Das scheint der Folge „Journey to Babel" aus der Originalserie zu ähneln. Und das tut es auch. Fontana schrieb auch diese Episode.

Anstatt ein Photonentorpedo in die Wolke zu schicken, fliegt die Enterprise selbst durch das Phänomen. Das fremde Wesen tritt über die Computersysteme des Schiffes ein und übernimmt dann Worfs Körper. Später geht es auf Beverly und schließlich auf Picard über. Ein Hauptunterschied zwischen dem Exposé und der Episode besteht darin, daß die Leute nicht unter der Kontrolle des Wesens bleiben, sobald es ihre Körper verlassen hat.

Schließlich bringt das Wesen in Picards Körper das Schiff zur Wolke zurück und transportiert sie beide als pure Energie in sie hinein. Die Crew muß herauszufinden, an welcher Stelle in der Wolke es sich hingebeamt hat. Nur so können sich Captain Picard wieder zurückholen. Natürlich gelingt der Versuch.

Alles in allem wurde es eine recht gute Episode mit einer originellen Prämisse.]

"JUSTICE"

Der Story Editor der Originalserie, John D.F. Black, versuchte sich ebenfalls an einer Geschichte für die neue Version von *Star Trek*. Die erste Fassung des Treatments von „Justice" ist auf den 5. Januar 1987 datiert.

Sowohl Deanna Troi als auch Beverly Crusher empfehlen unbedingt einen Landurlaub für die Familien an Bord der U.S.S. Enterprise. Es ist ihre berufliche Meinung, man solle so bald wie möglich einen Planeten der Klasse M finden, damit die Familien eine reale irdische Umgebung erfahren können, „wo Wind und Regen nicht simuliert sind, wo echte Vögel ihre Nester in den Bäumen bauen und wo die Hand eines Kindes sich mit echtem Dreck beschmutzt und nicht mit einer künstlichen, biochemischen Verbindung." Captain Picard stimmt ihrer Einschätzung zu, doch er weist darauf hin, daß sie sich mitten in einer wichtigen Mission befinden.

Die Enterprise hat den Auftrag, den Planeten Llarof zu untersuchen, eine experimentelle Erdkolonie, die die reine Demokratie nach dem alten griechischen Prinzip des „Demos" praktiziert. Der letzte Kontakt zu dieser Welt wurde vor 80 Jahren hergestellt, und diese Botschaft wurde durch so viel Interferenzen gestört, daß sie kaum zu verstehen war. Der Captain meint, daß die Umwelt des Planeten in Ordnung zu sein scheint und vielleicht auch ihren Erholungsbedürfnissen dienen könnte.

Als das Raumschiff in den Orbit geht, erweisen sich alle Versuche, Kontakt mit Llarof herzustellen, als fruchtlos. Die Scanner besagen, daß der Planet von einer Stadtstaaten-Zivilisation bewohnt wird, die allerdings keine Kommunikation außerhalb ihrer Atmosphäre unterhält. Der Captain bespricht die Situation mit Nummer Eins. Riker meint, auch wenn er sein Außenteam in ein mögliches Paradies führt, könnte ihr plötzliches Auftauchen die Bewohner erschrecken. Das weitere Gespräch offenbart, daß diese Kolonie vor etwa 150 Jahren von Kirks Enterprise gegründet wurde (später wurde die Zahl auf 75 Jahre herabgesetzt) und daß man seitdem keinen Kontakt mehr gehabt habe.

Ein Außenteam, bestehend aus Riker, Data, Troi und Geordi beamt hinunter. Sie entdecken eine lange Schlange von Leuten. Wie sich herausstellt, hoffen alle, drei freigewordene Stellen bei der Polizei zu besetzen. Troi spürt große Angst, ebenso Geordi, (offenbar hatte die Figur des Geordi LaForge in diesem frühen Stadium noch Sinnesfähigkeiten, die über die Kompensierung seiner Blindheit hinausgingen). Riker entscheidet, das Außenteam aufzuteilen. So können sie besser nachforschen, warum eine solche Angst unter den Leuten herrscht.

Als sie sich von den anderen entfernen, gehen Riker und Troi eine Straße hinunter. Ein Polizist hält neben ihnen und fragt sie, warum sie gehen, wenn doch alle Leute, die körperlich fit sind, von einem Ort zum anderen rennen. Troi denkt schnell und sagt, sie habe sich ihren Knöchel verstaucht. Der Polizist scheint dies zu verstehen und empfiehlt ihnen, besser auf der rechten Seite zu gehen, wie es das Gesetz befiehlt. Dann fügt er etwas darüber hinzu, wie viel Glück sie hätten, daß heute nicht „der Tag" sei. Natürlich sind sie etwas verwirrt.

Data und Geordi gehen durch ein Industriegebiet, als zwei Jugendliche auf sie zukommen. Einer fährt sie beinahe mit einem gestohlenen Motorrad an. Der Junge läßt das Fahrzeug zurück und entschuldigt sich in keiner Weise dafür, daß er sie fast überfahren hat. Er fügt die seltsame Aussage hinzu: „Ist mir völlig egal. Heute ist ja nicht einmal der Tag." Sie verschwinden und lassen zwei verwirrte Enterprise-Leute zurück.

Bald darauf beamt das Außenteam wieder an Bord. Data „leiht" das Motorrad zu wissenschaftlichen und historischen Studien. Sie gehen auf die Brücke, wo Picard einen Bericht von ihnen erwartet. Troi spricht über die Angst, die sie gespürt hat und fügt hinzu, es sei keine eingebildete Angst gewesen, sondern eine Furcht vor etwas Realem, und sie sei sehr intensiv gewesen. Der Captain und ein Expertenteam haben den Planeten vom Schiff aus studiert und das Regierungszentrum von Llarof gefunden. Es scheint, als arbeite der Planet mit einer reinen Demokratie, da man noch immer der Verfassung der ersten Bürger folgt. Sie kommen auf „den Tag" zu sprechen und fragen Picard, ob er oder die anderen irgendeinen Hinweis darauf entdeckt haben. Das haben sie nicht. Tasha (die hier immer noch Macha Hernandez genannt wird) kommt auf die Brücke und ist entsetzt, als sie erfährt, um welchen Planeten sie kreisen. Offenbar bestanden Llarofs Hauptexportartikel einst aus Terroristen und Waffen, mit denen sie die Renegaten ihres Heimatplaneten belieferten. Diese Lieferungen hätten vor etwa 80 Jahren aufgehört, erzählte ihr Großvater, und seitdem habe es keinen Kontakt mehr gegeben.

[NOTIZ: Bisher haben wir einen sehr schönen Spannungsaufbau erlebt. Das Außenteam versucht, die Situation auf Llarof zu ergründen und wird durch „den Tag" verwirrt. Am Ende läßt man die Idee fallen, daß diese Kolonie von Kirks Enterprise gegründet wurde. Wenn man die ersten Fassungen vieler früherer Geschichten für The Next Generation liest, stößt man häufig auf die Idee, daß Kirk und seine Leute in der Vergangenheit etwas getan haben, das sich auf diese Zukunft auswirkt. Glücklicherweise verzichtete man auf solche Referenzen, denn die neue Version der Serie sollte ihre eigene Identität haben.]

Picard kommt zu der Entscheidung, es sei am besten, wenn sie mit der Regierung des Planeten Kontakt aufnähmen, die Mission der Enterprise erklärten und dann nach der Situation auf dem Planeten fragten. Riker entnimmt diesen Worten, daß der Captain selber hinunterbeamen will und sagt, er könne das nicht zulassen. Die Situation könnte gefährlich werden, und er werde Picards Leben nicht riskieren. Picard stimmt ihm schließlich zu und gibt seinem Ersten Offizier die diplomatischen Befugnisse, die er benötigt, um sich mit den Führern des Planeten zu treffen.

Man nimmt mit Trebor, dem Regierungsleiter von Llarof, Kontakt auf. Riker und Tasha beamen herunter und werden von bewaffneten Wachen in Trebors Büro gebracht. Dort treffen sie ihn und seinen Ersten Assistenten, Reneg. Trebor freut sich, die Leute der Enterprise zu treffen, fügt aber schnell hinzu, daß die Probleme von vor 80 Jahren inzwischen eliminiert seien. Damals habe Terrorismus den Planeten regiert und jeder habe in Angst vor Gewalt gelebt. Doch dann habe sich das Volk von Llarof entschlossen, die Seite von Gesetz und Ordnung zu wählen, im Gegensatz zu jener des Wahnsinns. Das Resutat: ungehemmte Gerechtigkeit, „hart und prompt – und vom Zufall regiert!" Sowohl Riker als auch Tasha möchten wissen, wie sich Gerechtigkeit mit dem Zufall verbinden kann. Trebor lächelt nur und wechselt das Thema. Man plane ein Bankett für die Enterprise. Trebor und Reneg könnten an Bord beamen. Das würden sie vorziehen, da niemand auf Llarof je an Bord eines Raumschiffes war. Es scheint, als seien alle Schiffe vor 80 Jahren zerstört worden, um Kriminelle an der Flucht zu hindern.

Das Bankett wird an Bord der Enterprise abgehalten. Riker und Tasha entschuldigen sich, weil sie sich umziehen müssen, während Picard Trebor und Reneg durch das Schiff führt. An dem Bankett nehmen das Außenteam teil, die beiden Männer von Llarof sowie Beverly und ihre *Tochter* Leslie. Tasha, die nach dem Gespräch auf dem Planeten immer noch neugierig ist, greift das Thema „Gerechtigkeit und Zufall" wieder auf. Schließlich erklärt Trebor, daß zu einer willkürlich gewählten Zeit an jedem Tag die Computer angestellt werden und nach Zufallskriterien eine spezielle Gegend sowie eine spezielle Zeitspanne auswählen. Daraus resultiert dann der sogenannte „Tag". Zu dieser Zeit gibt es an einem bestimmten Ort nur eine Strafe für jedes Verbrechen: den Tod. Die Leute von der Enterprise sind natürlich fassungslos, und ihr Schrecken erhöht sich noch, als sie erfahren, daß die Polizisten mit allen Vollmachten ausgestattet sind. Sie entscheiden, ob ein Verbrechen stattgefunden hat. Zu diesen Verbrechen können auch Geschwindigkeitsübertretungen gehören, und die Mitfahrer werden als Mitverschwörer ebenfalls zum Tode verurteilt. Wenn in einer Gegend nicht „der Tag" herrscht, gleichen die Gesetze denen der Erde.

Trebor ist so stolz auf seinen Planeten, daß er Picard anbietet, die Familien an Bord der Enterprise zu einem Landurlaub herunterbeamen zu lassen. Tasha ist wütend und faucht den Mann an, sie würden nicht untätig zusehen daß man ihre Kinder exekutiert, wenn sie ein Stück Papier auf den Boden fallen lassen. Trebor sagt, daß die Urlaubsgegenden gegen die Zufallsauswahl immun gemacht würden, was im Regierungsbezirk ohnehin immer der Fall sei.

[NOTIZ: Ein Teil des Rätsels wird gelöst, und bisher ist die Geschichte sehr effektiv. Es hat etwas Furchterregendes an sich, wenn der Führer eines Planeten so unbefangen über ein Rechtssystem sprechen kann, in dem die Schuldigen – oder diejenigen, die man für schuldig hält – so einfach exekutiert werden als träte man auf einen Grashalm.]

Nach dem Bankett wollen die Anwesenden wissen, was man wegen Llarof unternehmen kann. Picard ist etwas überrascht über diese Frage und weist darauf hin, sie hätten kein Recht, sich in das System dieses Planeten einzumischen. Die Hauptdirektive verbiete das. Er wird noch einmal wegen der Idee eines Landurlaubs befragt, und wieder bestehen Beverly und Troi darauf, daß die Crew dringend etwas Erholung benötigt. Schließlich stimmt er zu. (Und dies wird zum ersten größeren Problem dieser Geschichte. Kein Captain, der seinen Rang verdient, würde es zulassen, daß seine Leute auf einen möglicherweise gefährlichen Planeten hinunterbeamen. Es ist einfach nicht vorstellbar.)

Man beginnt mit dem Hinunterbeamen, und die Familien erfahren die natürliche Umgebung vor Llarof. Einige der Kinder erleben zum ersten Mal in ihrem Leben richtigen Schnee und richtige Wälder (scheinbar ging man zur Zeit dieses Treatments davon aus, daß die Enterprise sich mitten in einer zwanzigjährigen Mission befand, so daß einige Kinder das Schiff noch nie verlassen hatten)

Auf der Brücke der Enterprise machen sich die Experten Gedanken über das Gefängnissystem auf Llarof. Jedes Gebäude ist so angelegt, daß dort Platz für bis zu neunzehntausend Insassen ist, mindestens aber für zwölf Leute. In jedem Gefängnis sind aber nur zwölf Menschen. Picard schlägt vor, daß Riker hinunterbeamt und mit Trebor darüber spricht.

An einem anderen Ort paßt ein Sicherheitsoffizier der Enterprise namens Tenson auf ein paar spielende Kinder auf, als er Schreie hört. Er blickt von den Kindern weg und sieht vier Llarofianer, die von zwei Polizisten verfolgt werden. Er nimmt mit Tasha Kontakt auf, um sie über die Situation aufzuklären und erhält die Anweisung, *nicht* einzugreifen. Doch kaum sind diese Worte ausgesprochen, rutschen zwei Kinder aus, fallen hin und rollen den vereisten Hang hinunter. Tenson läuft ihnen hinterher.

Sie kommen zwischen den Flüchtenden und den sie verfolgenden Polizisten aus. Die Kinder streiten sich miteinander, als einer der Polizisten, Siwel, seine Waffe hebt. Tenson sagt ihm, sie seien vom Raumschiff und deshalb immun, aber der Mann hört ihm nicht zu. Er drückt ab und tötet den Sicherheitsoffizier. Der andere Polizist, Oitap, schreit den Schützen an, diese Leute seien tatsächlich immun und erschießt dann widerwillig seinen Kollegen sowie es das Gesetz verlangt.

[NOTIZ: *In der gesendeten Episode wurde niemand von der Enterprise von der Polizei des Planeten getötet. Indem eine solche Szene eingefügt wird, vermittelt diese frühe Fassung einen viel intensiveren Eindruck von dem Rechtssystem auf Llarof. Es ist eine Sache, davon zu reden, daß Leute für das geringste Vergehen getötet werden, aber es ist etwas ganz anderes, diesen Prozeß auch wirklich in Aktion zu sehen.*]

Riker trifft sich mit Trebor, um die Situation in den Gefängnissen zu besprechen. Zu diesem Zeitpunkt weiß keiner der beiden Männer, daß Tenson getötet wurde. Trebor erklärt, normalerweise seien die Gefängnisse voll, doch an den Tagen, an denen diese Quadranten vom Computer ausgewählt werden, exekutiert man alle Insassen für ihre Verbrechen. Die zwölf Leute in jedem Gefängnis sind die Wachen, die auf das Eintreffen neuer Gefangener warten. Dann erfährt Trebor in einer privaten Nachricht von dem Vorfall mit Tenson. Er erzählt Riker die Neuigkeit und fügt hinzu, es handle sich um einen tragischen Unfall. Der schuldige Polizist sei bereits für sein Vergehen hingerichtet worden. Nummer Eins besteht darauf, mit Oitap zu sprechen, und Trebor stimmt diesem Ansuchen natürlich zu.

Auf dem Planeten breitet sich Panik unter den Föderationsleuten aus, als die Nachricht von Tensons Tod verbreitet wird. Alle wollen so schnell wie möglich wieder an Bord der Enterprise gebeamt werden. Inzwischen läuft Oitap zu einem der Gefängnisse. Tränen laufen sein Gesicht herab, und er ignoriert sein Kommunikationsgerät, das ständig piept und seinen Namen ruft.

Als alle Besucher wieder an Bord gebeamt haben, bittet Tasha um Erlaubnis, runter zu gehen und Tensons Leiche zu holen. Der Captain verweigert dies und sagt, er wolle hinunterbeamen, um diese Aufgabe zu erledigen. Trebor ist damit nicht einverstanden, und er sagt es Riker. Der Transporter könnte die Leiche einfach auf das Schiff zurückbeamen. Warum macht sich Picard also die Mühe, auf den Planeten zu kommen? Riker versucht ihm, ihre Empfindungen von Ehre zu erklären und sagt, Tenson verdiene mehr, als einfach nur hochgebeamt zu werden. Das geht über Trebors Horizont hinaus. Weil Oitap sich nicht gemeldet hat, stellt Trebor alle Gebiete in der Nähe von Tensons Tod auf „Tag"-Status, obwohl Picard natürlich immun sein wird.

Picard und eine Ehrenwache materialisieren neben Tensons Leiche. Der Captain nimmt die Leiche auf, und die drei Körper werden wieder hochtransportiert. Die Polizisten sind darüber sehr erregt und fragen sich, womit die Besucher eine solche Sonderbehandlung verdient haben.

Oitap hat bei seinem Freund Drawde Zuflucht gesucht, einem Wachmann in einem der Gefängnisse. Drawde versucht, ihn dazu zu überreden, Trebor zu antworten. Sonst wird um sie herum „Tag"-Status aufgebaut, und viele Unschuldige könnten sterben. Als ihm dies klar wird, zögert der Polizist keinen Augenblick. Oitap scheint ein Mann des Friedens zu sein und kann mit den Auswirkungen seines Schweigens nicht leben. Er nimmt mit Trebor Kontakt auf.

Auf der Enterprise wird Tensons Körper dem Weltraum übergeben. Tasha weist darauf hin, sein Tod sei ein berechtigter Grund für die Föderation, auf Llarof einzugreifen. Picard stimmt ihr nicht zu. Die Hauptdirektive gilt noch immer.

Oitap wird „in Eisen geschlagen" und in Trebors Büro gebracht. Sowohl Trebor als auch Reneg bleiben im Raum, als Riker seine Befragung beginnt und erfährt, wie Tenson von einem anderen Polizisten getötet wurde und wie Oitap als Wiedergutmachung das Leben des Polizisten nahm.

Später sind Riker und Reneg allein, und der Llarofianer erzählt dem Commander von einigen Punkten in der Geschichte seines Planeten, die man bisher nicht erwähnt hatte. Da Llarof es sich nicht leisten konnte, seine Doktoren, Wissenschaftler und anderen Leute zu verlieren, die man einer elitären Klasse zurechnete, wurde für sie ein Immunitäts-Status eingerichtet. Dann wurde dieser Status auf die Regierung übertragen, und man gab das bisherige Wahlsystem auf. Die Immunität wurde von einer Generation an die Nächste weitergereicht wie früher die Königsherrschaft. Die Menschen bekamen Angst, und diese Angst begann, ihr Leben zu regieren. Niemand hatte den Mut, die Regierung herauszufordern oder eine Rückkehr zu den Wahlen zu verlangen. Reneg fügt hinzu, daß fast jede Familie unter diesem System ein Mitglied verloren hat, und das ist seiner Meinung nach Anlaß genug für eine Revolution.

Riker möchte wissen, ob Reneg erwartet, daß die Enterprise eingreift und seiner Sache hilft. Sollte dies der Fall sein, so müsse er ihn enttäuschen. Reneg lächelt und sagt, er wolle *keine* Einmischung, es sei denn ein Krieg bräche zwischen dem Volk und der Regierung aus. Er hat einen Plan, doch er verspricht Riker und Picard (der über den Kommunikator mitgehört hat), er werde diesen Plan umgehen, wenn es so aussehe, als würde er zum Tod unschuldiger Menschen führen. Der Captain erklärt seine Situation: Es wäre bereits ein Akt der Einmischung, wenn sie Reneg nur einen Rat gäben. Riker muß wieder an Bord beamen. Er wünscht dem Mann viel Glück bei seinen Bemühungen.

Sobald Riker verschwunden ist, geht Reneg an die Computerkontrollen und initiert sein eigenes Programm. Drawde im Gefängnis empfängt ein Signal und sagt zu seinen Wachen: „Es hat angefangen."

Die Experten an Bord der Enterprise informieren Picard, daß das gesamte Gebiet von Llarof, mit Ausnahme des Regierungsbezirks, für immun erklärt wurde. Picard möchte, daß diese Gegend genauestens beobachtet wird. Riker macht sich Sorgen, Reneg könne sich in Gefahr befinden, doch der Captain verweigert ihm sein Ansuchen, Hilfe zu gewähren. Die Experten erklären, im Regierungsbezirk werde gekämpft. Picard denkt einen Augenblick nach und dann – Zitat – „erinnert er Riker an einen untergeordneten Paragraphen in den Missionsrichtlinien: Der Captain eines Raumschiffes hat die Befugnis, sich für die Notwendigkeit einer Wahlbeobachtung zu entscheiden, um sicherzustellen, daß alles fair abläuft. Da auf Llarof scheinbar keine oppositionelle Partei existiert, kann man Reneg, der sich für freie Wahlen einsetzt, als Wahlkämpfer betrachten." Aus diesem Grund schlägt Picard vor, daß Riker und Tasha als „Beobachter" hinunterbeamen. Dankbar für diese Gelegenheit verschwinden sie in Richtung Transporterraum.

Riker, Tasha, Data und Geordi materialisieren im Computerzentrum, wo Reneg Stellung bezogen hat. Der Mann gibt zu, keine Kampferfahrung zu haben und akzeptiert Rikers Angebot, „die Situation zu beruhigen". Er *erlaubt* den Wachen einzutreten, und es kommt zu einem Kampf, der schnell endet, als die Leute von der Enterprise die Offiziere entwaffnen. Data bewacht sie, während die anderen in den Korridor rennen, wo weiterhin gekämpft wird. Wieder gelingt es ihnen, die Kämpfenden zu entwaffnen. Sie kehren ins Computerzentrum zurück, und Data informiert sie, Reneg habe sich in Trebors Büro begeben, um mit ihm zu verhandeln.

Als Riker dort ankommt, hat Trebor eine Waffe auf Reneg gerichtet und schreit ihn an, er wolle ihr „natürliches" Regierungssystem zerstören. Er will Riker nicht erlauben einzugreifen und richtet die Waffe auf ihn, was Reneg die Möglichkeit gibt, seinen ehemaligen Vorgesetzten anzugreifen. Trebor reißt die Waffe wieder zurück und feuert auf Reneg, der zu Boden sinkt. Riker stürzt sich auf Trebor. Es kommt zu einem bösen Faustkampf, den Riker schließlich gewinnt. Er kontaktiert Beverly Crusher und bittet sie, herunterzubeamen und medizinische Hilfe zu leisten. Beverly kommt sofort.

„Ich sterbe nicht", sagt Reneg. „Ich werde es jetzt nicht zulassen, daß ich sterbe. Nicht, bis dies alles vorbei ist."

Tage später beamen die Familien wieder zum Landurlaub auf die Oberfläche von Llarof. Auf der Brücke ist Picard amüsiert darüber, daß die Wahlen auf dem Planeten begonnen haben und daß die Kandidaten auf fünf Leute geschrumpft sind, zwei Frauen und drei Männer. Renegs Programm besteht einfach aus Gerechtigkeit für alle, einer Wahlstimme für jede Person, etc.

„Seine Gegner nennen ihn einen Pazifisten und einen liberalen Konservativen", sagt Picard zu Riker. „Klingt für mich ganz wie Zuhause, Nummer Eins."

[NOTIZ: Der größte Teil dieser Version von „Justice" hätte eine gute Episode von Star Trek: The Next Generation abgegeben. Wie bereits gesagt, ist das Thema faszinierend, und die Idee eines Immunitäts-Status, die wie die Königsherrschaft vor Generation zu Generation weitergereicht wird, ist einfach wundervoll. Es überrascht jedoch nicht, daß das Ende fallengelassen wurde, bedenkt man Gene Roddenberrys Entschlossenheit, sich so weit wie möglich von der Originalserie entfernt zu halten. Wenn Riker und sein Außenteam als „Beobachter" der Situation dienen und tatsächlich der Revolution helfen, dann stammt das direkt aus der alten Serie, in der Captain Kirk die Hauptdirektive oft so interpretierte, wie es ihm gerade in den Kram passte.]

In John D.F. Blacks zweiter Fassung seines Treatments vom 17. Februar 1987 ist Captain Picard bereits mit gewissen Aspekten von Llarof vertraut und erklärt, die Gesellschaft basiere auf dem griechischen Prinzip der Demokratie, und es gäbe dort offenbar keine Verbrechen. Er fand diesen Planeten schon immer sehr faszinierend. Riker und Data informieren den Captain, daß einige der Kinder des Schiffes an einer Studie über den bemannten Flug teilnehmen. Dabei werden sie Modelle aller möglichen Luftmaschinen fliegen lassen. Könnten sie diese Studien nicht auf Llarof fortsetzen? Der Captain sieht da kein Problem, wenn sich der Planet als das herausstellt, was sie von ihm erwarten, und wenn die Regierung einem solchen Besuch zustimmt.

Trebor und Reneg beamen an Bord der Enterprise zu ihrem ersten Treffen (im Unterschied zu den Ereignissen in der ersten Fassung, wo Riker und seine Kollegen auf den Planeten beamten). Nach einem kurzen Gespräch sagt Trebor, die Kinder könnten gerne herunterbeamen, solange sie unter entsprechender Aufsicht stünden. Er macht den Vorschlag, daß die Leute von der Enterprise ihre eigene Kleidung tragen, nicht diejenige der Llarofianer, und daß sie in „relativ unbewohnten Gegenden" bleiben sollten.

Später erleben wir Trebor und Reneg in einem Streit. Trebor weigert sich, während des Besuchs dieser Fremden „den Tag" auszusetzen. Er werde nicht zu lassen, daß mit dem Zufalls-Wahrverfahren der Computer herumgespielt wird. Den Fremden werde er jedoch Immunität gewähren.

Wie in der ersten Fassung beamt das Außenteam hinunter, bemerkt, daß alle Leute an verschiedene Orte rennen, sieht die lange Schlange der Menschen, die die freien Stellen bei der Polizei füllen wollen, trifft auf Anmerkungen über „den Tag", und kommt schließlich zu dem Schluß, daß der Planet für die Kinder in Ordnung ist. Sie werden hinuntergebeamt. Die Szene mit Tenson spielt sich ziemlich genau so ab wie in der vorherigen Fassung, nur gehört diesmal Beverlys *Sohn* Wesley zu Tensons Gruppe und ist eines der Kinder, die vor den Augen der Polizisten den Abhang hinunterrollen. In Panik klettert Wesley wieder den Hügel hinauf und läuft davon.

Das Außenteam beamt wieder hoch, als Reneg Trebor die Nachricht von Tensons Tod überbringt. Er schlägt vor, ein offizieller Beauftragter der Enterprise solle mit Oitap sprechen und eine Untersuchung durchführen. Trebor meint, bevor sie die Enterprise benachrichtigen, sollten sie den Jungen ausfindig machen, der den Vorfall gesehen hat, um ihn zu befragen. Die Rede ist von Wesley.

Auf der Brücke der Enterprise wird über die gesellschaftliche Struktur von Llarof gesprochen, die nach Meinung von Riker so perfekt ist wie eine Gesellschaft nur sein kann. Troi ist anderer Meinung und spricht von „sublimierten Gefühlen, die kurz vor dem Siedepunkt stehen. Wie bei einem lebenden Vulkan. Er ist zwar untätig, doch es ist nur eine Frage der Zeit, bis er ausbricht."

Wesley schleicht durch einen Wald, als er plötzlich von sechs Polizisten umstellt ist. Er versucht wegzulaufen, doch sie fangen ihn, werfen ihm vor, er habe sich der Verhaftung entzogen und nehmen ihn mit.

Reneg kontaktiert Picard und erzählt ihm von Wesleys Gefangennahme und Tensons Tod. Er empfiehlt, daß der Captain ein Sicherheitsteam herunterschickt, um den Jungen mit Gewalt zu befreien. Die Hauptdirektive läßt das nicht zu, und Picard verlangt, daß Wesley nach seiner Befragung wieder freigelassen wird. Reneg sagt, er könne das nicht versprechen. Beverly, die alles mit angehört hat, will, daß Picard ihren Sohn mit dem Transporter herausholt, aber der Captain sagt, er werde das nicht tun.

Auf der Oberfläche des Planeten startet eines der Kinder sein Modell einer V-2 Rakete. Es explodiert und verletzt einen Polizisten. Dafür werden die Kinder, Tasha und drei Sicherheitsoffiziere verhaftet. Nur eine Achtjährige, Alba, die zu diesem Zeitpunkt gerade in einen Baum geklettert war, wird vergessen. Sie klettert herunter und geht zu der Stelle, wo die Landurlaubs-Gruppen mit dem Raumschiff Kontakt aufnehmen sollten. Sie wird wieder an Bord geholt, erzählt Picard von der Verhaftungen und gibt an, in welche Richtung die Gruppe verschwand (ziemlich erstaunlich für eine Achtjährige).

Tasha, die Sicherheitsoffiziere und die Kinder sind sehr nervös. Sie hat große Mühe, die Kinder zu trösten, die anfangen zu weinen.

Riker empfiehlt, alle an Bord zu beamen und dann die Situation mit Trebor zu besprechen. Aus dem gleichen Grund wie zuvor will Picard das nicht. Riker erhält jedoch die Erlaubnis herunterzubeamen und die Situation mit Trebor zu besprechen. Data und Geordi begleiten ihn. Sie erscheinen in dem Gefängnis, in dem alle festgehalten werden, und ein Alarm geht los. Wachen erscheinen. Dann jedoch taucht Reneg auf und befiehlt den Männern, sich zurückzuziehen. Er nimmt die drei Leute von der Enterprise mit sich. Als sie allein sind, erklärt Reneg ihnen das Gesetz „des Tages", das den Planeten regiert (die gleiche Regelung wie in der ersten Fassung). Man wird dem Kind, das den Polizisten verletzt hat, den Prozeß machen, und alle anderen werden ihr Urteil teilen. Das gehört zu ihrem System, wonach man durch Beziehung zum Schuldigen mitschuldig wird. Er fügt hinzu, die Polizisten hätten sich den anderen Kindern genähert, *nachdem* Wesley gefangen worden war, doch niemand wurde darüber informiert. Der Grund? Reneg hofft, daß eine derartige Handlungsweise eine Reaktion der Enterprise provozieren würde. Er hält die Zeit für eine Revolution für gekommen, damit wirkliche Gerechtigkeit auf seinen Planeten zurückkehren kann. Er ist der ehrlichen Überzeugung, daß das Volk von Llarof dieses System abschaffen würde, wenn es die Wahl hätte.

Obwohl Riker das verstehen kann, weiß er immer noch nicht, warum Reneg glaubt, daß die Enterprise eingreifen würde. Der Mann sagt, man *werde* die Kinder zum Tode verurteilen und exekutieren, wenn Picard nicht handelt. Laut Renegs Plan werden die Leute, die auf seiner Seite stehen, das Raumschiff unterstützen. Das wiederum wird ihnen den Mut geben, für ihre eigenen Rechte einzutreten. Und sollte der Captain sich weigern, seine Pläne zu unterstützen, ist es nur eine Frage der Zeit, bis die Sternenflotte von den Ereignissen erfährt. Dann werden sie andere Leute schicken, um die Situation zu „korrigieren". Sollte es nötig sein, werde Reneg selbst dafür sorgen, daß die Kinder getötet werden, damit die Revolution lebt.

Picard hat diesem Gespräch über die Kommunikatoren zugehört und befiehlt das Außenteam zurück an Bord. Später erklärt Data, er habe das gesamte Gesetzbuch des Planeten studiert. Den Kindern stünde ein Verteidiger von der Enterprise zu. Man entscheidet, daß Riker diese Aufgabe übernehmen soll.

Im Gerichtssaal auf Llarof wird bei allen Zeugen ein Gerät angewendet, das bestimmt, ob jemand die Wahrheit sagt oder nicht. Oitap sagt aus und erklärt, warum er seinen Kollegen getötet hat. Die Leute von der Enterprise waren immun. Trebor gratuliert ihm und läßt ihn dann wegen groben Fehlverhaltens verhaften. Danach wird Wesley in den Zeugenstand gerufen, und seine Zeugenaussage offenbahrt, daß der Beamte, der von der Rakete des Kindes verwundet wurde, sich in der Gegend befand, *nachdem* man Wes gefangen genommen hatte. Das bedeutet, daß er kein Recht hatte, dort zu sein. Dann ruft Riker Reneg in den Zeugenstand. Der Mann weigert sich zunächst. Nervös erklärt er, er befände sich im Besitz vertraulicher Informationen, die durch das Gerät offengelegt werden könnten. Riker sagt, er werde alle seine Fragen zunächst Trebor vorlegen, damit dieser sie bewilligen kann. Dieses Verfahren wird akzeptiert. Trebor stimmt den Fragen zu. Riker beginnt sein Verhör, und Reneg ist gezwungen, die Wahrheit über seine geheimen Absichten zu sagen. Trebor bezichtigt ihn des Verrats.

„Sie verwechseln eine andere Meinung mit Verrat", kontert Riker.

„Es ist in Ordnung, eine andere Meinung zu hegen, doch es ist Verrat, die Enterprise in die inneren Angelegenheiten von Llarof hineinzuziehen."

Der Prozeß gegen die Kinder wird beigelegt, und sie werden auf das Raumschiff zurückgebeamt. Reneg wird des Verrats für schuldig befunden und zum Tode verurteilt. Trebor exekutiert ihn auf der Stelle.

Die Enterprise verläßt den Orbit von Llarof. Auf der Brücke erklärt Riker seinem Captain, Reneg habe Recht gehabt mit seiner Meinung über das Justizsystem des Planeten. Picard pflichtet ihm bei und weist gleichzeitig darauf hin, daß es nicht ihre Aufgabe sei, über den Planeten zu richten. Möglicherweise, so argumentiert er, hätte das Volk alles so belassen wie es ist. „Vielleicht gehen sie lieber das Risiko ein, hingerichtet zu werden, weil sie ein Stück Papier haben fallen lassen, damit sie ohne die Furcht leben können, vergewaltigt, ausgeraubt oder im Schlaf ermordet zu werden. In jedem Fall haben sie ein Recht auf ihr System von Gerechtigkeit."

[NOTIZ: Diese Version von „Justice" funktioniert weit besser als die erste, und sie endet auf einer etwas dunkleren Note, was auch der Originalserie oft sehr gut gelang. Die Gerichtsszene ist ein besserer Hintergrund für die Auflösung der Geschichte als die actiongeladene Revolution des ersten Versuchs. Der Tod von Reneg, hätte man ihn gefilmt, wäre für die Zuschauer erschreckend gewesen. Es war großartiges Drama. Leider wird nicht auf Rikers Schuld eingegangen, der einen Mann die Wahrheit bekennen und dann dafür sterben läßt. Man sollte annehmen, daß der Commander zumindest Mitleid für den Mann empfinden würde.

Autor Worley Thorne, der das Skript „Are Unheard Melodies Sweet?" [„Wie süß sind ungehörte Melodien?"] für die geplante Star Trek II-Serie Mitte der 70er Jahre geschrieben hatte, wurde gebeten, „Justice" zu übernehmen und eine Stufe weiterzuführen. Seine erste Treatmentfassung ist auf den 16. März 1987 datiert.]

Wieder hat die Crew der Enterprise einen Landurlaub bitter nötig, und sie kommen zum selben Planeten der Klasse M. Riker führt ein Außenteam auf den Planeten und findet ihn frei von jeglicher Kriminalität. Politisch ist er eine vollkommene Demokratie. Kinder beamen unter der Aufsicht von Sicherheitsleuten auf den Planeten, um dort zu spielen. Der Captain befiehlt ihnen, sich von bewohnten Gebieten fernzuhalten.

[NOTIZ: Die Nacherzählung sollte nicht so früh unterbrochen werden, aber der Captain eines Raumschiffes würde seine Leute bestimmt nicht zum Landurlaub herunterbeamen, ohne vorher mit der Regierung des Planeten Kontakt aufgenommen zu haben.]

Tasha, Sicherheitsoffiziere und Kinder beamen hinunter, und die Kinder fangen sofort an, in einem Feld zu spielen. Ein Kind namens Marta spielt mit einem ferngesteuerten Flugzeug, das in die falsche Richtung abdreht. Sie läuft ihm hinterher, ohne daß die Sicherheitsoffiziere es bemerken. Als sie nach ihrem Modellflugzeug sucht, stößt sie auf eine durchsichtige Kugel, in der eine Reihe von holographischen Ziffern aufblitzen. Dann erblickt Marta ihr Flugzeug, das in einem Blumenbeet gelandet ist. Sie klettert über den niedrigen Zaun, wird aber von einem vorbeikommender Bürger aufgehalten. Dieser Mann nimmt das Flugzeug, doch Furcht läuft über sein Gesicht, als er erkennt, daß er dabei auch versehentlich ein paar „öffentliche" Blumen gepflückt hat. Er sagt Marta, sie solle weglaufen und tut selbst das gleiche. Innerhalb von Sekunden tauchen Polizisten in ihren Wagen auf. Der Mann gibt sein Verbrechen zu und wird sofort desintegriert. Marta beobachtet alles aus relativ sicherer Entfernung. Ihr Gesicht ist eine Maske des Schreckens.

Marta läuft weg und findet Tasha. Sie schlingt ihre Arme fest um die Hüften der Offizierin. Die Polizisten erreichen sie und warnen Tasha, sich von dem Kind zu entfernen oder auch sie werde vernichtet. Eine Waffe wird auf sie gerichtet, aber sie kann den Beamten entwaffnen und kämpft mit zwei weiteren Polizisten. Die Kinder laufen davon. Dann tauchen mehr Polizisten auf und desintegrieren zwei Sicherheitsleute. Tasha stürzt davon, erreicht die Kinder, und sie rennen gemeinsam fort. Sie versucht, ihren Kommunikator zu benutzen, doch er wurde im Kampf zerstört.

Die Polizei benutzt „mechanische Bluthunde", um die Übeltäter zu jagen. Sobald sie fort sind, erscheinen Riker und Geordi. Geordi kann mit seinem Visor die Rest-Aura der desintegrierten Mannschaftsmitglieder erkennen.

Tasha und die Kinder kommen an einen Fluß. Alle sind erschöpft und hungrig, und ein paar von ihnen können nicht mehr. Tasha trägt das kleinste Kind, und sie gehen über die Brücke. Auf der anderen Seite zieht sie ihren Phaser und desintegriert den Übergang. Dann gehen sie weiter zu einem Haus. Die Geräusche der mechanischen Bluthunde sind nicht weit hinter ihnen.

Auf der Enterprise erklärt Data, indem er die Ereignisse auf dem Planeten studierte, habe er herausgefunden, daß die Polizisten als Richter, Geschworene und Henker in einer Person für jedes Vergehen fungieren, auch für das, das man entdeckt habe: Blumenpflücken. Picard ist erstaunt, ebenso Beverly, doch Data weist darauf hin, daß das System des „Tages" zu einer Gesellschaft geführt habe, in der sich jeder an die Gesetze hält. Ihre Hauptsorgen gelten jetzt Tasha und den Kindern.

Die Kinder essen im Haus, während Tasha am Fenster Wache hält. Ein alter Mann tritt ein und erklärt, er habe die Polizei auf eine falsche Fährte gelockt. Er scheint außerdem sehr aufgeregt, auf „kriminelle Elemente" zu treffen. Die Sicherheitschefin möchte wissen, warum der Mann ihnen geholfen hat, und er antwortet, er hätte einfach nicht mitansehen können, wie all diese Kinder getötet werden. Als Reaktion darauf umarmt ein kleines Mädchen den alten Mann. Tränen stehen in seinen Augen.

Riker und Geordi folgen der Infrarotspur, die die Gruppe hinterlassen hat. Sie kommen an den Ort, an dem die Brücke stand, und lassen sich von der Enterprise auf die andere Seite beamen. Die Polizei trifft ein und ist überrascht. Wie sind diese Fremden dorthin gekommen? Das Duo setzt seinen Weg fort, doch sie stoßen bald auf eine Straßensperre der Polizei. Man erklärt ihnen, sie seien verhaftet. Riker fragt, was man ihnen vorwirft, doch bevor die Beamten antworten können, benutzen er und Geordi ihre Phaser, die auf Betäubung eingestellt sind. Die beiden Männer springen in einen der Polizeiwagen und fahren davon. Es kommt zu einer Hochgeschwindigkeits-Verfolgungsjagd. (Wer hat je gesagt, es würde in *Star Trek* nie eine Verfolgungsjagd geben?) Schließlich verliert Riker die Kontrolle über den Wagen, und er schliddert das Flußufer hinunter. Beide Männer werden aus dem Fahrzeug geworfen. Geordi liegt benommen auf der Erde, während Rikers Oberkörper unter Wasser liegt. Geordi versucht, ihm zu helfen, aber er kann es nicht und wird bewußtlos. Der Körper des Commanders wird von der Strömung des Flusses fortgetragen, während Geordi an Bord zurückgebeamt wird. Auf dem Raumschiff gerät man in Panik: Man kann Nummer Eins nicht lokalisieren.

Riker wird schließlich von einer schönen Frau namens Nydia gefunden, die nackt im Fluß badet. Sie schwimmt zu ihm hinaus und holt ihn ans Ufer.

Data kommt in die Krankenstation, um nach seinem Freund Geordi zu sehen. Die beiden sprechen miteinander, und der Android gibt zu, er habe viel über Tasha nachgedacht und glaubt, er habe sich in sie verliebt. (Uff... Das ist ein bißchen viel, und man kann nur dankbar sein, daß es schließlich fallengelassen wurde.) Er drückt Geordi gegenüber seine Gefühle aus, und sein Freund antwortet, Data sei viel menschlicher als er selber glaube.

Nydia kümmert sich um Rikers Wunden und schläft mit ihm. Andernorts hat Tasha die Kinder in eine dunkle Höhle geführt, wo sie jetzt eine Ruhepause einlegen. Mit Hilfe ihres Phasers sprengt sie ein Loch in die Decke der Höhle, um frische Luft einzulassen.

Auf der Brücke erklärt Data, er wolle hinunterbeamen und nach den Verschwundenen suchen. Picard ist dagegen.

Als Riker erwacht, findet er die Frau neben sich. Er versucht sich zu erinnern, wo er ist, doch es gelingt ihm nicht. Schließlich verliert er wieder das Bewußtsein.

Die Sensoren der Enterprise haben eine Energiequelle geortet, und schließlich entdeckt die Mannschaft einen Satelliten, der den gesamten Planeten mit Energie versorgt. Nach einer genauen Untersuchung erkennt Data, daß dies die Quelle der willkürlichen Auswahl von Zeiten und Orten für das ist, was er „Polizeiaktionen" nennt. Seiner Meinung nach führt eine Gesellschaft, die so effizient arbeitet, zu einer Bevölkerung, die sich genau an die Gesetze hält. Picard kann dies nicht als eine vernünftige Lösung akzeptieren, wenn er den Preis bedenkt, den diese Leute gezahlt haben. Was müssen sie für eine Vergangenheit gehabt haben, daß sie gezwungen waren, zu solchen Maßnahmen zu greifen? Data beginnt Informationen zur Geschichte dieser Welt zu sammeln, und Wesley hilft ihm dabei.

Tasha bemerkt, daß Marta noch immer die Fernsteuerung ihres Flugzeugs hat. Sie nimmt sie dem Kind ab und beginnt, an ihr zu arbeiten. Sie hofft, sie auf eine Frequenz einstellen zu können, die die Enterprise wahrnehmen kann (wie sie das am Ende schafft, entzieht sich dem Verständnis dieses Autors), und schließlich kann sie ein Morsesignal abgeben.

Wieder erwacht Riker in Nydias Schlafzimmer, und die Frau erklärt ihm ihre Liebe. Er sagt, er würde gerne bei ihr bleiben, aber er kann nicht. Er habe Pflichten an einem anderen Ort. Aber er wird nie die Zeit vergessen, die sie miteinander verbracht haben. Er geht und nimmt dann Kontakt mit der Enterprise auf. Picard sagt, es gäbe einen Auftrag für ihn und Data, und der Android beamt auf den Planeten herunter. Er hat einen alten Radioempfänger irdischen Stils dabei, der sie hoffentlich zu den Signalen führen wird, die sie an Bord der Enterprise empfangen haben. Sie finden heraus, daß der Code aus einer Höhle kommt und lassen sich dorthin beamen. Als sie die Höhle betreten, finden sie sich von Polizeibeamten umzingelt. Diese verlangen von Riker, daß er sich für das Gesetz opfert. Der Commander erklärt, das könne er nicht tun, da nur ein Kind angeklagt sei, und sie hätten über ihn nicht zu bestimmen, aus dem einfachen Grund, daß man ihm kein Verbrechen vorwirft. Sie behaupten, er habe sich seiner Verhaftung widersetzt, und er kontert, da man ihm nichts vorwerfe, wogegen habe er sich dann widersetzt? Dies führt zu einer Patt-Situation.

Picard möchte alle zurück an Bord beamen, doch die Felsen blockieren offenbar die Sensoren, so daß man die Leute nicht klar fixieren kann.

Nach einer kurzen Beratung erklärt einer der Polizisten Riker, er könne alle mitnehmen bis auf Marta und Tasha. Riker kann dies nicht akzeptieren und fordert statt dessen einen Prozeß. Der Offizier nimmt diesen Vorschlag an, weist den Commander aber darauf hin, daß er zusammen mit den anderen desintegriert werde, wenn er den Fall nicht für sich entscheiden könne. Data, der sich für entbehrlicher hält, bittet darum, die Verteidigung zu übernehmen, doch Riker will davon nichts wissen.

Es kommt zur Gerichtsszene, in der Riker Marta und Tasha verteidigt, und Nydia die Rolle der Staatsanwältin übernimmt. Ihr Argument ist einfach: Das Kind hat das Gesetz gebrochen und muß bestraft werden. Riker versucht, Zeit zu gewinnen, bis die Periode der „Polizeiaktionen" vorbei ist. Sein Argument ist, daß sich das Beweismaterial – die gepflückten Blumen – nicht im Gerichtssaal befände. Nydia protestiert dagegen.

„Es ist Mord, wenn ihr irgend jemandem von uns ein Leid zufügt", sagt Riker. „Ihr kümmert euch nicht um Gerechtigkeit. Euch ist nur wichtig, daß euer System funktioniert. Es ist euch egal, ob ihr dabei Unschuldige tötet."

Der Richter ignoriert dies, da er meint, mit dem System sei alles in Ordnung. Man will eine Wahl entscheiden lassen, die über Geräte läuft, die in allen Haushalten des Planeten zu finden sind. Die Ergebnisse kommen herein, und es sieht so aus, als überrundeten diejenigen, die die Enterprise-Leute für schuldig halten, diejenigen, die sie für unschuldig befinden.

Auf der Enterprise findet Data eine Möglichkeit, in den Ablauf des Satelliten einzugreifen, und er benutzt die Enterprise, um ihn mit Energie aufzuladen und dadurch die Zahlen in den holographischen Globen zu beschleunigen, damit die „Aktions"-Periode schneller vorrüber geht. Bevor das letzte Wahlergebnis hereinkommt, ist die Periode vorbei, und so wird der Fall gegen die Raumschiff-Leute fallengelassen, und alle leben glücklich bis an ihr Lebensende...

[NOTIZ: Man kann in dieser Inhaltsangabe einen etwas sarkastischen Ton erkennen, und das aus gutem Grund. Es ist kaum zu glauben, daß man John D.F. Black seine eigene Geschichte wegnahm, und statt dessen diese entwickelte. Die ursprüngliche Idee sprach von der heutigen Gesellschaft, warf einen düsteren Blick auf eine Welt, die ihren Sättigungsgrad an Terrorismus erreicht hatte und präsentierte die Handlungen der Leute, die das Gefühl hatten, darauf reagieren zu müssen. Diese Version der Geschichte ist viel Lärm um Nichts. Außerdem sind die Liebesszenen und ihre Dialoge einfach grauenhaft. Man sollte allerdings darauf hinweisen, daß dies die erste Fassung von Thornes Treatment war. Als es zur ersten Fassung des Drehbuchs kam, verbesserte sich die Geschichte drastisch, um dann in der schließlich gesendeten Episode wieder sehr viel zu verlieren. Was die Qualtät betrifft, glich diese Story während ihrer ganzen Entwicklung einer Achterbahnfahrt, und es gab wenig Gerechtigkeit für diese Geschichte über Gerechtigkeit.]

In Worley Thornes zweiter Fassung seines Treatments, auf den 6. April 1987 datiert, heißt die Klasse M-Welt, auf die die Enterprise trifft, Selene V, „ein Planet mit dem Ruf, frei von Verbrechen zu sein. Doch sonst weiß man wenig über ihn."

In einem Amphitheater auf der Oberfläche des Planeten treffen Riker und sein Außenteam auf die Eingeborenen, körperlich sehr athletische Wesen in sportlicher Kleidung. Sie kontaktieren Picard und erzählen ihm diese Welt sei ein Paradies. Der Captain gesteht einigen Kindern daraufhin Landurlaub zu, unter ihnen auch Marta. Die Dinge entwickeln sich wie in der ersten Fassung: Das Modellflugzeug landet im Blumenbeet, der Bürger holt es heraus und pflückt dabei versehentlich ein paar Blumen. Die Polizei erscheint, doch sie desintegrieren den Mann nicht, sondern benutzen ein Gerät, das ihn auf eine winzige Größe schrumpfen läßt. Dann schließen sie ihn in eine transparente, goldene Kugel ein. Er versucht zu sprechen, doch seine Stimme kann wenig mehr als Quieken. Laut Treatment ist jeder Mensch eine in sich geschlossene Galaxis mit viel Raum und relativ wenig Materie. Die Selenen haben einen Weg gefunden, die Moleküle enger zusammenzupressen. Die Kugel selbst ist ein Nebenprodukt der überschüssigen Energie. Auch diesmal hat Marta gesehen, wie die Polizei mit „Übeltätern" umgeht.

Sie läuft zu Harris, einem Mitglied der Sicherheitsmannschaft, und auch er wird geschrumpft und in eine kleine Kugel eingeschlossen. Auf der Brücke empfängt Data ein Quieken aus einem Kommunikator und wundert sich, woher es kommt. Picard ordnet an, alle Mannschaftsmitglieder auf dem Planeten zu überprüfen.

Marta läuft weiter und findet Wesley und Tasha. Inzwischen treffen Riker und sein Team auf eine Reihe von extrem lebensechten menschlichen Figurinen in kleinen Globen. Ihnen ist nicht klar, daß es sich hier einmal um lebende Menschen gehandelt hat.

Bald darauf wird Tasha, die sich der Polizei widersetzt, ebenfalls miniaturisiert und in einen Globus eingeschlossen. Auf der Brücke hört man wieder Harris' Stimme, und diesmal wird sie erkannt. Er sagt, ihm sei sehr schwindelig. Kinder erscheinen im Transporterraum. Ihnen folgt die winzige Kugel, die Tasha enthält.

Schließlich erfährt Picard, wie die Selenen mit Verbrechen umgehen: Es ist noch immer das „Tages"-System. Jetzt versucht man verzweifelt, Tasha zu retten. Später stirbt Harris in der Kugel, und Picard ist gezwungen, die Begräbniszeremonie zu leiten. Ohne es auszusprechen, fürchtet jeder, Tasha könne das nächste Opfer sein. Dann wird Nydia, eine Magistratin, vom Planeten hochgebeamt. Die Frau ist wütend, daß sie Besitztum des Planeten gestohlen haben, nämlich den Globus, in dem sich Tasha befindet. Riker kann sich kaum beherrschen und erklärt ihr, sie spreche von einem menschlichen Wesen und nicht von irgendeinem Objekt.

Daraufhin beamt eine noch immer wütende Nydia auf den Planeten zurück, gefolgt von Riker, der seinen Charme einsetzt, damit die Frau ihm hilft, Tasha wieder zu vergrößern. Er macht sich an ihren Brüsten zu schaffen und geht mit ihr ins Bett. Die Frau verliebt sich in ihn, und ist *jetzt* wütend, daß er ihre Hilfe will, um eine andere Frau zu retten.

Wieder kommt es zu einer Verhandlung, doch diesmal übernimmt Picard die Verteidigung seiner Leute, und er ist es, der miniaturisiert wird, falls er keinen Erfolg hat. Der Captain kann schließlich beweisen, daß die Polizei Tasha zu einer Zeit jagte, als „der Tag" eigentlich vorbei war, und aufgrund dieses technischen Fehlers kann sie nicht zum Tode verurteilt werden. Das Gericht stimmt dieser Auffassung zu, Tasha wird befreit, die Beschuldigungen gegen Marta werden fallengelassen und die Enterprise macht sich auf zu ihrer nächsten Mission.

[NOTIZ: Der Autor schüttelt den Kopf, wenn er diese Geschichte liest, und ärgert sich noch immer darüber, daß ein Großteil des ursprünglichen Konzepts einfach verschwunden ist. Die Sache mit dem Leute-Schrumpfen und sie in Kugeln stecken... So etwas findet sich in Zeichentrickserien am Samstagmorgen, aber nicht in Star Trek. Man hat der Prämisse dieser Geschichte das Herz genommen. Ein wirkliches Gefühl von Gefahr stellt sich hier nicht ein.]

Thorne, dessen Name schließlich in den gesendeten Credits für diese Episode erscheinen sollte, reichte die erste Fassung seines Drehbuchs am 22. Juli 1987 ein. Dieses Mal versucht die Enterprise, einen Vertrag mit den Mitgliedern des Edo-Sternensystems auszuhandeln, damit sie zwei Wissenschaftler in einem Observatorium der Föderation retten können, die bald von einem Ionen-Sturm bedroht werden. Die Fluchtroute würde durch den Raum der Edo führen,

doch das Logbuch des Captains führt aus: „Die Edo sind isolierte, mißtrauische Leute. Alle bisherigen Verhandlungen blieben ohne Ergebnis." Ein Führer der Edo hat sich bereiterklärt, Picard auf dem neutralen Planeten Alba 2 zu treffen, wo die Begegnung durch den Ersten Ratsherrn dieser Welt vermittelt wird. Als der Captain sich besorgt über die Situation äußert, weist Data darauf hin, daß es auf Alba 2 praktisch keine Verbrechen gibt. Troi hofft, es wird ihnen gelingen, Vertrauen zwischen ihren beiden Völkern herzustellen, doch Riker hält das nicht für wahrscheinlich. Es stellt sich heraus, daß er den Edo schon vor einigen Jahren begegnet ist und sie als ein arrogantes, aufgeblasenes Volk erlebt hat. Sie sind der Meinung, ihre Kultur sei allen anderen überlegen.

Die Enterprise erhält eine Nachricht von der Charles Drew, einem medizinischen Evakuierungsschiff, das versucht, sich mit dem Observatorium zu treffen. Picard fragt Captain William Van Hoeck, wie die Reise läuft, und erhält die Antwort: „Holperig". Es wäre eine große Hilfe, wenn es der Enterprise gelänge, einen Vertrag zu schließen. Picard sagt, er werde sein Bestes tun. Dann begibt er sich in den Transporterraum und beamt mit Troi, Riker und Tasha auf die Oberfläche von Alba 2 hinunter. Die Betazoidin Troi soll als Vermittlerin zwischen der Föderation und den Edo dienen.

Sie gehen durch die Straßen der Hauptstadt. Gerade als sie bemerken, daß jeder von einem Ort zum anderen zu rennen scheint, werden sie von Rivan und zwei Hilfsmonitoren begrüßt, die körperlich extrem fit sind und sie in einem flotten Lauf zu einem Ort bringen, der „Die Kammern" genannt wird. Bald darauf treffen sie den Ersten Ratsherrn, der sie herzlich begrüßt. Der Repräsentant von Edo hat sich verspätet (scheinbar absichtlich), und so ergreift Picard die Gelegenheit, das Schiff zu kontaktieren. Er spricht mit Beverly, die ihm erzählt, wie wichtig es für einige der Kinder sei, Landurlaub zu bekommen. Picard fragt den Ratsherrn, ob das in Ordnung wäre. Dieser stimmt zu – solange sie sich an die Verhaltensregeln halten, die man der Enterprise durchgeben wird. Diese Lösung ist für alle akzeptabel.

Auf dem Schiff liest Data alle Gesetze von Alba 2 in Supergeschwindigkeit. Er erledigt seine Aufgabe in erstaunlichen 39 Sekunden und teilt Picard mit, die Gesetze von Alba schienen vollkommen in Ordnung. Die Erlaubnis zum Landurlaub ist erteilt, doch Picard bittet Tasha, zurückzubeamen, um Sicherheitsteams aufzustellen, die die Kinder begleiten sollen.

Tasha geht und der Botschafter von Edo, Amyx, trifft ein. Es ist eine Frau, und zwischen ihr und Picard entwickelt sich eine feindliche Atmosphäre, doch dem Captain wird schnell klar, daß ihm eine sichere Hand bei diesen Verhandlungen am besten dienen wird. Es kommt zu einem Gespräch, in dessen Verlauf die Botschafterin wissen möchte, warum die Föderation ihr Gebiet in diesen Teil der Galaxis ausbreiten will. Picard antwortet, es ginge nur um wissenschaftliche Forschung und sonst gar nichts. Das Gespräch geht weiter, bleibt jedoch sehr angespannt. Diese Verhandlungen werden *nicht* einfach sein.

Draußen sieht Marta ein paar Blumen, die sie sehr hübsch findet. Sie pflückt eine und ignoriert dabei das Verbotsschild. Dann geht sie davon. Sie wird von Rivan aufgehalten, der sie fragt, ob sie das getan hat, was er gerade gesehen hat. Sie sagt „Ja". Tasha und Wesley nähern sich und erfahren von Rivan, wie ernst dieses Verbrechen ist. Sie sind wie betäubt, als er ihnen sagt, die Bestrafung würde sofort erfolgen.

Data erhält einen Funkspruch von Van Hoeck, der sagt, der Ionen-Sturm nähme an Stärke zu. Man müsse ihnen bald den Durchflug gewähren, oder die Wissenschaftler an Bord des Observatoriums müßten sterben. Als er vom Treffen des Captains erfährt, sagt der Mann, er werde es später noch einmal probieren.

Rivan verhört Marta, und das Kind gibt alles zu. Rivan spricht das Urteil aus, und es ist natürlich der Tod. Tasha protestiert dagegen, und es kommt zu einer Konfrontation zwischen ihr und Rivan, als beide ihre Waffen aufeinander richten. Geordi nähert sich, und auch auf ihn wird eine Waffe gerichtet, ebenso auf einen von Rivans Assistenten.

An seiner Station hat Data alles genau mithören können. Ein Mannschaftmitglied schlägt vor, das Kind und die anderen hochzubeamen, doch Data weist darauf hin, daß eine solche Handlungsweise gegen die Hauptdirektive verstoßen würde.

In der Ratskammer erhitzt sich das Gespräch zwischen Picard und der Repräsentantin der Edo. Sie behauptet, die Menschheit sei eine gewalttätige, barbarische und wilde Rasse. Dann kontaktiert Data den Captain und bittet ihn, sich in die Parkgegend zu begeben, wo es zu dem Zwischenfall gekommen sei. Picard erfährt, was sich abgespielt hat und erhält eine kleine Lektion über die willkürlichen Auswahlmaßnahmen des Gesetzes von Alba.

Picard bekommt ein wenig Zeit und geht zurück auf die Enterprise, um herauszufinden, was er tun kann, ohne die Hauptdirektive zu verletzen. Dort nimmt Van Hoeck noch einmal mit ihm Kontakt auf und sagt, daß ihm nicht mehr viel Zeit bleibe. Ob ein Vertrag ausgehandelt werde oder nicht, er müsse jetzt einen Versuch unternehmen, die beiden Wissenschaftler zu retten. Schließlich wendet sich ein vollkommen verzweifelter Picard an Beverly: „Kommt es jetzt dazu? Wir müssen ein neunjähriges Kind opfern, um zwei, vielleicht drei andere Menschen zu retten?" Auf diese Frage gibt es keine Antwort.

Picard und seine Offiziere versuchen, die Verhandlung durchzuspielen und suchen nach einer Lücke im Gesetz, die sie aus dieser Situation herausholen könnte. Mittendrin nimmt die Charles Drew wieder Kontakt zu ihnen auf, und der Captain erklärt, sie befänden sich jetzt im Edo-Raum. Ein Schlachtschiff verfolge sie und bringe seine Photonentorpedos in Position. Es feuere allerdings nicht. Picard sagt ihm, Van Hoeck solle nicht versuchen zu fliehen. Er wolle sehen, was er für ihn auf dem Planeten tun könne. Picard kommt zu dem Entschluß, daß er nur eine Möglichkeit hat und daß er damit seine Karriere und alle Hoffnungen auf Verhandlungen mit den Edos aufs Spiel setzt.

Der Rest folgt zum größten Teil dem vorhergehenden Treatment, obwohl die Szenen entschieden länger sind. Picard begibt sich tatsächlich in die Verhandlung und erklärt, er bewundere das Rechtssystem von Alba, doch er fügt hinzu: „Das Pflücken einer Blume mit dem Tode zu bezahlen… ein junges Leben zu zerstören, das noch gar nicht gelebt wurde. Nicht nur dieses Mädchen zu bestrafen, sondern auch eine Mutter, eine Mannschaft, einer Captain – Menschen, die alle gelernt haben, sie zu lieben. Das ist undenkbar. Ich kann einem solchen Denken nicht zustimmen, indem ich meine Direktiven einhalte. In diesem Fall, muß ich ungehorsam sein."

Die Wachen wollen ihn festnehmen, doch erst gibt er Martas Koordinaten an Data, und das Kind wird in Sicherheit gebeamt. Der Erste Ratsherr ist über diese Handlungsweise sehr wütend und glaubt, Picard habe ihn verraten. Er sagt, der Captain solle gehen, und die Föderation solle in Zukunft keine weiteren Abgesandten mehr schicken. Der Transportereffekt beginnt, doch Picard nimmt auch Amyx mit. An Bord der Enterprise zeigt ihr der Captain auf dem Bildschirm die Charles Drew im Edo-Raum, die von einem einheimischen Schlachtschiff verfolgt wird. Amyx ist darüber schockiert.

„Krieg", sagt Picard. „Oder der Beginn eines Krieges. Ein Föderationsschiff befindet sich bereits in Ihrem Raum. Ihr Schiff verfolgt es. Vielleicht ist schon alles zu spät. Während Sie unser Gespräch in die Länge zogen, während Sie das Schlimmste annahmen und unsere ehrlichen Bedürfnisse nicht sehen konnten, hat sich Ihre 'Prophezeiung' eines Krieges vielleicht schon längst erfüllt."

Da sie keinen Krieg und die damit verbundene Barbarei will, benutzt Amyx einen geheimer Code, um mit dem Schiff Kontakt aufzunehmen und befiehlt ihm abzudrehen. Schließlich stimmt sie zu, daß ein offener Kanal zur Föderation für beide Seite gut sein dürfte.

Später informiert Riker seinen Captain, er habe ein ausführliches Gespräch mit Admiral Wythe-Jones geführt und diesen über alles informiert. Der Admiral möchte, daß Picard weiß, es werde eine offizielle Untersuchung geben, und er gratuliert ihm zu seiner „guten Arbeit".

[NOTIZ: Diese Version von „Justice" ist etwas komplexer und interessanter als die beiden Vorgänger des Autors, und dafür sollte man ihn loben. Das Problem bleibt jedoch das gleiche, wie bei den Treatments: Das Herz von John D.F. Blacks ursprünglichem Konzept ist vollkommen verschwunden. Diese Geschichte ist nur ein weiteres, mittelmäßiges Abenteuer an Bord des Raumschiffs Enterprise. Die Figuren werden allerdings recht gut geführt, und die Dialoge fließen relativ natürlich.

Worley Thorne würde schließlich auch das letzte Skript schreiben, doch leider sollte dieses weit hinter seiner ersten Drehbuchfassung zurückfallen. In der gesendeten Version ist „Justice" nur eine weitere sexbesessene Folge mit einem mächtigen Gottes-Dingsda mit dröhnender Stimme, das die Fäden zieht.

Die Enterprise hat gerade eine Kolonie auf einem fremden Planeten gegründet, und die Mannschaft untersucht diese unerforschte Klasse M-Welt, auf die sie gestoßen ist. Dabei handelt es sich um Edo. Sie beamen runter, erleben im Grunde das gleiche Abenteuer – obwohl es um sie herum jede Menge Umarmungen gibt und viel geliebt wird -, und es ist Wesley, der versehentlich in einem Blumenbeet landet und zum Tode verurteilt wird. Picard muß sich entscheiden, ob er das Leben des Junge retten oder sich an die Hauptdirektive halten will. Die Bewohner des Planeten, die keine Bosheit kennen, bitten Picard, die natürliche Balance ihrer Zivilisation nicht aus dem Gleichgewicht zu bringen. Die unsichtbare, fremde Gottmacht ist offenbar entschlossen, den Jungen sterben zu lassen, vielleicht als Lektion für die anderen. Doch Picards Worte über wahre Gerechtigkeit scheinen eine Saite bei ihm anzuschlagen, und sie werden wieder auf die Enterprise zurückgebeamt.

Es gibt ein paar schöne Momente in der letzten Fassung von „Justice", und die Geschichte kann überzeugen, doch im Grunde haben wir es in dieser Episode mit einem „Club Mediterranee im Weltall" zu tun.]

"THE BATTLE"

Herbert Wrights „The Battle" begann als ein Treatment des verstorbenen Larry Forrester mit dem Titel „Ghost Ship" [„Geisterschiff"]. Es ist auf den 16. April 1987 datiert.

Die Enterprise löst ein anderes Schiff ab, das an der territorialen „Linie" patrouilliert hat, die den Föderationsraum von dem der Ferengi Allianz trennt. Die Grenze wird auf der anderen Seite von einem Kriegsschiff der Händlerrasse beschützt. Auf der Brücke der Enterprise informiert Data den Captain über den Hintergrund des Ferengischiffes. Er identifiziert den Kommandanten als einen Mann namens Bok und klärt Picard über die Besonderheiten des Schiffes auf, seine Bewaffnung etc.

Auf dem Ferengischiff überrascht Bok seine Mannschaft und vor allem seinen Ersten Offizier Kazago damit, daß er mit dem Föderationsschiff Kontakt aufnimmt und Picard sprechen will. Riker vermutet sofort eine Falle, doch der Captain entscheidet sich, mit dem Mann zu sprechen. Bok bringt das Bild eines anderen Raumschiffs auf den Schirm. Picard ist wie betäubt. Er erkennt sein altes Schiff, die Stargazer.

Kurz danach diskutieren Picard und Riker das mysteriöse Auftauchen der Stargazer. Vor etwa zehn Jahren befehligte Picard das Schiff in einer wilden Schlacht gegen die Ferengi. Der Captain bewies sein strategisches Können und zerstörte den Gegner, aber am Ende mußte er sein eigenes brennendes Schiff verlassen. Riker bereitet ein Außenteam vor, um hinüberzubeamen, und Picard gibt zu, er sei extrem neidisch auf seinen Ersten Offizier. Trotzdem muß man den Vorschriften folgen.

Bok spielt mit einer kleinen Maschine, die als „Traumarückruf-Einheit" bezeichnet wird. „Sie produziert einen Strahl, der die innerste Persönlichkeit eines Menschen untersucht, seine geheimsten Schuldgefühle und Ängste stimuliert und sie als Waffen gegen ihn benutzt, mit deren Hilfe sein Wille gebrochen wird." Kazago spricht mit seinem Captain über das Gerät, und dieser zeigt ihm ein Diagramm von Picards Gehirn, das die Ferengi den Speichern der Stargazer entnommen haben, als sie das verlassene Schiff enterten. Offensichtlich haßt Bok Picard aus irgendeinem Grund, was den Ersten Offizier sehr verstört, weil sein Captain nichts dazu sagen will. Doch er beobachtet seinen Vorgesetzten und fängt an, die Teile des Puzzles zusammenzusetzen: warum die Stargazer an die Grenze ihres Territoriums gebracht wurde und warum Bok eine so unmäßige Zeit mit dieser Hirnmaschine verbracht hat, die, laut Treatment, verboten ist.

Das Außenteam der Enterprise kommt auf die Stargazer und stellt sofort fest, daß die Computerspeicher des Schiffes vollkommen leer sind. Sie sind noch überraschter, als sie bemerken, daß das Schiff noch Energie hat, doch sie erhalten ein paar Antworten, als Data erkennt, daß hier offensichtlich einige Reparaturen durchgeführt wurden. Er nimmt allerdings an, daß sie nötig waren, um das Schiff an die Grenze zu schaffen.

Picard versucht inzwischen, sich etwas auszuruhen, aber er leidet unter einer extrem starken Migräne und erlebt Flashbacks der letzten Schlacht an Bord der Stargazer. Beverly Crusher und Deanna Troi betreten den Raum und wollen den Captain dazu bringen, sich medizinischen und psychologischen Tests zu unterziehen. Sie finden ihn allerdings mitten in einem jener bizarren Flashbacks vor. Dann bricht er zusammen.

Während Picard auf der Krankenstation das Bewußtsein wiedererlangt, informiert Troi die Ärztin, sie habe etwas Seltsames gespürt, kurz bevor der Captain zu Boden sank. Ein tiefer Haß schien um ihn herum zu schweben. Es ist ihr nicht möglich, es genauer zu beschreiben, doch sie betont, daß das Leben des Captains bedroht sein könnte. Beverly nimmt ihre Worte mit Besorgnis auf. Dann erwacht Picard.

Nachdem er Data den Auftrag gegeben hat, Boks Hintergrund zu erforschen, geht Riker zu Picards Kabine, wohin der Captain sich zurückgezogen hat. Sie diskutieren die letzte Schlacht der Stargazer. Picard beschreibt den Kampf, in dem ein Ferengischiff eine selbstmörderische Attacke begann, jedoch durch sein schnelles Denken – und ein klein wenig Glück – zerstört werden konnte. Picard gesteht, sehr verwirrt zu sein, daß diese Erinnerungen jetzt zurückkommen und fügt hinzu, er fühle sich nicht schuldig an dem, was damals geschah. Trotzdem, so sagt er, habe er nie aufgehört an all die Toten zu denken, mochten es nun seine Feinde oder seine eigenen Leute sein. Er will auf das Schiff hinüberbeamen und hofft, daß ein Besuch ihn von seinen Alpträumen befreien wird. Riker gefällt die Idee nicht.

Auf dem Ferengischiff spricht Kazago mit dem Schiffsarzt über seinen Captain, den er wie einen Vater liebt. Er meint, irgend etwas stimme nicht mit ihm, aber er kann es nicht genau festmachen. Der Doktor versichert ihm, er werde die Situation untersuchen.

[NOTIZ: Man kann bereits auf einen wichtigen Punkt hinweisen: Larry Forrester hielt es offensichtlich für nötig, der Ferengi eine signifikante Menge an Story-Zeit zu widmen, an Bord ihres Schiffes zu gehen und Dialoge zwischen ihnen zu präsentieren. Dadurch erhalten wir Einblick in diese Rasse. In gewisser Weise spiegeln die Verhältnisse auf dem Ferengischiff diejenigen an Bord der Enterprise wider. So werden die Ferengi aus der Rolle einfacher, flacher Schurken hinausgehoben. Sie waren nie besonders beliebt, vor allem deshalb, weil man sie komödiantisch ausspiel-

te, nachdem man sie ursprünglich als offenbar schreckliche Bedrohung der Föderation aufgebaut hatte. Indem er sie mit „uns" ausbalancierte, etablierte Forrester eine Situation ähnlich jener in der Originalepisode „Balance of Terror", die die Romulaner einführte.]

Als Picard wieder auf die Brücke kommt, ist er mit seinen Gedanken offensichtlich ganz woanders. Die Crew erschrickt, als der Captain Geordi als ein Mitglied der Stargazer-Mannschaft anspricht. Er bemerkt dies selbst einen Augenblick später, und Besorgnis zeigt sich auf seinem Gesicht.

Andernorts hat Data alle zur Verfügung stehenden Informationen über Bok gesammelt und erzählt Riker, der Ferengi habe eine wichtige Rolle in dem Vertrag zwischen ihren beiden Völkern gespielt. Nichts weise auf böse Absichten von Seiten des Händlers hin, und er habe Picard noch nie getroffen.

Auf dem Ferengischiff erklärt der Arzt dem Ersten Offizier, Bok weigere sich, sich untersuchen zu lassen, und in diesem Fall kann der Doktor leider nichts tun. Scheinbar geben die Ferengi ihren medizinischen Chefoffizieren nicht das Recht, einen Captain zu einer Untersuchung zu zwingen und ihn eventuell für arbeitsunfähig zu erklären. Augenblicke später informiert Bok seinen ersten Offizier, er solle auf den Moment achten, wenn die Enterprise auf Ferengigebiet übertritt. Kazago denkt ein paar Sekunden darüber nach und kommt zu dem grauenhaften Schluß, daß sein Captain irgendwie versucht, das Hirngerät zu benutzen, um Picard und sein Schiff in eine Situation zu locken, in der sie das Feuer auf das Schiff eröffnen können. Es muß etwas getan werden, damit es nicht zu einem intergalaktischen Krieg kommt. Kazago geht ein gewaltiges Risiko ein, als er mit Riker Kontakt aufnimmt.

In dem folgenden Gespräch (bei dem Riker Troi mental mithören läßt) spricht Kazago in Rätseln und vergleicht die Stargazer mit einem „hölzernen Pferd". Er fügt hinzu, Riker solle seinen Captain daran erinnern, man würde es als kriegerische Handlung auffassen, wenn er die Grenzen verletzte. Sowohl Picard als auch Bok würden als Feinde des Friedens gelten. Ein widerwilliger Respekt hat sich zwischen den beiden Offizieren entwickelt, als die Kommunikation geschlossen wird. Troi sagt Riker, sie habe nur Ehrlichkeit in den Worten des Ferengi gespürt.

Picard versucht, mit seinen Alptraumattacken klarzukommen und programmiert das Holodeck auf eine heitere ländliche Gegend. Zu seiner Überraschung begleiten ihn Beverly und Wes. Der Junge befragt den Captain über die Stargazer, und Picard antwortet ihm so gut er kann, doch er erwähnt nicht die letzte Schlacht. Beverly hört dem Gespräch aufmerksam zu, und schließlich bittet sie Wesley, er solle et-

was Holz für ein Lagerfeuer suchen. Sobald der Junge verschwunden ist, sprechen die beiden Erwachsenen über den Tod von Jack Crusher, der unter Picard auf der Stargazer diente. Es war Picard, der die Leiche nach Hause brachte, und obwohl Beverly ihn nie für Jacks Tod verantwortlich gemacht hat, gibt sie zu, daß dieses Ereignis eine Barriere zwischen ihnen beiden geschaffen hat. Picard denkt über diese Aussage nach und findet es merkwürdig, daß der Tod von Beverlys Mann im Augenblick nicht so sehr auf seiner Seele lastet wie die letzte Schlacht der Stargazer. Dann sagt er, er habe beinahe das Gefühl, eine unsichtbare Kraft treibe sein Unterbewußtsein auf diese besondere Erinnerung zu. Das schlägt eine Saite in Beverlys Erinnerung an. Das Treatment bemerkt, sie erinnere sich an „ein Gerät, das in das Gehirn eines Menschen eindringen könne, traumatische Erinnerungen, Erfahrungen, die sein ganzes Leben geprägt haben, aussuchen und wieder hervorholen könne, um damit seine Persönlichkeit zu zerstören – dies führt eventuell bis zum Wahnsinn, wenn die Gegenwart und die Vergangenheit nicht mehr von einander getrennt werden können." Man gab die Forschung an diesem Gerät schließlich auf, da man es als barbarisch und der Vergangenheit zugehörig empfand.

[NOTIZ: Die Geschichte von Jack Crushers Tod und die Tatsache, daß Picard die Leiche zu Beverly und Wes brachte, sollte ursprünglich einer der wichtigsten Aspekte zwischen diesen drei Figuren sein, ein Band, das sie alle verband. Es wurde in „Encounter at Farpoint" kurz angesprochen und auch in einigen anderen Episoden immer nur berührt. Ironischerweise ging eine frühe Fassung von „Where No One Has Gone Before" auf sehr kraftvolle Art und Weise mit diesem Thema um, doch die Szene ging nie auf Sendung. Später sind Picard und Beverly in der Episode „Arsenal of Freedom" in einer Höhle gefangen und versuchen, am Leben zu bleiben. In einer frühen Fassung müssen die beiden mit ihren wahren Gefühlen füreinander umgehen, doch auch dies wurde in der gesendeten Episode fallengelassen.]

Auf dem Ferengischiff wird Kazago von einem wütenden Bok zur Rede gestellt. Der Captain weiß, daß sein Erster Offizier mit Riker gesprochen hat. Dafür wird er in sein Quartier geschickt und hat dort zu verbleiben.

Picard erwacht nach einem weiteren Flashback in seinem Quartier. Er bleibt einen Augenblick liegen, versucht, sich zu orientieren, zieht sich dann an und geht. Ein wütender Ausdruck liegt auf seinem Gesicht. Er geht auf die Brücke, wo er sofort Kontakt mit Bok aufnehmen läßt. Er bombadiert den Ferengi mit Fragen über die Stargazer und die Situation. Bok bleibt ruhig und erklärt, die Ferengi hätten sich entschieden, das Schiff „als Zeichen ihres guten Willens" an seinen früheren Captain zurückzugeben. Wir erfahren, daß dies eine totale Lüge ist, als auf Kazago geschnitten wird, der anzeigt, daß es sich hier um ein Täuschungsmanöver handelt. Der Kanal wird geschlossen. Picard wendet sich an Riker und fragt ihn, ob dieses Schiff vielleicht nicht wirklich die Stargazer ist, sondern ein anderes holographisch verkleidetes Schiff. Riker meint, das sei sehr wohl möglich, und er wiederholt seine Position, daß Picard nicht hinüberbeamen sollte. Der Captain verläßt die Brücke, geht zum Transporterraum und beamt auf die Stargazer. Als die Mannschaft auf der Brücke davon erfährt, sind alle sehr besorgt.

Bok sitzt in seinem Quartier mit dem Hirnkontrollgerät und beobachtet das Bild von Picard mit offensichtlicher Freude. Er veranlaßt, daß sein Schiff (irgendwie) das Transportersystem der Enterprise durcheinander bringt. Dann fängt er an, das Gerät in seinen Händen zu benutzen.

Als er erkennt, daß das Transportersystem blockiert ist, versucht Riker Kontakt mit dem Ferengischiff aufzunehmen, doch er wird vollkommen ignoriert. Waffen werden auf das Schiff gerichtet, und Riker gibt den Befehl, mit der Enterprise die Grenzlinie zu überschreiten. Dabei ist er sehr nervös. Auf der Stargazer befindet sich Picard in einem mentalen Kampf, jongliert mit der Vergangenheit und der Gegenwart und versucht, seinen realen „Standort" festzustellen. Bilder der Vergangenheit drängen sich wieder in seinen Verstand, doch unter Boks „Regie" greift die Stargazer ein Ferengischiff an, das „die Friedensflagge gehißt hat", und zerstört es vollkommen. Ein Satz hallt durch Picards Kopf: „Der Kommandant dieses Schiffes war mein Sohn..." Die Stimme gehört Bok.

Kazago hat gehört, was vor sich geht, und von seinem extremen Pflichtgefühl angetrieben, kann er den Schiffsarzt alarmieren und erklärt eine Notsituation.

Der mentale Kampf geht weiter, und Bok kontrolliert jede Bewegung von Picard. Die Schlacht spielt sich genauso wie vor neun Jahren ab, doch diesmal erscheint die Enterprise auf dem Bildschirm der Stargazer. Für Picard sieht sie aus wie das damalige Ferengischiff. Boks Plan wird klar: Picard soll sein altes Schiff benutzen, um sein neues Kommando und alle an Bord zu vernichten. Mit Hilfe des Kommunikators kann Riker seinen Captain erreichen, und er versucht verzweifelt, ihn über die wahre Situation aufzuklären. Beverlys Stimme klinkt sich ein. Es beginnt zu funktionieren, doch nicht schnell genug. Die Stargazer feuert ihre Waffen ab, trifft die Schilde der Enterprise und schwächt sie.

Kazago betritt Boks Quartier und läßt seinen Captain festnehmen, weil er inkompetent sei. Bok berührt das nicht weiter, denn er ist der Überzeugung, daß er seine Rache bekommen wird: Eine Sprengladung ist an der Stargazer angebracht und wird in etwa sechzig Sekunden explodieren. Kazago kontaktiert Riker und warnt ihn. Er solle seinen Captain sofort an Bord der Enterprise zurückbeamen. Beverly spricht weiter mit Picard, und ihre Bemühungen scheinen den gewünschten Effekt zu haben. Es gelingt, den Transporter wieder „freizumachen", und der Captain kann in letzter Sekunde zurückgeholt werden, bevor die Stargazer explodiert.

Als alles wieder in Ordnung ist, spricht Riker mit Kazago. Er versichert ihm seine persönliche Anerkennung und die der Föderation. Vielleicht kommt es jetzt zu einer neuen Ära der Zusammenarbeit.

[NOTIZ: Die meisten Storyelemente dieses Treatments schaffen es schließlich in die gesendete Episode, wenn auch in viel detaillierterer Form. Leider geht ein wichtiger Aspekt verloren: die Entwicklung der Ferengi als loyale Offiziere und Wesen mit einem gewissen Sinn für Ehre. Das hätte sie „menschlicher" gemacht und damit realistischer.]

Herb Wright übernahm Larry Forresters Geschichte, schrieb sie um und erweiterte sie. Die erste Fassung seines Drehbuchs ist auf den 1. September 1987 datiert.

Picard, der auch hier unter starken Kopfschmerzen leidet, soll Bok auf neutralem Gebiet treffen. Es ist seltsam, daß der Ferengi speziell mit Picard sprechen will und nicht mit irgendeinem Repräsentanten der Föderation. Man kommuniziert miteinander, und Bok bittet um Erlaubnis, auf die Enterprise zu beamen. Troi spürt sofort, daß der Ferengi sie täuschen will. Riker nimmt diesen Verdacht auf und sagt, noch nie habe ein Mitglied der Ferengi Allianz seinen Fuß auf ein Föderationsschiff gesetzt. Picard denkt darüber nach und versucht gleichzeitig, die Kopfschmerzen zu ignorieren, die ihn weiterhin plagen. Er schlägt vor, daß sie auf Boks Schiff beamen. Überraschenderweise stimmt der Ferengi zu, was jeder auf der Brücke sofort für verdächtig hält. Picard erklärt, sie würden in einer Stunde hinüberbeamen.

Kurz darauf befindet sich der Captain in der Krankenstation und wird von Beverly untersucht. Data ist ebenfalls dort und diskutiert die Situation mit den Ferengi. Während Picard wissen will, woher der Außerirdische ihn kennt, ist Beverly stärker daran interessiert, den Captain davon zu überzeugen, daß er auch nur ein Mensch ist, ob ihm das nun gefällt oder nicht, und deshalb Ruhe braucht, bevor er sich zu Grunde richtet: „Im Gegensatz zur öffentlichen Meinung sind Sie nicht für einen 25 Stunden-Tag geschaffen worden."

Dann gibt sie ihm eine Pille, die zumindest zeitweise den Streß abbauen soll. Picard fühlt sich sofort wieder normal. Zusammen mit Data begibt er sich zum Transporterraum, wo Riker, Tasha Yar und Troi auf sie warten. Das Außenteam beamt auf das Ferengischiff und sie materialisieren scheinbar auf der Brücke der Enterprise. Natürlich sind sie sehr erstaunt. Dann tauchen Bok und einige andere Mannschaftsmitglieder auf, unter ihnen Kazago. Indem er auf ihre Umgebung zeigt, erklärt Bok, diese Kopie der Enterprisebrücke sei nur ein holographisches Bild, das geschaffen wurde, damit sie sich „wie Zuhause fühlen". Geordi scannt den Raum und bemerkt ein silbernes sphärisches Objekt in der Nähe der Wissenschaftsstation.

Bok scheint dem Grund ihres Treffens auszuweichen, und als Picard versucht, das Gespräch wieder auf ihr eigentliches Anliegen zurückzuführen, kommen seine Kopfschmerzen zurück. In diesem Augenblick wird der Hauptbildschirm eingeschaltet. Er zeigt ein Raumschiff der Constitution-Klasse. Picard erkennt sofort die Stargazer.

[NOTIZ: Wir können bereits ein paar bezeichnende Veränderungen erkennen. Zunächst einmal beamt Picard zusammen mit einem Außenteam auf das Ferengischiff. Auch wird die Stargazer als ein Schiff der Constitution-Klasse deklariert, was bedeutet, daß wahrscheinlich ursprünglich geplant war, das Enterprise-Modell aus den Kinofilmen zu verwenden, um das Budget zu senken. Schließlich wird man aber doch ein neues Design verwenden.]

Bok sagt, das Wrack habe im Ferengiraum getrieben und er wolle es entfernt wissen. Deshalb bittet er Picard, es fortzuschaffen.

Sobald sich das Außenteam wieder auf der Enterprise befindet, übergibt Picard das Kommando der Brücke an Data und sagt ihm, er solle ihn sofort benachrichtigen, wenn die Enterprise sich der Stargazer nähert. Dann ziehen sich der Captain und Riker in den Bereitschaftsraum zurück, wo Picard über seine Zeit als Captain der Stargazer spricht. Er erzählt, wie das Schiff Opfer eines nicht provozierten Angriffs durch ein fremdes Raumschiff wurde, das sich schließlich als eines der Ferengi Allianz herausstellte. Die Schlacht wurde durch das „Picard-Manöver" beendet, wobei das Schiff mit Hilfe der Warpgeschwindigkeit an zwei Orten gleichzeitig auftauchte. Dies lenkte die Ferengi für einen Moment ab und erlaubte der Stargazer, ihre Waffen abzufeuern und das feindliche Schiff zu vernichten. Sein eigenes Schiff hatte allerdings Feuer gefangen, so daß die überlebenden Mannschaftsmitglieder mit Shuttles fliehen mußten. Er hat seine Geschichte kaum beendet, als Data ihn ruft. Sie nähern sich der Stargazer.

[NOTIZ: Picards Erzählung ist faszinierend, und die Idee des Picard-Manövers ist wirklich wundervoll. Das Hologramm der Enterprise-Brücke auf dem Ferengischiff war zweifellos ein Versuch, Geld zu sparen. In der gesendeten Version beamt schließlich Bok auf die Enterprise, und unsere Leute bleiben zu Hause.

Sooft sich die Dinge zwischen den Erstfassungen und den letzten Versionen ändern, finden auch manchmal kaum Veränderungen statt. Dies ist der Fall bei „The Battle". Im Grunde folgt die Storyline sehr eng dem Treatment, auch wenn sie erweitert wird. Die gesendete Fassung bleibt Herb Wrights Drehbuchfassung sehr nahe. Bei The Next Generation scheint es häufig der Fall zu sein, daß die frühen Fassungen mehr Interaktion zwischen den Figuren enthalten als die Sendung selbst. Diese Geschichte ist da keine Ausnahme, besonders was Picard und Beverly Crusher angeht. Es gibt ein paar sehr schöne Momente, in denen sie beginnen, ihre Gefühle füreinander zu erforschen. Besonders in einer Szene stehen sie kurz davor, sich zu küssen, als sie von Data überrascht werden. Obwohl es bei „The Battle" fallengelassen wurde, sollte es in Tracy Tormes „The Big Goodbye" zu einem ähnlichen Ereignis kommen.

Auf dem Bildschirm ist „The Battle" eine unterhaltsame Folge der Serie und außerdem höchst originell. Regisseur Rob Bowman kann sehr viel Spannung erzeugen, und Patrick Stewart ist großartig, vor allem in den Momenten, in denen er mit den „Geistern" der früheren Stargazer-Mannschaft interagiert. Wenn man bedenkt, daß er allein war und die anderen Bilder erst später einkopiert wurden, hat er hier eine beachtliche schauspielerische Leistung abgeliefert. Alles in allem funktioniert „The Battle" ziemlich gut, und man kann sich eigentlich nur über die Behandlung der Ferengi beklagen. Sie wirken nicht besonders furchterregend und scheinen kaum eine Bedrohung darzustellen — mit Ausnahme von Boks Kontrollgerät.]

"HIDE & Q"

Die wachsende Beliebtheit von John DeLancies Darstellung des Q war vielleicht eine der größten Überraschungen in der ersten Staffel von *Star Trek: The Next Generation*. Diese Bedrohung der Enterprise war am Anfang wenig mehr als ein Abklatsch von Trelane aus der ersten Serie, doch schließlich sprang Q aus den geschriebenen Seiten heraus und erwachte in „Encounter at Farpoint" zum Leben. In „Hide & Q" kehrte er schon nach wenigen Episoden zurück.

Das erste Treatment dieser Story, geschrieben von Maurice Hurley und auf den 30. Juni 1987 datiert, beginnt ziemlich genau wie die Bildschirmfassung: Die Enterprise ist unterwegs zu einem Notfall, wo sie medizinische Hilfe leisten müssen, als das berüchtigte Q-Gitter ihnen den Weg versperrt. Alle auf der Brücke erkennen es sofort wieder. Dann taucht der Fremde selbst auf. Q offenbart, daß er gekommen ist, um die Mannschaft dem Test Nummer Zwei zu unterziehen. Die Situation auf Farpoint war nur der erste Test. Falls sie auch diesmal erfolgreich sind, steht der Menschheit ein großes Abenteuer bevor. Picard protestiert und sagt, er habe keine Zeit für einen solchen Unsinn, denn sie müßten sterbende Menschen retten.

„Eure Species stirbt doch ständig", weist Q den Einwurf ab.

In diesem Moment ändert er sein Outfit und erscheint als revolverschwingender Cowboy: „Stoppen wir also den Bullen. Das läuft so, Slim. Wir finden erstmal heraus – hier und jetzt – ob du tanzen kannst, und falls du das kannst... dann reiten wir weiter."

In Picard steigt die Wut auf, doch bevor er explodieren kann, ruft Beverly die Brücke und fragt, ob sie sich weiter auf ihre Mission vorbereiten soll. Picard antwortet bejahend, was dazu führt, daß Q Kommentare über das nicht enden wollende Selbstvertrauen des menschlichen Geistes macht. Dann hat er eine Idee. Der Test soll etwas mit Teamwork und Zusammenarbeit zu tun haben. Nach diesen Worten findet sich die Brückenmannschaft plötzlich auf einem öden Planeten wieder, der von dichtem Nebel beherrscht wird. Die Kommunikatoren funktionieren nicht. Die Situation wirkt bedrohlich.

„Könnt ihr eure eigenen kleinlichen Bedürfnisse vergessen und an das Glück aller denken?" fragt Q. „Seid ihr bereit, euch zu opfern, wenn der andere dadurch nicht nur überleben wird, sondern vielleicht auch noch eine große Belohnung bekommt?"

[NOTIZ: Diese Fragen wirken reichlich überflüssig, da Picard und seine Leute sich schon in „Encounter at Farpoint" ausreichend bewährt haben.]

Das Spiel, das er sich ausgedacht hat, heißt „Sucht den Q" und besteht natürlich darin, daß die Mannschaft ihn finden muß. Dann sind wir wieder auf der Brücke, wohin aber nur Q und Picard transportiert haben. Q möchte nicht, daß Picard an dem Spiel teilnimmt, denn er kennt die Fähigkeiten des Captains und möchte studieren, wie die Mannschaft ohne seine Führung zurechtkommt. Der Captain scheint sich keine Sorgen zu machen und vertraut auf seine Crew.

Q erscheint wieder auf dem Planeten und weist seine Spielkameraden darauf hin, daß beim letzten Mal, als sie sich trafen, niemand getötet wurde. Heute werde jedoch jemand „ins Gras beißen". Aber wer? Worf sagt, es werde Q selbst sein und stürmt auf ihn zu, um ihn zu töten. Q schnappt sich mühelos irgendeinen Phaser und feuert auf Worf. Der Klingone wird betäubt. Q gibt sich enttäuscht, daß die Waffe nur auf Betäubung eingestellt war.

Inzwischen ist Picard allein auf der Brücke. Er kann sie nicht verlassen oder mit irgend jemandem Kontakt aufnehmen. Er versucht, einen Logeintrag zu machen, doch es ist ihm nicht möglich. Dann hört er Qs Stimme, die einen spöttischen Eintrag vornimmt.

Auf dem Planeten versuchen alle, Qs Pläne vorauszuahnen, doch sie können es nicht. Sein Denken folgt keiner erkennbaren Logik, also könnte er sich überall versteckt haben. Es könnte wiederum auch ein total offensichtlicher Ort sein. Oder vielleicht doch überall .. Sie denken im Kreis. Ihnen ist klar, daß Q etwas von ihnen will, deshalb der Test. Doch solange sie nicht wissen, was er möchte, können sie nur das Spiel weiterspielen und anfangen, nach ihm zu suchen. Das Gespräch geht weiter, und Riker bemerkt, daß Data noch nichts dazu gesagt hat, was für ihn ziemlich ungewöhnlich ist. Data dreht sich um, und zu ihrer aller Erstaunen ist es Q in der Uniform des Androiden. Riker erklärt, sie hätten ihn gefunden, doch Q lacht nur darüber und sagt, er habe sich ja noch gar nicht versteckt. Und jetzt käme ein neues Element ins Spiel: Sie müssen auch noch Data finden. Dann fällt ihm ein, daß sie auch noch nach Tasha suchen könnten, und einen Augenblick später ist auch sie verschwunden.

Tasha erscheint auf der Brücke bei Picard. Dann materialisiert Q und sagt, er habe sich gedacht, der Captain wäre vielleicht einsam. Der Fremde wird ungehalten, daß diese Leute so ruhig mit der Situation umgehen. Dann verwandelt er sich in etwas, das als ein „kosmischer Biker" bezeichnet wird.

„Sie versuchen es nicht einmal!" explodiert er. Auf dem Bildschirm erscheint das Außenteam auf dem Planeten. Der Focus verändert sich, und sie betreten eine primitive und gleichzeitig futuristische Stadt, die eine gewisse Ähnlichkeit mit einer Westernkulisse hat. Auf der Brücke erkennt Picard laut Treatment, „daß Q ihm einen Hinweis gegeben hat. Die Antwort liegt irgendwo in den Versen von Shakespeare. Er läßt sie durch den Computer laufen, und einer springt hervor. Ein Vers, und Picard kann alle Elemente des Rätsels zusammenbringen. Jetzt weiß er, was er wissen muß."

Als das Außenteam die Stadt betritt, fühlen sie sich durch Gestalten beunruhigt, die sich in den Schatten bewegen und unmenschliche Geräusche von sich geben. Q läßt es offenbar zu, daß die Kommunikatoren wieder funktionieren, denn Picard ruft Riker. Der Captain sagt, er glaubt, er habe Qs Absicht herausgefunden, aber das Spiel müsse zu Ende gespielt werden. Sie erinnern sich an Qs Worte, daß einer von ihnen sterben werde, und ihnen wird klar: Wenn es dazu kommt, dann an diesem Ort. Dann geraten sie in eine Reihe von Situationen, in denen sie einander helfen. Jeder einzelne setzt sein eigenes Leben aufs Spiel, um den Rest des Außenteams zu retten.

Picard fährt fort, sie trotz der Gefahren weiter anzutreiben, weshalb sie sich wundern, warum er es tut. Sie machen sich Sorgen, doch aus irgendeinem Grund ist der Captain vollkommen ruhig. Dann erscheint das Außenteam wieder auf der Brücke. Picard erklärt, er sei zu dem Schluß gekommen, daß Q keinen von ihnen wirklich verletzen würde, und genauso wenig würde er zulassen, daß ihnen auf dem Planeten etwas geschieht. „Sobald Picard erkannte, daß er das Spiel kontrollierte, brauchte er nur noch den Mut, es voranzutreiben", schreibt Hurley. Riker möchte den Grund dafür wissen, und Picard vergleicht Q mit einem Kind, das nicht weiß, wie man Freunde macht, also spielt es mit ihnen. Er nimmt an, daß Q sie um einen Gefallen bitten will, daß es ihm aber unmöglich ist, diesen einfach auszusprechen. Die Enterprise setzt ihre Mission fort.

Picard geht in seine Kabine, wo er Q in einem Stuhl vorfindet. Er liest Shakespeare. Q möchte wissen, wie der Captain ihn gefunden hat, und Picard antwortet, dies sei der unmöglichste Ort, an dem er sich hätte verstecken können. (Der Grund für diese Schlußfolgerung wird niemals erklärt.) Schließlich erklärt Q den eigentlichen Grund seines Kommens. Es gibt insgesamt drei Qs, und der Planet, auf dem sie residieren, stirbt. Sie müssen „umziehen". Das verwirrt Picard, denn die Q können offenbar jeden nur möglichen Ort erreichen. Wozu brauchen sie die Hilfe der Enterprise und ihrer Leute?

„Um ehrlich zu sein", sagt Q, „wir wissen nicht, wohin wir gehen sollen." Von allen Spezies, die sie in den vielen Dimensionen gefunden haben, gibt es keine, die sich mit den Menschen vergleichen läßt, deshalb hätten sie sich an Picard gewandt. Q glaubt, daß die Enterprise einen geeigneten Pla-

neten finden wird, auf dem sie sich niederlassen können. Dann müssen sie die Leute von ihrem Planeten dorthin bringen.

Wie viele Leute, will Picard wissen.

„Etwas mehr als hunderttausend", antwort Q.

Q fügt hinzu, daß sein Heimatplanet jede Menge Rohstoffe besitze, von denen die meisten noch gar nicht von der Föderation entdeckt worden seien. Was für ein Ort auch immer gewählt wird: Er muß der Rasse die gleiche Isolation bieten, die sie auch jetzt genießt, denn sie interessieren sich nicht für Bündnisse. Sie bitten Picard nur um seine Hilfe in dieser Sache, und es ist eine *ehrliche* Anfrage... vielleicht die erste, die Q jemals gemacht hat.

Der Captain nickt und sagt, er müsse diese besondere Anfrage mit dem Kommando der Sternenflotte diskutieren.

Das Treatment endet mit der Aussage: „Die Geschichte von Q ist noch nicht zu Ende."

[NOTIZ: Nach einem faszinierenden Anfang, zerfällt dieses Treatment für „Hide & Q" am Schluß. Ganz abgesehen von der Tatsache, daß die Geschichte kein richtiges Ende hat, ist es kaum zu glauben, daß Q die Hilfe der Enterprise braucht, um seine Leute zu transportieren. Nach allem, was wir von diesem Wesen gesehen haben, kann man niemanden davon überzeugen, daß Q seine Welt nicht einfach wiederbeleben würde. In einem Interview äußerte Schauspieler John DeLancie, es sei interessant, wenn Q zurückkommen würde und etwas von Picard brauchte, aber diese Geschichte ist einfach nicht akzeptabel.

Die Schlußfassung dieses Skripts von Gene Roddenberry und C.J. Holland funktioniert viel besser. Q taucht noch immer genauso auf wie im Treatment, doch seine Absicht ist eine vollkommen andere. Er bietet der Mannschaft ein wunderbares Geschenk an, das sie sich gar nicht vorstellen können. Es stellt sich heraus, daß die Qs sich nach der Geschichte auf Farpoint für die Menschheit zu interessieren begannen, und sie konnten eine Zukunft vorhersehen, in der die Menschheit sie in ihren Leistungen als Spezies weit übertreffen würde. Um die menschliche Rasse besser zu studieren, ist es Qs Absicht, Riker in einen von ihnen zu verwandeln, und aus diesem Grund gibt er dem Commander die gleichen Kräfte, die auch er besitzt. Was wir zu sehen bekommen ist ein perfektes Beispiel von absoluter Macht, die absolut korrumpiert, ein Thema das an den zweiten Pilotfilm der Originalserie, „Where No Man Has Gone Before", erinnert. Einer der Schauspieler verglich die Geschichte mit der letzten Versuchung Christi, und das ist vielleicht gar nicht so weit von der Wahrheit entfernt, denn Riker ist hin und her gerissen zwischen den Alternativen, ein Mensch zu bleiben oder so etwas wie ein Gott zu werden.

Als Episode ist „Hide & Q" wirklich recht gut, und sie erlaubt Riker und Q zu zeigen, was in ihnen steckt.]

"HAVEN"

Als die Produktion von *Star Trek:The Next Generation* langsam begann, machten sich die Produzenten der Serie auf eine intensive Suche nach Geschichten, um diese neue Version der klassischen Fernsehserie zu starten. Aus diesem Grund nahmen sie mit vielen Autoren Kontakt auf – und viele Autoren nahmen mit ihnen Kontakt auf – und kauften in kurzer Zeit eine große Vielfalt an Story-Ideen. Die Autoren selbst wurden oft nach dem Exposé-Stadium außen vor gelassen.

Diese Praxis erwies sich in manchen Fällen als großer Fehler, wie man am Beispiel von John D.F. Blacks ursprünglichen Konzept für „Justice" sehen konnte. Doch manchmal war sie auch gerechtfertigt, wie bei der Anfangsversion von „Haven", die den Titel „Love BeyondTime and Space" [„Liebe jenseits von Raum und Zeit"] trug.

Das Treatment stammt von Lan O'Kun und ist auf den 11. Februar 1987 datiert. Es beginnt mit einem jungen Mann namens Victor Flambeau, der unruhig schläft, während ein Voiceover ein Gespräch zwischen ihm und einer Frau mit Namen Aseea präsentiert. Die Stimmen sagen, sie hätten ihr ganzes Leben lang auf einander gewartet. Es werde nicht mehr lange dauern, bis sie für immer vereint seien. Victors Mutter Louise betritt das Schlafzimmer und weckt ihn. Sie sagt, das Schiff warte.

Victor erzählt seiner Mutter von demTraum. Es wird klar, daß beide ihn schon lange kennen und daß er immer wieder zurückkehrt. Im folgenden Gespräch erfahren wir, daß er ein Lieutenant der Sternenflotte ist und auf dem Planeten Silver Major dient, einer extrem kalten Welt.

Das ist der Teaser.

[NOTIZ: Ein Autor, der für Star Trek arbeitet, sollte wissen, daß es eine absolute Regel ist, daß die Sequenz vor den Credits irgendwie die Enterprise oder ihre Mannschaft einschließt. Diese Lektion kann man lernen, indem man sich eine beliebige Episode der Original- oder der Zeichentrickserie ansieht.]

Die Enterprise nähert sich Silver Major und Picards Logbuch informiert uns, daß sie innerhalb einer Woche eine phantastische Welt namens Tannenger erreichen werden. Der Captain denkt über diesen Planeten und einen Mann namens Ootel nach. Wird man die Enterprise mit offenen Armen willkommen heißen, oder nicht?

Wir sehen, daß der Captain sich in einer Badewanne entspannt, während er das Logbuch aufnimmt. Er fügt hinzu, „die Hälfte der männlichen Crew" habe Riker mit Anfragen bombadiert, an dem Außenteam nach Tannenger teilzunehmen. Picard erklärt zwar, daß er ihnen daraus keinen Vorwurf macht, aber mit wem werden sie sprechen? Wo werden sie

landen? Diese Fragen müssen beantwortet werden, bevor irgendwelche Entscheidungen zur Mission getroffen werden können. Der Bildschirm stellt sich aus. In diesem Moment erscheint Rikers Gesicht auf dem Bildschirm. (Nicht gerade viel Privatleben für den Captain eines Raumschiffes. Er kann noch nicht mal ein Bad nehmen, ohne daß ihm seine Leute dabei zusehen.) Der Commander teilt ihm mit, daß Picards Patenkind Victor bald ankommen wird, zusammen mit seinen Eltern und der Mutter von Deanna Troi. Der Captain denkt darüber nach und fügt hinzu: „Wer hätte das je erwartet?" Irgend etwas an dem Gespräch scheint Riker zu stören, und der Kanal wird geschlossen.

Geordi und Data sitzen im Speisesaal der Enterprise. Geordi ißt sein Mittagessen, und Data hat ihn begleitet, um mit ihm zu sprechen. Sie unterhalten sich über die Vorteile des Menschseins und über die Vorteile des Androidenseins. Ihre Diskussion wird von Macha Hernandez unterbrochen (am Ende Tasha Yar; in diesem Fall ist die Figur männlich). Er rempelt Data an und bezeichnet ihn als „den schönen Andrew Android". Es soll allerdings keine Beleidigung sein.

Riker und Troi treffen sich zufällig auf dem Korridor und besprechen die augenblickliche Situation. Wir erfahren, daß Deanna dazu bestimmt ist, Victor zu heiraten, seit sie Kinder waren. „Ich ging zur Sternenflotte, weil er einen Paten hatte, der eine Legende war", erklärt sie. „Ich wollte Victor eine Freude machen, wollte ihm zeigen, daß ich seine Leidenschaften teile, seine Träume. Es war ein Akt der Zuneigung. Als ich der Enterprise zugeteilt wurde, konnte ich mein Glück kaum fassen."

Riker und Troi empfinden offenbar sehr tief füreinander, aber sie muß sich der Tradition von Betazed beugen und diese Heirat akzeptieren, die zwischen ihren Eltern und denen von Victor arrangiert wurde. Riker möchte wissen, ob sie sich darauf freut, was sie bejaht. Sie sagt, sie habe ihr ganzes Leben lang darauf gewartet, Victor zu treffen.

[NOTIZ: In der gesendeten Version dieser Geschichte, ist Deanna sehr stark gegen die Heirat, doch genau wie hier hat sie vor, diese Pflicht aus Gründen der Tradition und der Ehre zu erfüllen. Sehr hübsch war die Idee mit Victors Patenonkel, der eine Art von Legende ist, weshalb Deanna überhaupt erst zur Sternenflotte kam.]

Im Shuttle, das Victor zur Enterprise bringt, schläft der junge Mann und träumt wieder von Aseea. Als er aufstöhnt, schüttelt ihn sein Vater und weckt ihn. Er fragt, ob alles in Ordnung sei. Seine Mutter fühlt sich nicht besonders gut. Sie mochte Reisen in kleinen Raumschiffen noch nie besonders (und man fragt sich, warum sie dann nicht gebeamt hat). Mrs. Troi setzt sich zu ihr und äußert eine Reihe von ehrlichen/sarkastischen Kommentaren über das Paar. Sie macht keinen Hehl aus ihrem Eindruck, daß sie in den letzten 25 Jahren nicht besonders gut gealtert sind.

Auf der Brücke verkündet Riker, das Raumschiff befinde sich im Orbit um Silver Major und werde sich in 15 Minuten mit dem Shuttle treffen, um die Passagiere an Bord zu nehmen, zu denen auch Rolf Roessinger gehört, ein Geschäftsmann, den Riker am liebsten nicht treffen würde. „Er ist ein Betrüger, ein Heuchler, ein Profitgeier. Und ich will gar nicht erwähnen, daß er ein großmäuliger, verantwortungloser...“

„... Präsident des Konsortiums von drei Raum-Gesellschaften ist“, unterbricht ihn Picard, „der eine Direktroute öffnen will zwischen der Erde...“

„... und dem Paradies. Das gefundene Paradies – das verlorene Paradies. Das Universum als eine Erweiterung der Erde – mit Souvenirständen gefüllt... Ich bringe diesen Mann nicht nach Tannenger.“

[NOTIZ: Was zum Teufel denkt Riker, wer er ist? Hat er vergessen, daß Picard der Captain dieses Schiffes ist? Es ist eine Sache, eine informierte Meinung zu einer Situation zu äußern, aber eine ganze andere Sache, kategorisch festzustellen, was man tun und was man nicht tun wird. Außerdem kann es sich bei der Sache mit Roessinger, der die irdische Tourismusmentalität in den Weltraum tragen will, nur um einen Fehler handeln. Die Originalserie hat bereits etabliert, daß sich unser Planet weit über diese Lebenshaltung hinaus entwickelt hat, und dadurch wird dieses Gespräch sinnlos. Dieser Punkt gehört zu jenen grundlegenden Informationen über Star Trek, denen sich jemand, der für die Serie schreiben will, einfach bewußt sein sollte.]

In der Turnhalle der Enterprise steht Macha einer Gruppe von Kindern gegenüber. In ihrer Hand hält sie eine Flasche mit einer Fliege, und sie erklärt, diese Lektion habe mit Reflexen zu tun. Sie läßt die Fliege heraus und schlägt sie mit einem Handkantenschlag tot. Die Kinder sind beeindruckt von der Geschwindigkeit mit der sich Macha bewegt.

[NOTIZ: Es ist noch einmal nötig zu unterbrechen, um klar zu machen, was für eine falsche Vorstellung der Autor vom Star Trek-Universum hat. Im 24. Jahrhundert schlägt man keine Fliegen tot! Natürlich klingt das etwas einfach, und vielleicht übertreibt es die Haltung, die ein Mensch des 24. Jahrhunderts gegenüber seiner Umwelt einnimmt, aber wir haben gelernt, daß er alle Lebensformen respektiert. Und so unwichtig es erscheinen mag, daß Hernandez eine Fliege tötet: So etwas würde ein Lehrer auf der Enterprise niemals tun.]

Die Stunde wird von Geordis Stimme aus dem Lautsprecher unterbrochen. Er meldet, daß das Shuttle andockt. Als die Passagiere aussteigen, trifft Riker auf Roessinger, der sich sofort über den Flug beschwert. Die beiden Männer gehen, um sich mit Picard zu treffen, während Mrs. Troi Deanna trifft und die beiden anfangen, sich telepathisch zu unterhalten. Victor und seine Eltern treten als nächstes aus dem Shuttle. Er und Deanna blicken sich an: Ein Paar, das dazu bestimmt ist, zu heiraten. Und in seinem Kopf hört er die widerhallende Stimme von Aseea, die ihn fragt, wo er ist. Es ist klar, daß Deanna nicht die Frau seiner Träume ist. Als sie vorsichtig anfangen, sich miteinander zu unterhalten, bekommen wir den Eindruck, daß die Schwiegereltern im Hintergrund sich bereits streiten.

Auf der Brücke befinden sich Picard und Riker inmitten einer Diskussion mit Roessinger, der Tannenger als eine Welt beschreibt, „deren Musik Ruhe ausstrahlt“. Er hält den Planeten für ein Eden im Weltall und entfaltet vor den Augen der Offiziere Pläne für eine Urlaubsanlage, die er dort gerne bauen würde. Sie erinnert stark an die Touristenhotels auf den Bahamas vor etwa dreihundert Jahren. Er fügt schnell hinzu, daß er hier an private Geschäftsinteressen denkt, doch es scheine, als wolle das Militär versuchen, die Kontrolle über dieses Projekt zu übernehmen. Picard ist genervt von diesem Mann, doch das Gespräch wird durch Datas und Victors Ankunft unterbrochen, so daß es dem Captain möglich ist, das Gespräch auf ein anderes Thema zu lenken. Er umarmt Victor und grüßt die Schwiegereltern.

Später versuchen Victor und Deanna einander kennenzulernen. Sie sprechen über die Zukunft, das Leben auf der Enterprise und ähnliche Themen.

Riker besucht später Deannas Büro, als sie gerade mit Geordi spricht. Laut Treatment gibt es „einen ‚Augenblick‘ zwischen den beiden, bevor Riker sich entschuldigt und geht“. Deanna erzählt Geordi, wie schwierig es ist, eine Beziehung mit jemandem wie Riker zu beenden. Er schlägt vor, daß sie Victor ihre wahren Gefühle offenbart.

Andernorts hat sich Victor Data geöffnet und beschreibt ihm die Situation mit der Frau seiner Träume. Data denkt darüber nach und schlägt vor, daß Victor sich mit Deanna darüber unterhalten sollte, wobei er hinzufügt: „Natürlich bin ich kein Mensch, und Sie müssen bedenken, von wem dieser Ratschlag kommt.“

[NOTIZ: Die Charakterisierung von Data in diesem Treatment ist sehr unsympathisch. Der Typ bläst die ganze Zeit nur Trübsal und jammert darüber, wie wunderbar es doch wäre, ein Mensch zu sein und wie minderwertig er sich trotz seiner überlegenen Fähigkeiten fühlt. Das ist gutes Material für die Figurenzeichnung, wenn man es in kleinen Dosen verwendet, doch wenn man ständig damit bombardiert wird, hört man nur noch Klagen und Quengeln.]

Schließlich sprechen Victor und Deanna über ihre wirkliche Situation, und er erzählt ihr von der Frau seiner Träume. Sie kann spüren, daß er noch immer an sie denkt. Trotzdem sprechen sie von ihrer Zukunft, und Deanna merkt an, daß betazoidische Frauen einmal alle dreißig Tage für Männer unwiderstehlich sind, so daß er sie an diesem Tag wird einschließen müssen.

Beim Mittagessen beginnt Mrs. Troi einen Streit mit Victors Eltern. Wir schalten wieder zurück zu Victor und Deanna und sehen, daß sie sich inzwischen viel besser verstehen und weiter über die Zukunft nachdenken.

Später finden wir Picard in seinem Quartier, wo er zur Erholung Trompete spielt (eine Analogie zu Sherlock Homes' Geigenspiel), als Riker eintritt, um mitzuteilen, daß sich ein kleineres Schiff der Enterprise nähert. Der Captain ist Ootel, der seine Enkeltochter mitbringt.

In ihrem Schlafzimmer haben sich Victors Eltern entschieden, ihren Sohn aus dem Heiratsarrangement zu lösen, denn sie wollen Mrs. Troi nicht als Mitglied ihrer Familie haben. Sie teilen es ihrem Sohn mit, und als Deanna ihn besucht, spürt sie es bereits, bevor er es ihr sagen kann. Trotzdem fragt er sie, ob sie ihn heiraten will, und sie stimmt zu. Picard wird sich freuen, sie zu trauen.

Inzwischen hat Roessinger mit dem Präsidenten der Sternenflotte Kontakt aufgenommen, der wiederum mit Picard gesprochen und ihn darüber informiert hat, daß das Tannenger Projekt extrem wichtig sei und daß der Captain alles in seiner Macht stehende versuchen sollte, um seinen Erfolg zu garantieren. Bald darauf meldet Riker, daß Ootels Schiff andockt.

Ootel kommt auf die Brücke, wo er Picard trifft und ihm erklärt, sein Einfluß sei stark genug, um die Situation auf Tannenger zu klären. Ootel und seine Familie werden zur Hochzeit von Victor und Deanna eingeladen, und sie nehmen diese Einladung mit Freuden an. Ootel sagt, er müsse nur gehen und seine Enkelin holen.

Victor zieht sich für die Zeremonie an, und während er in den Spiegel blickt, hört er Aseeas Stimme, die fragt: „Wo bist du?" Der Ausdruck auf seinem Gesicht ändert sich. In ihrem Quartier macht sich Deanna ebenfalls zurecht, als sie die Präsenz von jemandem spürt, der nicht weiß, wo er sich befindet. Auf dem Korridor trifft sie Aseea und lädt sie zu Victors Quartier ein. Als sie die Tür öffnet und den Ausdruck auf den Gesichtern der beiden Liebenden sieht, zieht sie sich zurück. „Stumme Tränen laufen über ihre Wangen." Data kommt vorbei, sieht Victor und Aseea in leidenschaftlicher Umarmung, geht wieder in den Korridor und versucht, Deanna zu trösten.

Picard wird informiert, daß Victor und Aseea an Bord der Enterprise zusammenbleiben wollen, und der Captain sucht Ootel auf, um sich mit ihm darüber zu unterhalten. Der alte Mann will nichts davon hören, und sagt Picard, seine Enkelin müsse mit ihm kommen, wenn aus den Verhandlungen mit Tannenger etwas werden soll. Picard trifft sich mit Victor, erzählt ihm davon und fügt hinzu, daß es keine Alternative gibt. Er müßte Aseea auf ihren Heimatplaneten folgen. Victor ist davon wie betäubt, denn er wollte auf der Enterprise bleiben. Picard schlägt vor, daß der junge Mann seinen Träumen gehorcht.

Später vollzieht Picard die Trauungszeremonie zwischen Victor und Aseea. Zuletzt spricht er die Worte: „Ihre Liebe gibt uns die Hoffnung, daß irgendwo, irgendwie, in den Welten, die wir kennen oder an Orten, die wir erst noch finden werden, auf jeden von uns die Liebe wartet."

[NOTIZ: Diese Geschichte, aus der später „Haven" werden sollte, hat nicht viel, um sich zu empfehlen. Viele der Story-Ideen und ein großer Teil der Dialoge erinnern stark an eine Seifenoper, und sie funktionieren nicht besonders gut.]

O'Kuns zweite Treatmentfassung vom 30. März 1987 gleicht ziemlich stark der ersten. Der einzige Zusatz ist ein Schiff von der verfluchten Welt Xelephian, die eine Mannschaft von Krankheitsopfern trägt, die auf dem Weg nach Tannenger sind, in der Hoffnung, daß die mythischen Kräfte dieser Welt sie heilen werden. Der Hauptunterschied zwischen dieser Version und der gesendeten Fassung besteht darin, daß der Planet sie tatsächlich von ihrer Krankheit heilen kann, und nach viel Überredungskunst, kommen Picard und Ootel überein, den Xelephianern zu helfen. Obwohl diese Fassung gegenüber der ersten eine erhebliche Verbesserung darstellte, war die Geschichte dazu bestimmt, noch viel besser zu werden.

Der Autor Tracy Torme, der insgesamt drei Episoden für die erste Staffel von The Next Generation schrieb und die Position eines Exekutive Story Editors bekam, erhielt der Auftrag, „Love Beyond Time and Space" in „Haven" umzuwandeln.

Obwohl es viele von Lan O'Kurs Storyelementen auf den Bildschirm schaffen sollten, traf der ganze Ton von Tormes Skript die Atmosphäre der Serie viel besser. Die Figuren sind entschieden realistischer, und die Geschichte bewegt einen weit mehr. Victor wird zu Wyatt Miller, der wie sein Vorgänger auf die Enterprise kommt, um Deanna Troi zu heiraten, doch zu seiner Überraschung ist sie nicht die Frau seiner Träume. Diese Frau mit Namen Ariana befindet sich an Bord des Krankenschiffes der Tarellianer, das hofft, Haven kann ihnen die Heilung geben, die sie so verzweifelt benötigen. Wyatt, ein angehender Arzt, erkennt, daß sein Schicksal auf dem anderen Schiff liegt und beamt mit medizinischer Ausrüstung dorthin. Doch die Krankheit ist so ansteckend, daß er sich damit für den Rest seines Lebens isoliert hat... oder bis er eine Heilung für die Krankheit finden kann. Er spricht mit der Brückenmannschaft auf der Enterprise und hofft, daß seine Eltern und Deanna die Gründe für seine scheinbar irrationale Aktion verstehen können. Überraschenderweise können das alle und finden seine Handlungsweise sehr edel.

Ironischer- und unglücklicherweise ist Tormes Skript weit besser als die gesendete Episode. Das liegt zum Teil vielleicht an Majel Barretts etwas übertriebener Darstellung von Mrs. Troi, einer Rolle, die sie so grob spielt, daß die Zuschauer nur wenig finden, mit dem sie sich identifizieren könnten. Der Humor funktioniert nicht immer so, wie der Autor es sich vorstellte.

Torme beendet sein Skript mit einer Szene, in der sich unsere Leute auf die Oberfläche des wahrhaft wunderschönen, ehrfurchtgebietenden Planeten Haven beamen. Sie befinden sich in einem Gebäude und wollen wieder auf das Schiff zurückbeamen, als Data vorschlägt, sie sollten zumindest einen Blick nach draußen werfen. Das Treatment gibt an: „Wir bleiben auf ihren Gesichtern, als sie hinausgehen. Weiche Farben reflektieren sich in ihren Augen, und sie blicken mit staunendem Unglauben auf Haven... Geordi ist etwas traurig. Er kann die Farben fühlen, aber er kann sie nicht wirklich sehen. Er bittet seinen Freund Data, ihm die Farbe des Himmels zu beschreiben. Datas Beschreibung scheint direkt aus einem Wörterbuch zu stammen. Troi unterbricht ihn leise: 'Er ist blau... dunkelblau... Die Farbe der Liebe.'"

Das wäre ein schöner Moment gewesen. In der Bildschirmfassung steht „Haven" irgendwo in der Mitte der Erfolgsskala für die erste Staffel.

"THE BIG GOODBYE"

Eine der erfolgreichsten Geschichten der Originalserie war „A Piece of the Action", in der Kirk und seine Kollegen auf einen Planeten hinunterbeamen, dessen Gesellschaft auf dem Chicago der 20er Jahre basiert. Diese besondere Episode war so wichtig für die Produzenten, daß sie den Weg für viele Besuche auf erdähnlichen Planeten ebnete, wo sich Situationen wiederfanden wie das Nazideutschland, das alte Rom, der Wilde Westen und so weiter. Zugegebenermaßen wurde dieses Handlungsmuster schnell zum Klischee, doch oft funktionierte es sehr gut.

Führt man sich dies vor Augen, dann überrascht es nicht weiter, daß die *Next Generation*-Folge „The Big Goodbye" sich als eine der erfolgreichsten der ersten Staffel erwies und sogar den begehrten Peabody Award gewann.

Im Fall von „The Big Goodbye" hatte der ausführende Co-Produzent Maurice Hurley die Idee, daß mehrere Mannschaftsmitglieder in einer künstlichen Welt auf dem Holodeck gefangen sind. Dieses Konzept, das ursprünglich „Homicide" hieß, sollte unsere Leute in eine Detektivgeschichte aus den 30er Jahren verwickeln. Wieder nahm man Kontakt mit Autor Tracy Torme auf und gab ihm den Auftrag, diese Prämisse zu einem Exposé und dann zu einem Skript auszubauen.

Sein erstes Treatment vom 17. August 1987 beginnt mit Captain Picards Versuch, die offizielle Grußformel zu lernen, die er benutzen muß, wenn sie auf die Harrada treffen, so daß die Enterprise das Territorium der Rasse durchqueren kann. Deanna Troi, die mit ihm seit Stunden geübt hat, schlägt vor, er solle eine Pause machen und sich ein wenig auf dem Holodeck erholen. Der Captain denkt einen Augenblick darüber nach und stimmt ihr dann zu. Dort angekommen programmiert er eine Umgebung, die an die Romane von Raymond Chandler erinnert (Torme bezeichnet sie als Chandlerland). Dort spielt Picard die fiktionale Rolle des Detektivs Dixon Steel (schließlich bekam diese Figur den Namen Dixon Hill).

Das Holodeck hat das Jahr 1941 nachgeschaffen, und Picard geht in Steels Büro, wo er eine schöne Frau trifft, die sich als Mrs. Black vorstellt. Sie braucht verzweifelt seine Hilfe und sagt, daß jemand versuche, sie umzubringen. Der Captain läßt sich ganz in seine Rolle sinken, macht ihr einen Drink, und sie erzählt ihm ihre augenblickliche Situation in allen Details.

Andernorts auf dem Schiff erfahren wir, daß die Beziehung zwischen Data und Tasha Yar im Moment etwas schwierig ist. Das geht auf ihr *Rendezvous* in „The Naked Now" zurück. Während sie sich in seiner Gegenwart unwohl fühlt, unterliegt er der Illusion, sie hätten ein lebenslanges Band geknüpft. „Du hast mich zum Mann gemacht", sagt Data, aber Tasha würde am liebsten vergessen, daß sich der ganze Vorfall je ereignet hat.

Die beiden sind zusammen mit Geordi LaForge zu einem Treffen unterwegs. Geordi versucht, Data die Situation zu erklären, aber dieser versteht die Logik seines Freundes nicht. Man wechselt das Thema.

[NOTIZ: Es ist bekannt, daß Torme gesagt hat, die Serie brauche mehr Konflikte auf dem Schiff. Der Leser kann nur annehmen, daß diese kleine Szene zwischen Tasha und Data sein Versuch war, eine unterschwellige Spannung zwischen den Figuren aufzubauen. Wie schade, daß die Sequenz oder eine andere dieser Art nicht auf den Bildschirm kam.]

In Chandlerland geht Picard voll und ganz in seiner Rolle auf, eskortiert die Frau aus seinem Büro und versichert ihr, daß er alles in seiner Macht stehende tun werde, um ihr zu helfen. Sobald sie fort ist, geht er zu einer Wand mit einem blauen Streifen, um das Holodeck zu verlassen. Jemand klopft an die Tür. Picard sieht eine Silhouette und sagt der Person, sie solle später wiederkommen. Dann verläßt er den Raum. Noch immer auf dem Holodeck sehen wir, wie eine Figur den Raum betritt, die Peter Lorre nachempfunden ist und im Text auch so genannt wird. Lorre wundert sich, wohin Dixon Hill verschwunden ist.

Im Versammlungsraum trifft Picard die anderen zu einer Besprechung, doch zuerst erzählt er ihnen vor seinem Erlebnis „in der Vergangenheit". Vor allem Troi freut sich, ihn so begeistert zu sehen. Er möchte wieder zurückgehen und sich seiner Rolle gemäß verkleiden. Er lädt die anderen ein, ihn zu begleiten. Dazu gehört auch ein Literaturexperte namens Hall. Er spricht vor allem von der Frau, die so „unglaublich lebendig war. Ihr Kuß war so real. Und doch genügt ein einfacher Knopfdruck, um ihre Existenz beenden".

Wir erfahren, daß dies nicht der Fall ist, als die Leiche der Frau in einer verregneten Gasse gefunden wird, zwei Einschußlöcher in ihrem Rücken.

[NOTIZ: Diese Szene kam nicht in die Bildschirmversion. Obwohl sie sehr interessant ist, illustriert sie doch, daß irgend etwas im Holodeck falsch läuft, da der Computer sich scheinbar weigert, die Phantasiewelt abzuschalten, die er aus den Seiten alter irdischer Literatur geschaffen hat. Es ist natürlich möglich, daß man diese Szene zusammen mit Lorres kurzem Auftritt nach Picards Verschwinden als etwas zu viel des Guten betrachtete. Picard sollte später erfahren, daß die Frau getötet wurde, aber wir bekamen nie die Leiche zu Gesicht.]

Noch immer mitten in der Besprechung zeigt Data eine Aufzeichnung der letzten Begegnung zwischen Vertretern der Föderation und der Harrada. Bei diesem Treffen sehen wir, daß es sich bei den Aliens um schlangenähnliche Humanoide handelt. Der Föderationscaptain beginnt die extrem schwierige Grußformel, stolpert aber über eine der bizarren Flexionen, was die Harrada wütend macht, die daraufhin das Treffen abbrechen. Das Bild verschwindet. Picard wollte das nicht unbedingt sehen. Der Android entschuldigt sich, worauf Picard antwortet, es gäbe nichts, wofür er sich entschuldigen müsse, und da sie noch etwas Zeit haben bis zu ihrem Rendezvous mit den Harrada, lädt er Data ebenfalls ein, sie bei ihrer Expedition in die „Vergangenheit" zu begleiten. An diesem Abend studiert Data alles, was ihm über die Welt des Dixon Hill zur Verfügung steht.

Am nächsten Tag sind Picard, Hall und Data in der korrekten Kleidung bereit, das Holodeck zu betreten. Tasha Yar wird ihnen später folgen. Sie materialisieren allerdings nicht in Steels Büro sondern vor einem Kiosk, wo Data sofort die Nachrichten des Tages kommentiert. Kaum sind sie eingetroffen, als auch schon Lieutenant McNary, ein Freund von Steel, ankommt und keine andere Möglichkeit sieht, als den Detektiv wegen des Mordes an Mrs. Black zu verhaften.

Später materialisiert auch Tasha in Chandlerland und geht zur Polizeiwache, wo sie Data und Hall trifft, die sie über die augenblickliche Lage des Captains aufklären. Sie sind alle sehr begeistert davon, wie echt diese Umgebung wirkt und meinen, daß der Captain bestimmt viel Spaß hat. Im Verhörraum wird Picard mit wütenden Fragen bombardiert, aber er bleibt guter Dinge. McNary versucht, die anderen Cops zu beruhigen.

Inzwischen kommt Riker auf die Brücke, nachdem er Nachricht davon erhalten hat, daß sich ein Trio von Harradaschiffen nähert, die erklärt haben, daß sie Picards Worte erwarten. Sie werden sich nicht auf dem Bildschirm zeigen, bis sie in angemessener Weise begrüßt wurden. Riker sagt, sie seien einige Stunden früher als erwartet, aber die Fremden sind bereits beleidigt, weil sie nur von einem „Zweitrangigen" angesprochen wurden. Riker tut sein Bestes, um seine Wut unter Kontrolle zu halten und schickt Worf zum Holodeck, um Picard auf die Brücke zu holen.

Auf der Polizeiwache hat der Captain inzwischen genug von dem Verhör. Er steht auf, um zu gehen, doch er wird in den Stuhl zurück geworfen. Er kommt zu dem Schluß, daß die beste Art, mit der Situation umzugehen, darin besteht, seiner Rolle zu folgen und antwortet ihnen dementsprechend.

„Ich habe es satt, auf deine häßliche Fratze zu starren", herrscht er einen der Cops an. „Wenn ihr Affen etwas gegen mich habt, dann nehmt mich gefälligst fest. Wenn nicht, gehe ich nach Hause."

Schließlich entscheiden sie sich, ihn gehen zu lassen, aber sie sagen ihm, er dürfe die Stadt nicht verlassen. Als der Captain geht, schlägt McNary vor, er solle mit ihnen zusammenarbeiten, um es sich einfacher zu machen. Picard sagt, er werde darüber nachdenken. Das Treatment notiert: „Er und die anderen verlassen die Polizeiwache und finden sich im Flur vor Dixon Steels Büro wieder. Alles in Chandlerland ist wegen der Raumknappheit im Holodeck auf surrealistische Weise miteinander verbunden. Natürlich erkennt das keine der vom Computer geschaffenen Figuren."

[NOTIZ: Das Treatment spricht hier einen faszinierenden und logischen Punkt an, der noch nie auf dem Bildschirm berührt wurde. Es ergibt Sinn, daß der Raum sparsam verwendet wird, da das Holodeck ja nur eine bestimmte Größe hat.]

Tasha (die in der gesendeten Fassung durch Beverly Crusher ersetzt wurde, um etwas romantische Interaktion zwischen ihr und Picard zu erlauben) weist den Captain darauf hin, daß die Zeit für seine Kommunikation mit den Harrada naht, und daß er immer noch ein wenig üben müsse. Der Captain stimmt zu, und die Gruppe begibt sich in Steels Büro, um das Holodeck dort zu verlassen. Leider wartet Peter Lorre auf sie (die Figur wurde schließlich in Leech umbenannt). Sie ignorieren ihn einfach und gehen zur Wand, woraufhin Lorre wütend eine Waffe zieht und verlangt, daß sie „den Vogel" herausgeben (ein Bezug auf „Die Spur des Falken" [„The Maltese Falcon"], auf den sich die gesamte Dixon Steel-Geschichte bezieht; auf dem Bildschirm würde kein solcher Bezug stattfinden). Tasha, die von dem Mann genug hat, springt auf ihn zu, entwaffnet ihn und schlägt ihn nieder. Lorre droht damit, daß der dicke Mann sie dafür kriegen werde. Picard kümmert sich nicht weiter um ihn und führt alle zum Ausgang. Doch die Tür öffnet sich nicht.

Picard meint, im Raum könnten sich Kabel befinden, die die Tür öffnen sollten, und er läßt alle danach suchen. Sie werden durch die Ankunft von Greenstreet (später Redblock) daran gehindert. Der Gangster will wissen, wo sich das Objekt befindet, das er sucht. Hall spielt mit und sagt, wenn der Mann einen Falken suche, dann werde er wahrscheinlich eine große Enttäuschung erleben; er werde ihn nie finden. Dann fährt er fort, Greenstreet zu beleidigen. Einer der Schläger des Mannes findet das gar nicht lustig und schießt auf den Literaturexperten. Hall wird zurückgeworfen, Blut fließt aus seiner Wunde. „Aber ihr seid doch gar nicht real", flüstert er erschreckt und ungläubig. Wenige Augenblicke später ist er tot.

[NOTIZ: Auf dem Bildschirm wird sich das zum größten Teil genauso abspielen. Nur wird die Hall-Figur dort zwar verwundet, bleibt aber am Leben. Diese Szene erinnert ein wenig an den Moment in Westworld, wenn der Yul Brunner-Revolverheld eine echte Kugel auf James Brolin schießt, der nur „Ich bin getroffen" stammelt, bevor er zu Boden sinkt.]

Lieutenant McNary, der den Schuß gehört hat, betritt den Raum und wird von Greenstreets Leuten entwaffnet. Als er sich wieder Picard und den anderen zuwendet, erklärt Greenstreet, sie bräuchten ihm nur zu sagen, wo sich das Objekt befindet. Dann könnten sie alle gehen. McNary glaubt ihm keine Augenblick und sagt das auch. Data weist darauf hin, daß es ihnen aus dem einfachen Grunde leider unmöglich ist, ihm bei seiner Suche zu helfen, weil Greenstreet und die anderen nicht real sind. Natürlich akzeptieren sie das nicht, obwohl Data versucht, ihnen die Funktionsweise des Schiffscomputers zu erklären.

Auf der Brücke der Enterprise: Die Harrada haben das Schiff von drei Seiten „umstellt". Worf sagt, sie hätten den Fehler im Holodeck-Programm gefunden, aber sie müßten extrem vorsichtig vorgehen, um keine größeren Probleme zu verursachen. Riker, der die gefährliche Situation erkennt, in die das Schiff langsam gerät, befiehlt Worf, anzufangen, die Kabel zu entwirren, damit sie den Captain finden können. Der Klingone macht sich an seine Aufgabe (in der gesendeten Fassung sollte das jugendliche Genie Wesley Crusher ihm helfen).

In Steels Büro glaubt niemand an Datas Gerede von einem Holodeck. Draußen arbeitet Worf an den Kabeln. Ein paar Funken fliegen, und die Leute in Steels Büro finden sich plötzlich in einer arktischen Wüste wieder, um dann erneut im bequemen Büro aufzutauchen. Die computer-generierten Figuren sind jetzt alle sehr erstaunt und wissen nicht so recht, was sie aus der Situation machen sollen. Greenstreet versucht, einen Deal mit Picard zu machen. Data kann nach seinen Kabeln suchen, unter der Bedingung, daß er und seine Leute ihnen folgen können. Der Captain findet diese Angebot akzeptabel. Doch erst müssen seine eigenen Leute gehen.

Auf der Brücke erhält Riker eine Nachricht von den Harrada, die erklären, sie seien noch nie so beleidigt worden. Ein Angriff sei die einzige Möglichkeit, ihre Ehre wiederherzustellen. Dies kann allerdings abgewendet werden, wenn Captain Picard sie begrüßt.

Data findet das Kabel, unternimmt die notwendigen Korrekturen, und der blaue Streifen taucht wieder an der Wand auf. Die Tür öffnet sich, und Greenstreet geht auf sie zu. Er befiehlt seinen Männern, die Enterprise-Leute zu töten, sobald er fort ist. Lorre geht mit ihm. Doch kaum sind die beiden in den Korridor getreten, beginnen sie bereits, sich aufzulösen, „womit bewiesen wird, daß Computerbilder nur in einer Computerwelt existieren können".

In Steels Büro kommt es zu einem Kampf, während Worf immer noch draußen weiterarbeitet. Im Büro gehen die Lichter aus, dann wieder an. Objekte verschwinden einfach, hören auf zu existieren. Tasha nimmt sich einen der Bewaffneten vor. McNary wird im Verlauf des Gefechts an der Schulter getroffen. Als schließlich alles erledigt ist, und die Schläger ausgeschaltet sind, machen sich Picard und seine Leute bereit, „nach Hause zu gehen". Es tut dem Captain leid, sich von McNary zu verabschieden. Der fragt ihn: „Sag mir etwas... Wenn ihr fort seid, werde ich dann immer noch existieren? Wartet meine Frau auf mich, wenn ich nach Hause komme?" Picard kann diese Fragen nicht beantworten. Sie verabschieden sich, und das Holodeck wird schwarz.

Picard kommt auf die Brücke und begrüßt die Harrada fehlerlos. Einen Augenblick herrscht Stille. Dann erklären die Fremden, der Captain habe sie geehrt, und deshalb dürfe die Enterprise in Frieden passieren.

[NOTIZ: Selbst als Treatment funktioniert diese Geschichte ziemlich gut. Der letzte Moment zwischen Picard und McNary ist sehr anrührend und auch auf dem Bildschirm sehr effektiv. Die einzige Frage, die hier nicht befriedigend beantwortet wird, bezieht sich auf den Grund der Holodeck-Fehlfunktion. In der Sendung sollte das Problem durch die Scanner des Harradaschiffes verursacht werden.

Alles in allem wurde „The Big Goodbye" eine der ersten Episoden, die man als einen echten Gewinner bezeichnen könnte und die half, die eigene Identität von Star Trek: The Next Generation zu etablieren.]

"DATALORE"

„DataLore" von Maurice Hurley und Robert Lewin begann als ein Treatment mit dem Titel „Apokalypse Anon" [„Die Apokalypse steht bevor"]. Auf den 22. Juli 1987 datiert, beginnt die Geschichte damit, daß die Enterprise ihr Bestes versucht, um einen Planeten vor seiner Zerstörung zu retten. Eine Spezialistin namens Minuet trifft mit dem Shuttle ein. Sobald sie angedockt hat, zieht sie sich mit Picard zu einer privaten Besprechung zurück. Durch die Erklärung des Captains erfahren wir, daß der betreffende Planet als galaktische Müllhalde für Abfallprodukte von spaltbarem Material gedient hat. Aufgrund von Inkompetenz ist es zu einer äußerst gefährlichen Situation gekommen. Der Planet könnte jeden Moment explodieren und würde dann wahrscheinlich andere Planeten in seiner Umgebung ebenfalls zerstören. Minuet muß sich an einen bestimmten Ort begeben und dort eine besondere Ausrüstung verwenden, weshalb sie auch nicht den Transporter benutzt hat, um auf das Schiff zu kommen. Das Außenteam unter der Führung von Riker hat die Aufgabe sicherzustellen, daß sie ihren Zielort erreicht.

Riker erklärt Minuet seine Vorgehensweise und modifiziert seinen Plan. Sie wollen sich wie Bergsteiger in kleinen Gruppen bewegen. Dann notiert das Treatment: „Rikers beruflicher Respekt für Minuet, der gegenüber er zunächst eher mißtrauisch war, wächst nun, wird stabiler und intensiver, als er sieht, wie sie ihren Job macht."

Während man sich auf das Hinunterbeamen vorbereitet, lädt Riker Minuet zu einem Dinner auf Holodeck Zwei ein, wo er eine romantische Atmosphäre programmiert. Sie essen und tanzen, und als er wieder auf die Brücke gerufen wird, ist offensichtlich, daß er sich sehr zu ihr hingezogen fühlt. Riker entschuldigt sich, stößt auf dem Korridor mit Troi zusammen, und die empathischen Fähigkeiten der Betazoidin fangen seine Gefühle auf. Sie wird eifersüchtig.

Inzwischen geht Minuet wieder in ihr Quartier. Data taucht kurz danach dort auf und ist aufgeregt, daß sie ebenfalls ein Android ist. Er möchte wissen, warum sie dies vor allen auf dem Schiff geheim hält. Minuet erklärt, daß sie ist eine Expertin für Katastrophen ist, und sie glaubt, daß es besser sei, wenn man sie für einen Menschen hält. Richtige Menschen seien dann eher bereit, ihr zu vertrauen. Data hat dafür Verständnis und ist „stolz", mit ihr zu arbeiten.

Picard und das Außenteam formulieren ihren Plan und fangen an, die Dinge in Bewegung zu setzen. Tasha bereitet „bewegliche Kraftfelder" vor, die auf der Planetenoberfläche verwendet werden können, während Beverly Crusher, die damit rechnet, radioaktive Verbrennungen behandeln zu müssen, eine mobile Krankenstation einrichtet. Geordi sammelt Vorräte, und Wesley hat ein Trägergerät entwickelt, das nicht mit dem Boden in Berührung kommt.

Während Riker und Data ihre eigenen Vorbereitungen treffen, spricht der Commander über seine Gefühle für Minuet und beschreibt sie als „die wundervollste Frau, die er jemals getroffen hat". Er weist auch darauf hin, daß Data die Gefühle, von denen er spricht, natürlich nicht verstehen kann. Doch als er den verwirrten Gesichtsausdruck des Androiden bemerkt, wechselt er das Thema. Riker betritt Minuets Quartier, um ihr einen Schutzanzug für ihre Mission zu geben, und trifft sich dann wieder mit Data auf dem Korridor. Einen Augenblick später fragt Data den Commander, ob er weiß, daß Minuet eine Androidin ist. Natürlich ist das ein großer Schock für Riker. Data entschuldigt sich, daß er die Tatsache so direkt angesprochen und Riker vielleicht verletzt hat. Aber Riker möchte nur allein sein.

Schließlich geht er in Minuets Quartier zurück und möchte wissen, warum sie es ihm nicht gesagt hat. Sie nennt ihm die gleichen Gründe, die sie auch Data gegeben hat. Zuletzt sagt Riker, es mache ihm nichts aus, daß sie eine Maschine ist. Minuet hat in ihm Gefühle geweckt, und er möchte ihrer Beziehung eine Chance geben, sich zu entwickeln... auch wenn sie kein Mensch ist. Minuet ist unsicher und erklärt, sie könne nicht wie eine menschliche Frau reagieren, doch Riker sagt, er werde sie lehren, ein Mensch zu werden. „Jede Beziehung ist riskant", sagt er. Sie denkt darüber nach und sagt dann, sie bewundere ihn und wolle ihrer Beziehung eine Chance geben.

[NOTIZ: Wir müssen hier unterbrechen, um eine Frage zu stellen: Soll das ein Scherz sein? Es ist einfach unmöglich zu glauben, (a) daß Riker sich so schnell verliebt und (b), daß er bereit ist, die Romanze fortzusetzen, nachdem er herausgefunden hat, daß seine Geliebte eine Maschine ist. Zweifellos ließ man die Idee aus diesem Grund fallen. Minuet kam allerdings als holographisches Bild in „11001001" auf den Bildschirm, in das sich Riker verliebt. Sie ist Teil des Programms der Binären und wird als Ablenkung benutzt, damit Riker nicht merkt, daß die Aliens im Grunde die Enterprise entführen. Zumindest funktioniert die Geschichte in dieser Situation weit besser, als es hier der Fall gewesen wäre.]

Später trifft sich Riker mit Picard und will wissen, warum der Captain ihn nicht über Minuets wahre Natur informiert hat. Picard fragt ihn, ob er gefühlsmäßig zu stark eingebunden sei, um mit der Mission fortzufahren. Der Commander verneint das, und sagt, er habe es persönlichen Gefühlen erlaubt, sein Urteilsvermögen zu trüben. Es werde nicht wieder passieren. Das ist in Ordnung, so weit es Picard betrifft.

Das Außenteam teilt sich in zwei Gruppen, die erste mit Riker, Minuet, Tasha und Data, die zweite mit Geordi, Beverly und zwei Mitgliedern der Sicherheitskräfte. Team Nummer eins beamt hinunter und materialisiert in einer Turbulenz, die so stark ist, daß das Team im Kraftfeld das Bewußtsein verliert.

Auf der Brücke zeigen die Scanner an, daß ein Wechsel der Energielevel den Planeten jede Sekunde zur Explosion bringen könnte. Das Raumschiff zieht sich sofort zurück, wodurch das Außenteam gestrandet ist. Man studiert die Situation weiter, und Captain Picard wird informiert, daß die Energie, die während des Beamens auf dem Planeten freigesetzt wurde, ausreiche, um die empfindliche Balance zu zerstören. Man kann keine weitere Ausrüstung und auch kein Rettungsteam hinunterbeamen, weil das eine Explosion auslösen könnte, die alles vernichten würde.

Wesley Crusher hat die Idee, eine Transporter-Relaisstation zu konstruieren, deren Benutzung zwar immer noch sehr gefährlich wäre, die das Team aber vielleicht in zwei Phasen heraufbeamen könnte. Picard denkt einen Augenblick darüber nach, und ihm wird klar, daß dies die beste Lösung ist, die ihnen im Augenblick zur Verfügung steht.

Das Außenteam ist inzwischen wieder zu Bewußtsein gekommen. Tasha und Riker arbeiten daran, den Radius des Kraftfeldes auszubauen, aber Minuet sagt, sie hätten keine Zeit mehr. Sie muß ihre Ausrüstung einsetzen, oder es ist zu spät. Riker sagt, es wäre Selbstmord, wenn sie das Kraftfeld verließe (wie genau sie das bewerkstelligen würde, wird nie erklärt). Darauf antwortet sie logischerweise, daß sie programmiert ist, so zu handeln. Ihr Arm durchsticht das Kraftfeld und wird sofort desintegriert. Riker zieht sie wieder zurück.

Obwohl sie „wütend" ist, daß Riker seinen Gefühlen für sie erlaubte, die Mission zu stören, entwickelt sie einen Alternativplan: Sie werden Wesleys Trägergerät verwenden. (Erfindet auch mal irgend jemand anderes als der Junge etwas?) Damit können sie die Ausrüstung transportieren, und ein kleines Kraftfeld wird sie und Tasha beschützen. Data protestiert und meint, daß die beiden Androiden leichter zu ersetzen wären als irgendeiner der Menschen. Riker wiederum ist anderer Meinung, aber schließlich bekommt Data doch seinen Willen.

Data und Minuet setzen unter dem Schutz des Kraftfeldes ihren Plan fort und drücken auf dem Weg ihren gegenseitigen Respekt füreinander aus. Schließlich erreichen sie den richtigen Ort, und Minuet erklärt, wenn sie hier eine neutralisierende Substanz deponieren, sollte dies die Energiemassen der instabilen Welt ausbalancieren. Sie verläßt das Kraftfeld, tut, was sie tun muß, und wird fast augenblicklich zerstört. Data nimmt mit der Enterprise Kontakt auf und bittet darum, sie alle hochzubeamen. Vorher aber, und noch bevor der Planet explodieren kann, implodieren die de-

struktiven Energien, und der Planet stablisiert sich. Das Außenteam wird wieder auf die Enterprise gebeamt.

Riker und Troi treffen sich später allein, und Deanna erklärt, Riker sei sowohl über Minuet als auch über sie hinweg. In diesem Moment werden wahrscheinlich alle romantischen Bindungen zwischen ihnen zerrissen, aber sie werden immer Freunde bleiben. Es scheint nur sehr unwahrscheinlich, daß es je wieder zu einer Liebe zwischen ihnen kommen wird. Deanna verläßt den Raum und läßt Riker allein.

[NOTIZ: Offensichtlich versuchte diese Fassung, einige der Hauptfiguren zu vertiefen, was natürlich sehr lobenswert ist. Das einzige Problem der Präsentation ist, daß Rikers irrationale Liebe zu der Androidin zum wichtigsten Element der Geschichte wird und damit die Mission fast völlig ausblendet. Im Format dieser Serie ist das nicht die beste Arbeitsweise. Das Hauptaugenmerk sollte auf der Geschichte liegen, und die Figurenzeichnung sollte vorsichtig darin eingefügt werden. In dieser Fassung war die Geschichte nur ein mäßiger Versuch. Wie so oft bei Geschichten von Maurice Hurley, ist der Rhythmus falsch. Die Dinge entwickeln sich in eine Richtung, doch dann kommt eine Dialogszene, die die Geschichte in keiner Weise weiterbringt. Glücklicherweise sollte „Apokalypse Anon" noch einen weiten Weg zurücklegen, bevor die Geschichte auf den Bildschirm kam.]

Die zweite Fassung des Treatment trägt jetzt den Titel „DataLore" und ist auf den 13. August 1987 datiert. Die Geschichte beginnt mit Data, der menschliche Gesichtsausdrücke vor dem Spiegel übt, als er von Lieutenant Worf auf die Brücke gerufen wird. Dort erfährt er, daß die Enterprise ein Signal von Kiron III im Kappa Rho-Sternensystem empfängt, der Heimatwelt von Data – seinem Geburtsort.

Riker und Picard werden geweckt und machen sich auf den Weg zur Brücke. Alle fragen sich, warum sie jetzt plötzlich ein Signal empfangen. Außerdem haben die Scanner bei einer vorbereitenden Untersuchung eine gigantische Schneeflocke von etwa einhundert Meiler Durchmesser entdeckt. Data sinnt nach über die Idee, „nach Hause zu kommen". Ein fast menschlicher Gedanke, geht es ihm dabei durch den Kopf, und er muß beinahe lächeln.

Die Enterprise geht schließlich in den Orbit, und ein Außenteam beamt auf den Planeten hinunter. Data erlebt so etwas Ähnliches wie ein Déjà-vu-Erlebnis, obwohl er sich nicht wirklich an das erinnern kann, was sie vor sich sehen. Sie folgen dem Notsignal, kommen an den Leichen der Kolonisten vorbei und treffen auf etwas, das als eine leere Krypta beschrieben wird. Gewisse Spuren (wir erfahren allerdings nie, worum es sich dabei handelt) lassen darauf schließen, daß Data einmal hier gelebt hat, obwohl er sich nicht daran erinnern kann. Sie setzen ihre Suche fort und finden ein paar Meilen weiter noch eine Krypta, in der sich ein weiblicher

Körper befindet. Nach der Farbe ihrer Haut zu urteilen handelt es sich offensichtlich um eine Androidin ähnlicher Machart wie Data. Als das Außenteam sich nähert, erwacht sie plötzlich zum Leben (zur Aktivität?) und kommt aus der Gruft. Die Frau stellt sich schließlich als Lore vor, und als sie auf Data trifft „ist es irgendwie, als würden sie sich kennen. Sie scheinen sich zu mögen".

Die Leute von der Enterprise versuchen, sie zu befragen, und es wird bald klar, daß sie ihnen wirklich nicht besonders viel erzählen kann. Inzwischen studiert man auf der Brücke die Schneeflocke, und es scheint, als bestehe sie aus Formaldehyd. Auf dem Planeten bringt Lore das Team zu einer Höhle, wo sie Menschen im Kälteschlaf vorfinden. Die Krypten öffnen sich, und die Menschen erwachen wieder zum Leben. Lore sucht etwas – obwohl sie nicht weiß, was es ist. Die Kolonisten versuchen genau wie das Außenteam, Informationen über ihre Umgebung zu sammeln. Wie Lore wissen sie nicht, wer oder was sie gerettet hat, während die anderen Kolonisten umkamen.

Alle gehen wieder an die Oberfläche und starren auf die Schneeflocke. Besonders die beiden Androiden sind von ihr fasziniert, denn es ist sehr gut möglich, daß sie für ihre Erschaffung verantwortlich ist. Dann warnt Picard seine Leute, daß die Anzeigen sich verändern. Er meint, sie sollten sich für den Augenblick von dem Objekt fernhalten.

Die Kolonisten erklären, sie würden diese Welt gerne wieder neu aufbauen, und Riker antwortet, daß die Enterprise ihnen jede Hilfe zur Verfügung stellt, die in ihrer Macht steht. Sie sehen sich die Gegend an, und Data und Lore geraten in ein Gespräch, in dem der Android von seinem Leben unter Menschen an Bord der Enterprise erzählt. Das Gespräch setzt sich fort, als sie allein sind, und Data versucht die Konzepte von Liebe und Sex zu erklären, wie er sie bei den Menschen erfahren hat.

Die Enterprise schickt einen Befehl, die Schneeflocke genauer zu untersuchen. Data möchte mit Lore zurückbleiben, doch Riker erklärt, daß er gebraucht würde. Also bittet Lore darum, sie begleiten zu dürfen, und sie darf mitkommen. Als das Außenteam sich dem Kristall nähert, wird die Brücken-Crew nervös, denn die Struktur des Wesens wird „eher chemisch als kristallin".

Schließlich betreten alle den Kristall und hören zu ihrer Überraschung eine heitere Musik, die sie hineinlockt, sie unvorsichtig macht und schließlich dazu führt, daß sie gefangen werden. Data und Lore versuchen zu helfen, und kommen dabei zu dem Schluß, daß dieser Kristall für den Tod der Kolonisten verantwortlich ist. Da sie selbst der Musik gegenüber immun sind, die die anderen beeinflußt hat, können sie nur annehmen, daß die Kolonisten auf ähnliche Weise in die

Falle gelockt wurden. Dem Duo gelingt es (irgendwie), das Außenteam aus dem Kristall zu befreien. Data nimmt mit dem Raumschiff Kontakt auf und bittet, sie zu den Kolonisten zu transportieren. Als sie dort ihre Geschichte erzählt haben, möchten die Kolonisten wissen, ob die Enterprise den Planeten von der Schneeflocke befreien wird. Diese Bitte wird an die Enterprise weitergeleitet, doch Picard erklärt, er könne aufgrund der Hauptdirektive nicht eingreifen. Natürlich sind die Bewohner sehr erregt über die Antwort und fragen sich, ob der Captain vor hat, sie genauso sterben zu lassen wie ihre Gefährten vor vielen Jahren. Picard glaubt, eine andere Möglichkeit finden zu können, und sollte ihm das nicht gelingen, dann wird er die Kolonisten an Bord beamen, auch wenn sie dies mit Sicherheit nicht wünschen. Es gefällt ihnen überhaupt nicht, wie sich die Dinge entwickeln.

In der Höhle erzählt ein Mitglied der Sicherheit Tasha Yar, er habe das Gefühl gehabt, sein Geist würde ausgesaugt, als sie sich im Kristall befanden. Das klingt verwirrend, aber man gibt die Information weiter an die Enterprise. Die Scanner des Schiffes zeigen an, daß der Kristall nach Lebensformen sucht, also ist es wahrscheinlich eine gute Idee, alle erst einmal an Bord zu beamen.

In der Höhle beginnt Geordi, die Krypten der Kolonisten zu untersuchen und entdeckt einen Knopf mit einem Pfeil daneben. Lore sieht es und drückt auf den Knopf. Sie erklärt, dies sei, wonach sie früher gesucht hatte, obwohl sie es da noch gar nicht wußte. Die Aktion löst sofort eine Reaktion bei den Androiden aus, deren Augen zu leuchten beginnen, und die anfangen, ihre Herkunft zu erzählen, die tief vergraben gewesen war.

Lewin und Hurley schreiben: „Zusammen erzählen sie nun den Kolonisten und dem Außenteam, daß sie von einem Raumschiff von Androiden geschaffen wurden, die entdeckten, daß die Schneeflocke die Kolonisten tötete und ihren Verstand aussaugte."

Anscheinend empfanden sie die Menschen als „wertvoll", so daß sie Data schufen, um deren Erinnerungen aufzubewahren. Als sie weitere Menschen entdeckten, versetzten sie sie in einen Kälteschlaf und schufen Lore, deren Aufgabe es war, den Kolonisten zu helfen. Nach Meinung der Androiden würde die Schneeflocke den Planeten nach zwanzig Jahren verlassen haben, weshalb das Notsignal zu genau diesem Zeitpunkt losgeschickt wurde. Offensichtlich waren ihre Schlußfolgerungen falsch. Picard erfährt all dies und hält es für notwendig, alle auf die Enterprise zu beamen.

Lore gibt zu, daß sie nicht an Bord gehen will, weil sie glaubt, dort fehl am Platz zu sein. Data versucht, sie zu beruhigen, daß alles in Ordnung sein wird, und daß sie eines

Tages zusammen menschlich sein werden. Alle erkennen, daß sich eine Beziehung zwischen den beiden zu entwickeln beginnt.

Auf der Enterprise erläutert Picard seinen Plan, alle gleichzeitig hochzubeamen, damit die Schneeflocke niemanden fangen kann. Doch auf dem Planeten beginnt die Schneeflocke (man wünscht sich wirklich, sie hätten sich einen anderen Namen für dieses Ding einfallen lassen), den Planeten nach Lebensformen abzusuchen. Alle werden im letzten Moment hochgebeamt.

Sobald sie an Bord sind, gerät Theron, der Anführer der Kolonisten, in einen Streit mit Picard, weil er mit dessen Aktion nicht einverstanden war. Der Captain hat keine Zeit, sich über die Situation zu streiten, aber er hat einen Plan entwickelt, den er ausführen will. Er führt die Enterprise in die Nähe der Schneeflocke, die offenbar bis in die Stratosphäre reicht, und begibt sich dann sofort außerhalb ihrer Reichweite. Die Flocke reißt sich vom Boden los und fängt an, die Enterprise zu verfolgen. Sie spielen „Fangen im Weltall". Schließlich können sie das Wesen abschütteln, und die Schneeflocke fliegt davon in den Weltraum und verschwindet bald in der Ferne. Ein triumphierender Picard glaubt, daß eines Tages, vielleicht in tausend Jahren, „all die Intelligenz, die es gesammelt und verdaut hat, in einer wunderbaren Weise erblühen wird".

Die Kolonisten, die extrem dankbar sind, möchten wieder auf den Planeten hinunterbeamen, um ihre Welt neu aufzubauen. Lore sagt, sie müsse sie begleiten und bittet Data mitzukommen und auf dem Planeten mit ihr zu leben.

Picard hört dies und erklärt Data, er werde seinem Wissenschaftsoffizier nicht im Weg stehen, falls dies sei, was er tun wolle. Data möchte allerdings auf der Enterprise bleiben, so viel er auch für Lore empfindet. Schließlich bleibt er ein Offizier der Sternenflotte. Die beiden Androiden küssen sich zum Abschied, und die Kolonisten beamen sich nach Hause.

[NOTIZ: „DataLore" ist eine große Verbesserung nach der ersten Fassung und hätte eine wirklich aufregende Episode abgegeben. Es gibt eine schöne Charakterisierung von Data und außerdem echte Spannung und eine Gelegenheit für großartige Spezialeffekte. Ein großes Problem jedoch bleibt: Warum in Gottes Namen führt Picard die Schneeflocke ins Weltall, damit sie weiterziehen kann, um andere Sonnensysteme, andere Welten zu bedrohen? Abgesehen von diesem sehr schweren Fehler, ist die Geschichte hervorragend, und man kann sich nur wünschen, sie hätte es auf den Bildschirm geschafft.]

In der revidierten Fassung vom 27. August 1987 befindet sich die Enterprise auf dem Weg zur Sternenbasis 64, um Vorräte aufzunehmen, als Wesley die Entdeckung macht, daß das Schiff Kiron III passieren wird, Datas Heimatwelt. Riker erlaubt dem Jungen, Data davon zu erzählen. Picard meint, die Enterprise solle diesen Planeten untersuchen, bevor sie weiterfliegen. Data ist darüber sehr erfreut.

Das Raumschiff nähert sich Kiron III, als die Sensoren ein kleineres Schiff entdecken, das sich nähert, dann aber abdreht und verschwindet. Die einzige Information, die die Schiffscomputer bieten können, besagt, daß es als „Das Pikril" bekannt und so etwas wie ein Geisterschiff ist, das auftaucht und wieder verschwindet.

Auf dem Planeten gibt es keine Lebensformen, aber trotzdem wird ein Außenteam zusammengestellt, das diesmal Picard anführt. Wie in der vorherigen Fassung betreten sie eine Höhle, doch diesmal finden sie astronomische Karten, die auf ein Interesse am Universum hinweisen, das die Kolonisten umgab, die plötzlich inmitten ihrer alltäglichen Aktivitäten gestorben sind. Sie suchen weiter, bis sie einen demontierten Androiden finden, der genau wie Data aussieht. Es ist nicht nötig zu sagen, daß alle sehr erstaunt sind – vor allem Data.

Sie beamen hoch auf die Enterprise und nehmen den anderen Androiden mit. Man ist davon überzeugt, daß die Experten der Enterprise ihn wieder „zum Leben erwecken" werden. Während sie an ihm arbeiten, erscheint für eine kurze Zeit wieder das Pikril. Die Enterprise geht auf gelben Alarm, und dann verschwindet das andere Schiff wieder.

Schließlich wird der andere Android aktiviert, und Data hilft ihm auf die Beine. Er beginnt sofort, sich zu artikulieren, wenn auch zuerst nur sehr rauh. Er identifiziert sich als Lore. Nicht lange, und es wird klar, daß Lore sehr schnell lernt, da er schon bald spricht und sich ohne Probleme und Hilfe von anderen bewegen kann. Sie bemerken ein leichtes Zucken in seinem Gesicht, aber abgesehen davon, scheint er perfekt zu sein. Das wird vor allem klar, als er vor Freude darüber, am Leben zu sein, *lacht*. Alle sind sehr eingenommen von seinem Charme.

Später entscheidet man sich, Lore „bei Data schlafen zu lassen". Man weiht ihn in alle Details des Lebens auf einem Raumschiff ein, auch in die Funktionen der Brücke. Bald darauf wird ein Treffen im Konferenzraum einberufen, wo Picard empfiehlt, daß Lore so bald wie möglich zu einer wissenschaftlichen Sternenbasis gebracht wird, damit man ihn ausgiebig studieren kann. Data ist dagegen, da er seinen „Bruder" selbst aufziehen will. Man fragt nach Lores Meinung, und er sagt, er werde sich an das halten, was sie entscheiden. Dann entschuldigt er sich und verläßt den Raum, damit die anderen die Situation besprechen können, ohne durch seine Anwesenheit unter Druck gesetzt zu werden.

Auf der Brücke ist offensichtlich, daß sich Wesley und

Lore sehr gut verstehen, und der Android demonstriert bald, daß sein Gehirn sogar besser funktioniert als das von Data, was für sich genommen schon eine große Überraschung ist. Picard macht sich Sorgen – oder besser: Er ist neugierig, wo diese Unterschiede zwischen Lore und Data herrühren. Er meint, Lore sei viel näher daran, ein Mensch zu sein als Data. Er möchte außerdem herausfinden, was genau auf Kiron III passiert ist und zum Tod der Kolonisten geführt hat.

Wieder im Konferenzraum bittet der Captain Data und Lore, ihr Wissen über ihre Heimatwelt zu einem Bild zusammenzusetzen, so daß man vielleicht herausfinden kann, was passiert ist. Das Gespräch wird durch das Auftauchen des Pikril unterbrochen, das die Enterprise scannt, sich jedoch weigert, auf die Kommunikationsversuche zu antworten. Lore erhält die Erlaubnis, sich an eine Operationskonsole zu setzen und das andere Schiff zu scannen. Er bekommt heraus, daß sich keine Lebensformen an Bord befinden und die Waffensysteme scheinbar nur Verteidigungszwecken dienen. Das Schiff selbst ist so angelegt, daß es nur Informationen sammeln soll (niemand scheint sich zu fragen, wie es Lore möglich war, diese ziemlich erstaunlichen Erkenntnisse zu sammeln).

Picards Treffen mit den beiden Androiden geht weiter, und wir erfahren, daß die Kolonisten sehr schnell gestorben sind. Data schließt, daß vielleicht „eine höhere Macht" die Dinge haben wollte, an denen sie arbeiteten. Lore ist anderer Meinung und erklärt einfach, die Kolonisten seien böse gewesen und hätten bestraft werden müssen. Der Captain möchte wissen, wie Lore zu diesem Schluß gekommen ist. Er weiß es nicht, aber es erscheint ihm als eine logische Schlußfolgerung. Data hat ihm scheinbar erklärt, daß „Gutes zu Gutem führt und Böses zu Bösem... Wenn nichts ohne Grund passiert, dann gibt es keinen Anlaß, etwas anderes anzunehmen." Data erläutert das, indem er ausführt, die Definition von Gut und Böse beziehe sich auf Menschen, die zu beidem fähig seien. Lore sagt, er habe jetzt etwas Neues, um darüber nachzudenken.

Die Zeit vergeht, und es scheint (zumindest in den Augen von Data), als würden alle Lore ihm gegenüber vorziehen. Der Android schlägt das Wort „Eifersucht" nach und spricht dann mit Troi darüber. Er fragt sich, ob er wirklich auf Lore eifersüchtig ist. Sie versucht, ihn von diesen Sorgen zu befreien.

Das Pikril taucht erneut auf und verschwindet wieder. Lore hält es für gefährlich, aber Data glaubt, seine Absichten seien gut. Es kommt zu einem Streit zwischen den beiden, und sie erhalten die Erlaubnis, ihre Stationen zu verlassen und die Diskussion alleine auszutragen. Sie begeben sich in den Speisesaal, wo Lore etwas in Datas Essen gibt, das des-

sen Gleichgewichtssinn stört und ihn für einen Augenblick die Kontrolle über sich verlieren läßt. Er kann sich allerdings wieder zusammenreißen und kehrt auf seine Brückenposition zurück.

Das Pikril taucht ein weiteres Mal auf und kommt noch näher an die Enterprise heran. Data verliert wieder die Kontrolle über sich und entfernt sich von seiner Konsole. Lore will ihn ersetzen, aber Worf erreicht den Sitz als erster. Data erhält Erlaubnis, sich in sein Quartier zurückzuziehen, wo er mit seiner Reprogrammierung beginnt.

Auf der Brücke möchte Picard, daß entweder Geordi oder Beverly nach Data sehen, aber Lore meldet sich freiwillig. Geordi möchte ebenfalls gehen, doch der Captain wählt den Androiden. Lore geht in Datas Quartier und empfiehlt seinem „Bruder" sich abzuschalten, weil er nicht richtig funktioniert. Data sagt, in ihm befinde sich ein „Isotop", das das Problem verursache und er stellt laut die Frage, ob Lore vielleicht gar nicht will, daß er sich wieder erholt. Lore antwortet bejahend und erklärt, ihm wäre nichts lieber, als an Datas Stelle auf der Enterprise zu leben. Er ist nicht daran interessiert, auf einer Sternenbasis der Föderation abgesetzt zu werden. Lore will gehen, und Data versucht, ihn aufzuhalten, doch Lore wirft ihn gegen die Wand, und er fällt bewußtlos zu Boden. Lore nimmt seinen Phaser und verläßt den Raum. Er kehrt auf die Brücke zurück, als das Pikril gerade wieder auftaucht und empfiehlt, die Schilde hochzuziehen. Er behauptet, das Schiff sei automatisiert und irgend etwas sei falsch gelaufen, so daß Zerstörung die einzige Lösung sei. Data erscheint plötzlich im Turbolift und erklärt, er brauche Lores Hilfe. In dem Augenblick, als beide Androiden im Turbolift sind, schließt sich die Tür. Bald darauf kommt eine Meldung vom Ladedeck Vier, wo die beiden einen wilden Faustkampf austragen. Tasha, Beverly und Picard erscheinen, um zu helfen. Data warnt sie. Sie sollen zurücktreten; Lore werde sie töten, wenn sie eingreifen würden. Lore richtet seine Phaser auf Data, aber dieser schleudert „ein schweres Ausrüstungsstück", das den anderen Androiden zu Boden wirft. Lore stirbt sofort (warum?), doch es gelingt ihm, seinen Phaser auf Data zu feuern. Als die anderen bei ihnen ankommen, scheint es, als seien beide Androiden tot.

Inzwischen ist das Pikril wieder verschwunden, während Picard über Datas Beerdigung nachdenkt. Wesley betritt die Brücke mit einem Testament, das Data im Quartier des Jungen zurückgelassen hat. Dort findet sich auch eine Methode, die ihn wieder zum „Leben" erwecken kann, falls man sie anwenden will. Beverly und ein Expertenteam arbeiten daran, Data wieder zurückzubringen, während das Pikril zurückkehrt und in der Nähe der Enterprise schwebt. Die Operation ist erfolgreich, und Data lebt wieder.

Später befindet sich die Gruppe im Observationsraum, und Data klärt sie über die wahre Situation mit Lore auf. In diesem Augenblick geht ein Traktorstrahl vom Pikril aus, und ein Roboter erscheint am Fenster. Er winkt ihnen. und kehrt dann zum Pikril zurück, das sofort wieder verschwindet. Gleichzeitig erscheint ein Bild auf dem Schirm, und alle Augen richten sich darauf.

Auf der Brücke erklärt Picard, der Roboter an Bord des Pikril habe ihre Sprache lernen müssen, weshalb er immer wieder aufgetaucht sei, Informationen gesammelt habe, zu seinen Herren zurückgekehrt und wieder aufgetaucht sei. Offenbar hat diese Rasse Lore gebaut, war allerdings nicht zufrieden mit dem Resultat und konstruierte statt dessen Data. Da man annahm, daß die Enterprise sich nach Kiron III begab, wurde das Pikril ausgesandt, um das Raumschiff vor Lore zu beschützen. Schließlich fügt er an: „Diese überlegenen Androiden erkannten, daß die Kolonisten auf Kiron III von einer noch immer unbekannten Kraft getötet wurden; alles was sie tun konnten, war die Erinnerungen dieser Menschen zu retten."

[NOTIZ: Während diese Version von „DataLore" in Ordnung war, sollte sie sich in der letzen Fassung noch gewaltig verbessern. Auf dem Bildschirm wurden Elemente beider Treatmentversionen verbunden. Lore, der genau seiner letzen Inkarnation entspricht, befindet sich unter einer Decke mit dem Kristall/Schneeflocken-Wesen, das die Kolonisten getötet hat und auch alles Leben auf der Enterprise vernichten will. Ein Großteil des Erfolgs der Episode muß dem Schauspieler Brent Spiner zugeschrieben werden, der auf fast magische Weise so verschiedene Persönlichkeiten wie Data und Lore schuf und uns wirklich glauben machte, wir stünden zwei verschiedenen Personen gegenüber. Man darf sagen, daß von allen Science-Fiction-Serien, die das Konzept vom guten und vom bösen Zwilling benutzen, The Next Generation der Qualität der ursprünglichen Star Trek-Episode am nächsten kam.]

EIN BRIEF AN DIE ZUKUNFT

Von Gene Roddenberry, dem Schöpfer von Star Trek

(Aus der Pressemappe von Star Trek: The Next Generation)

Seine besten Wünsche schickt Euch ein Fernsehdramatiker, der hundert Jahre vor Eurer Zeit gelebt hat. Für Zuschauer vor dem Fernseher und im Kino erschaffe ich Science-Fiction-Geschichten, die in Eurem 21. Jahrhundert oder in einer noch ferneren Zukunft spielen. Diesen Geschichte spiegeln die Liebe und den Optimismus wider, die ich für den Menschen empfinde. Ich freue mich über diese Gelegenheit, meine Ansichten mit Euch teilen zu dürfen.

Für viele Menschen, die jetzt leben, ist das Heute eine Zeit der Furcht und sogar der Verzweiflung. Manche glauben, das Leben sei zu komplex für uns geworden, oder zu künstlich. Manche sind der Meinung, daß die Kernwaffen dieses Zeitalters, seine Wellen von hysterischem Nationalismus oder seine im Krieg und im Aberglauben befangenen Religionen ein gewaltsames Ende der Menschheit herbeiführen werden, vielleicht noch bevor unser gegenwärtiges Jahrhundert beendet ist.

Ich glaube an das genaue Gegenteil. Der augenblickliche Tumult in unserer Welt ist die natürliche und verständliche Frucht einer kraftvollen Intelligenz, die sich aus der Wildheit herausbewegt, die die Kindheit unserer Lebensform gekennzeichnet hat. Wir sehen nicht dem Untergang der Menschheit entgegen, vielmehr scheint diese Ära erfüllt von Beweisen dafür, daß wir überleben werden, daß wir uns viel viel weiter entwickeln werden.

In den letzten Jahrzehnten kam es zu einer Flut erstaunlicher menschlicher Ereignisse. Dazu gehörte zum Beispiel eine Erfindung, so revolutionär wie die Entdeckung des Feuers, des Rads oder der Sprache. Wir nennen sie *Computer*, ein erstaunliches Gerät, das mit Lichtgeschwindigkeit Informationen verarbeitet. Es scheint, als sei der Menschheit der perfekte Diener geschenkt worden. Zudem haben wir durch die Hilfe von Computern erkannt, daß das menschliche Gehirn ein ähnlich erstaunliches Gerät ist, dessen etwa zehn *Milliarden* Neuronen sich potentiell zu Billionen von Gedankenmustern verbinden können. Es ist nicht so, daß wir nicht mehr mit der komplexen Welt von Heute umgehen können. Statt dessen scheint die Kombination von Computer und Gehirn das menschliche Wissen alle sechs oder sieben Jahre zu verdoppeln, was uns zu einem Wissen, zu Fähigkeiten führt, die unsere Vorfahren als göttlich empfunden hätten.

Und das bedeutet, daß die menschliche Zukunft nicht für schwache Nerven geeignet ist. Das dramatischste Ereignis unseres Zeitalters war unser erster Versuch, die Grenzen unseres Heimatplaneten zu überschreiten. Unsere ersten Besuche auf dem Mond hatten eine große Ähnlichkeit mit den frühen Reisen der Segelschiffe, die die Neue Welt von Amerika besuchten. Beide sind unsere wagemutigsten Kinder! Die früheren Seefahrer fanden eine Wildnis vor, die ihnen ebenso bedrohlich erschien, wie unseren Augen, Jahrhunderte später, die Landschaft des Mondes.

Ich finde es ebenso erstaunlich, daß bisher kein anderes intelligentes Leben auf diesen Welten, über unseren Köpfen zu existieren scheint. Ja, unsere Sonne und ihre Planeten scheinen ein Schild zu tragen: „RESERVIERT FÜR DIE MENSCHHEIT". Was für ein liebliches, erzieherisches Arrangement für die Sprößlinge unseres fruchtbaren Erden-Eies! Indem wir von unserem Heimatplaneten fortzogen, haben wir unsere Kindheit zurückgelassen, und die Menschheit ist nun bereit für die Ausdehnung und die Lektionen der Jugendzeit.

Könnte es einen besseren Ort geben, um zum Erwachsenen heranzureifen, als unser eigenes Sonnensystem? Hier, in unserem eigenen „Hinterhof" existiert eine unglaubliche Schatzkammer aus acht Planeten plus Dutzenden von Monden und anderen Rohmaterialien – plus der beinahe unerschöpflichen Energie unseres Hydrogen-Ofens, den wir Sonne nennen und mit dem wir diese Materialien nach unseren Bedürfnissen formen können.

All dies macht es interessant, daß die anderen Sterne der Galaxis – für den Augenblick – so unvorstellbar weit entfernt sind. Und flögen wir selbst mit der Geschwindigkeit des Lichtes, so sind die meisten von ihnen noch immer Tausende und Millionen von Jahren von uns entfernt. Auf ihre eigene Art ist diese Tatsache so ermutigend wie die scheinbare Abwesenheit von intelligentem Leben auf den Welten, die unseren Stern umkreisen. Wenn das Universum eine gigantische Maschine ist, die Leben und Intelligenz erschafft – und manche glauben dies -, welch besseren Weg kann man sich vorstellen, die Lebensformen zu erhalten, als ein System von Naturgesetzen, das sie voreinander beschützt, bis sie erwachsen geworden sind und den Meisterplan erkennen können?

Ein Hindernis auf dem Weg zur Reife der erwachsenen Menschheit müssen wir sofort lösen: Wir müssen lernen, die Unterschiede zwischen uns Menschen und unseren Ideen von der Welt nicht nur zu akzeptieren. Nein, wir müssen müssen sie begeistert willkommen heißen und genießen. Die

Vielfalt der Ideen enthält genauso viele Schätze, wie jene, die auf anderen Welten auf uns warten. Es wird uns unmöglich sein, die Vielfalt zu fürchten und gleichzeitig die Zukunft zu betreten.

Wenn die Zukunft nicht den Zaghaften gehört, so gehört sie erst recht nicht den Feigen. Es ist eines der traurigsten Spektakel unserer Zeit, die Führer der irdischen Nationen zu betrachten, wie sie sich unbeholfen und in seltsamer Peinlichkeit treffen, dabei Slogans austauschen, die den Samen von Freundschaft und Verständnis enthalten, und sich trotzdem vor der Nähe fürchten, als begingen sie eine schreckliche Blasphemie. Jene, die darauf bestehen, ihre Form der Regierung oder der Wirtschaft sei die einzig Richtige, verdienen die gleiche Verachtung wie jene, die glauben, den einzig wahren Gott zu besitzen.

Wie ich schon zu Anfang sagte, ich bin ein Fernsehdramatiker, der viele Jahre vor Eurer Zeit lebte, und ich erkenne, daß die Zukunft unendlich viel komplexer sein wird, als alles, was ich mir vorstellen kann. Trotzdem hoffe ich, daß man in Eurer Zeit ein paar kleine Wahrheiten in dieser groben Skizze finden wird, die ich Euch hiermit darbringe. Falls nicht, so findet ihr darin vielleicht eine schöne und unterhaltsame Geschichte.

* * *

Dieser Text stammt aus „In Open Forum", einer von Volkswagen gesponsorten Reihe, und erschien als zweiter Teil einer Serie im Time Magazine.

APPENDIX:

DIE DEUTSCHEN TITEL DER EPISODEN

In dieser Übersetzung wurden die Titel der einzelnen Episoden durchgehend im Original belassen, da die Titel, unter denen sie im deutschen Fernsehen liefen, oft sehr willkürlich übersetzt wurden.

Es folgt eine komplette Liste der Episoden aus der ersten Staffel von *Star Trek: The Next Generation*, außerdem der *Star Trek*-Kinofilme und einzelner Episoden der Originalserie, soweit sie in diesem Buch erwähnt wurden.

Star Trek: The Next Generation
[Raumschiff Enterprise: Das nächste Jahrhundert]:
(Episode 1/2) Encounter at Farpoint [*Der Mächtige/Mission Farpoint (Diese Folge lief bei ihrer Erstausstrahlung im Deutschen Fernsehen in zwei Teilen)*]
(Episode 3) The Naked Now [*Gedankengift*]
(Episode 4) Code of Honor [*Der Ehrenkodex*]
(Episode 5) The Last Outpost [*Der Wächter*]
(Episode 6) Where No One Has Gone Before [*Der Reisende*]
(Episode 7) Lonely Among Us [*Die geheimnisvolle Kraft*]
(Episode 8) Justice [*Das Gesetz der Edo*]
(Episode 9) The Battle [*Die Schlacht von Maxia*]
(Episode 10) Hide and Q [*Rikers Versuchung*]
(Episode 11) Haven [*Die Frau seiner Träume*]
(Episode 12) The Big Goodbye [*Der große Abschied*]
(Episode 13) DataLore [*Das Duplikat*]
(Episode 14) Angel One [*Planet Angel One*]
(Episode 15) 11001001 [*11001001*]
(Episode 16) Too Short a Season
[*Die Entscheidung des Admirals*]
(Episode 17) When the Bough Breaks [*Die Sorge der Aldeaner*]
(Episode 18) Home Soil [*Ein Planet wehrt sich*]
(Episode 19) Coming of Age [*Prüfungen*]
(Episode 20) Heart of Glory [*Worfs Brüder*]
(Episode 21) The Arsenal of Freedom [*Die Waffenhändler*]
(Episode 22) Symbiosis [*Die Seuche*]
(Episode 23) Skin of Evil [*Die schwarze Seele*]
(Episode 24) We'll Always Have Paris
[*Begegnung mit der Vergangenheit*]
(Episode 25) Conspiracy [*Die Verschwörung*]
(Episode 26) The Neutral Zone [*Die neutrale Zone*]

Die Kinofilme:
Star Trek: The Motion Picture [*Star Trek – Der Film*]
Star Trek II: The Wrath of Khan [*Star Trek II – Der Zorn des Khan*]

Star Trek III: The Search for Spock
[*Star Trek III – Auf der Suche nach Mr. Spock*]
Star Trek IV: The Voyage Home
[*Zurück in die Gegenwart – Star Trek IV*]
Star Trek V: The Final Frontier
[*Star Trek V – Am Rande des Universums*]
Star Trek VI: The Undiscovered Country
[*Star Trek VI – Das unentdeckte Land*]
Star Trek: Generations
[*Star Trek VII – Das Treffen der Generationen*]

Episoden der ursprünglichen *Star Trek*-Serie, die in „The Next Generation – Der Blick hinter die Kulissen" erwähnt werden:
(Episode 4) Where No Man Has Gone Before
[*Spitze des Eisbergs*]
(Episode 5) The Naked Time [*Implosion in der Spirale*]
(Episode 6) The Enemy Within [*Kirk : 2 = ?*]
(Episode 15) Balance of Terror [*Spock unter Verdacht*]
(Episode 16) Shore Leave [*Landurlaub*]
(Episode 18) The Squire of Gothos [*Tödliche Spiele auf Gothos*]
(Episode 23) Space Seed [*Der schlafende Tiger*]
(Episode 24) A Taste of Armageddon [*Krieg der Computer*]
(Episode 26) The Devil in the Dark [*Horta rettet ihr Kinder*]
(Episode 27) Errand of Mercy [*Kampf um Organia*]
(Episode 29) The City on the Edge of Forever
[*Griff in die Geschichte*]
(Episode 31) Amok Time [*Weltraumfieber*]
(Episode 34) Mirror, Mirror [*Ein Parallel-Universum*]
(Episode 35) The Apple [*Die Stunde der Erkenntnis*]
(Episode 37) Catspaw [*Das Spukschloß im Weltall*]
(Episode 40) Journey to Babel [*Reise nach Babel*]
(Episode 42) The Deadly Years [*Wie schnell die Zeit vergeht*]
(Episode 47) A Piece of the Action [*Epigonen*]

WIEDER KEINE SPACE VIEW AM KIOSK?
ZEITSCHRIFTENLADEN VON ALIENS GESTÜRMT?
AUF DEM WEG IN DIE STADT VON UFOS ENTFÜHRT?
DIE FRISCH ERWORBENE SPACE VIEW IN EINER
DIMENSIONSFALTE VERLOREN?

Wenn Sie von diesen und ähnlichen Problemen genug haben, lassen Sie sich Ihre zweimonatliche Dosis Science-Fiction doch direkt ins Haus kommen!

Für nur DM 40,80 im Jahr (6 Ausgaben inkl. Versand) versorgt **SPACE VIEW** Sie mit allen Informationen über Filme, Serien, Literatur und Spiele. Dazu gehören aktuelle Drehberichte, Previews, Interviews, Veranstaltungsberichte und -kalender, großer Kleinanzeigenteil, Neuvorstellungen im Buch-, Video und Computerbereich sowie SF-News aus aller Welt.

Also – einfach den Coupon ausfüllen und ab die Post! Dann können Sie auch Subraumspalten gelassen entgegensehen.
Als Dankeschön für Ihr Abonnement gibt es noch ein original **SPACE VIEW-T-Shirt** (bitte Größe angeben).

Alle 2 Monate
frei Haus für 40,80 DM im Jahr.
Und als Dankeschön das
original SPACE VIEW-T-Shirt!

Bestell-Hotline:
Tel.: 0531/799089
Fax: 0531/795939

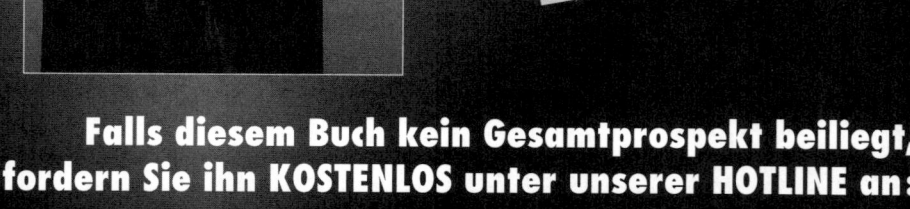